世界哲學家叢書

辨　喜

馬　小　鶴　著

1998

東大圖書公司印行

國家圖書館出版品預行編目資料

辨喜／馬小鶴著．--初版．--臺北市：
東大，民87
　　面；　公分．--(世界哲學家叢書)
參考書目：面
含索引
ISBN 957-19-2183-1 (精裝)
ISBN 957-19-2184-X (平裝)

1.辨喜(Vivekananda, Swamil,
1863-1902)-學術思想-哲學
2.哲學-印度

137.82　　　　　　　　　　　86014652

網際網路位址　http://Sanmin.com.tw

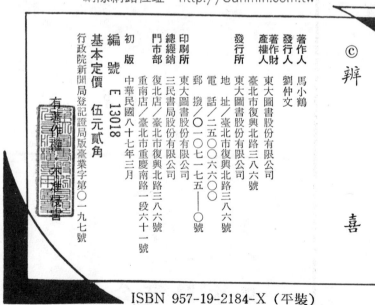

ⓒ　辨　　喜

著　作　人　馬小鶴
發　行　人　劉仲文
產著作財
權　　人財　東大圖書股份有限公司
發　行　所　東大圖書股份有限公司
　　　　　　地址／臺北市復興北路三八六號
　　　　　　電話／二五○○六六○○
　　　　　　郵撥／○一○七一七五──○號
印　刷　所　東大圖書股份有限公司
總　經　銷　三民書局股份有限公司
門　市　部　復北店／臺北市復興北路三八六號
　　　　　　重南店／臺北市重慶南路一段六十一號
初　　　版　中華民國八十七年三月
編　　　號　E 13018
基　本　定　價　伍元貳角
行政院新聞局登記證局版臺業字第○一九七號

ISBN 957-19-2184-X (平裝)

「世界哲學家叢書」總序

　　本叢書的出版計畫原先出於三民書局董事長劉振強先生多年來的構想，曾先向政通提出，並希望我們兩人共同負責主編工作。一九八四年二月底，偉勳應邀訪問香港中文大學哲學系，三月中旬順道來臺，即與政通拜訪劉先生，在三民書局二樓辦公室商談有關叢書出版的初步計畫。我們十分贊同劉先生的構想，認為此套叢書（預計百冊以上）如能順利完成，當是學術文化出版事業的一大創舉與突破，也就當場答應劉先生的誠懇邀請，共同擔任叢書主編。兩人私下也為叢書的計畫討論多次，擬定了「撰稿細則」，以求各書可循的統一規格，尤其在內容上特別要求各書必須包括（1）原哲學思想家的生平；（2）時代背景與社會環境；（3）思想傳承與改造；（4）思想特徵及其獨創性；（5）歷史地位；（6）對後世的影響（包括歷代對他的評價），以及（7）思想的現代意義。

　　作為叢書主編，我們都了解到，以目前極有限的財源、人力與時間，要去完成多達三、四百冊的大規模而齊全的叢書，根本是不可能的事。光就人力一點來說，少數教授學者由於個人的某些困難（如筆債太多之類），不克參加；因此我們曾對較有餘力的簽約作者，暗示過繼續邀請他們多撰一兩本書的可能性。遺憾的是，此刻在政治上整個中國仍然處於「一分為二」的艱苦狀態，加上馬列教

條的種種限制，我們不可能邀請大陸學者參與撰寫工作。不過到目前為止，我們已經獲得八十位以上海內外的學者精英全力支持，包括臺灣、香港、新加坡、澳洲、美國、西德與加拿大七個地區；難得的是，更包括了日本與大韓民國好多位名流學者加入叢書作者的陣容，增加不少叢書的國際光彩。韓國的國際退溪學會也在定期月刊《退溪學界消息》鄭重推薦叢書兩次，我們藉此機會表示謝意。

　　原則上，本叢書應該包括古今中外所有著名的哲學思想家，但是除了財源問題之外也有人才不足的實際困難。就西方哲學來說，一大半作者的專長與興趣都集中在現代哲學部門，反映著我們在近代哲學的專門人才不太充足。再就東方哲學而言，印度哲學部門很難找到適當的專家與作者；至於貫穿整個亞洲思想文化的佛教部門，在中、韓兩國的佛教思想家方面雖有十位左右的作者參加，日本佛教與印度佛教方面卻仍近乎空白。人才與作者最多的是在儒家思想家這個部門，包括中、韓、日三國的儒學發展在內，最能令人滿意。總之，我們尋找叢書作者所遭遇到的這些困難，對於我們有一學術研究的重要啟示（或不如說是警號）：我們在印度思想、日本佛教以及西方哲學方面至今仍無高度的研究成果，我們必須早日設法彌補這些方面的人才缺失，以便提高我們的學術水平。相比之下，鄰邦日本一百多年來已造就了東西方哲學幾乎每一部門的專家學者，足資借鏡，有待我們迎頭趕上。

　　以儒、道、佛三家為主的中國哲學，可以說是傳統中國思想與文化的本有根基，有待我們經過一番批判的繼承與創造的發展，重新提高它在世界哲學應有的地位。為了解決此一時代課題，我們實有必要重新比較中國哲學與（包括西方與日、韓、印等東方國家在內的）外國哲學的優劣長短，從中設法開闢一條合乎未來中國所需

求的哲學理路。我們衷心盼望，本叢書將有助於讀者對此時代課題的深切關注與反思，且有助於中外哲學之間更進一步的交流與會通。

　　最後，我們應該強調，中國目前雖仍處於「一分為二」的政治局面，但是海峽兩岸的每一知識分子都應具有「文化中國」的共識共認，為了祖國傳統思想與文化的繼往開來承擔一分責任，這也是我們主編「世界哲學家叢書」的一大旨趣。

傅偉勳　韋政通

一九八六年五月四日

自 序

寫作《甘地》一書的一個視角是研究甘地所代表的印度傳統文化復興，為中國新儒家提供一些借鑒。在研究的過程中，我越來越體會到，一方面，甘地的許多基本價值取向與新儒家有類似之處，另一方面，兩者之間有重大的差別。新儒家在近現代的命運，可以用黃克劍、周勤一本論當代新儒家的著作的書名來概括：《寂寞中的復興》。 即使以第一代新儒家中最能身體力行的梁漱溟來說，在他最能發揮作用的時代，他對中國民眾的影響，與甘地對印度大眾的影響也不可同日而語。其他代表人物中，除張君勱、徐復觀有一些現實政治經驗之外，基本上都是學者型的。至於第三代新儒家，正如霍韜晦先生指出的：「似乎全躲於學院，受已經相當現代化了的學術體制保護，在學術資源上是很理想了，但存在的感受卻似乎太弱。」❶無論從主觀條件還是從客觀條件來說，指望新儒家在可以預見的將來出現甘地式的人物，都是不切實際的。可以說，甘地與新儒家的可比性不大，甘地發動、組織、領導大規模群眾運動、將宗教倫理與政治結合起來的實踐是當代新儒家無法模仿的。

但是，甘地的出現不是印度歷史上純粹偶然的現象。除了印度

---

❶ 霍韜晦，〈第三代新儒家能做些什麼〉，見羅義俊編著，《評新儒家》，上海：上海人民出版社，1991年，頁650。

的文化傳統、社會各界渴望祖國獨立的強大動力和英國統治的特點
這些客觀條件之外,甘地是從拉姆莫漢·羅易(1772-1833)以來文藝
復興思潮的頂峰。有許多先驅者為甘地的出現準備了思想資源。其
中辨喜是一個承前啟後的關鍵人物。辨喜本人並未參與政治活動,
但他為以後的政治運動奠定了思想基礎。辨喜對佛陀的推崇,可以
與梁漱溟、熊十力對佛學的鑽研相比較;辨喜對西方哲學的吸收,
可以與牟宗三、唐君毅的學貫中西相比較;辨喜在歐美的活動,可
以與張君勱、方東美在海外講學著述相比較。辨喜的繼承者在海外,
主要是美國數十處地方堅持文化學術活動,吸引的群眾儘管不是很
多,不及有些印度教教派,但著述宏富,始終是印度文化的代表之
一,反過來,對印度本身也有持續不斷的影響。顯然,辨喜及其後
繼者與新儒家更有可比性。辨喜在其短暫而輝煌的一生中取得的巨
大成就,對當代新儒家應該是有借鑑意義的。

　　辨喜席不暇暖地奔走於歐美和印度各地,弘揚新吠檀多,但是
他並不排斥其他宗教和文化。相反,他在一世紀前的世界宗教會議
上最震動人心的思想,就是百川匯海、各種宗教既保持個性、又互
相合作共存的思想。他當年毅然遠渡重洋,前往美國參加這個會議
的一個原因,是因為美國是一個保護宗教自由、思想和知識多元主
義的國家,希望在美國找到弘揚新吠檀多的廣闊天地。當年的美國
確實以非常友好的態度接納了辨喜。我住過數年的波士頓,是當年
辨喜首先遇到知音的城市。哈佛大學希臘研究教授萊特為沒有證書
的辨喜寫了參加世界宗教會議的介紹信。後來辨喜曾在哈佛作過著
名的演講,我訪問哈佛期間,在圖書館裡看到過這篇演講當年的版
本。波士頓的吠檀多研究會一直活動到今天,我曾訪問過那裡,聽
過演講,買過書籍。辨喜百川歸海的思想和美國兼容並蓄的現實都

值得新儒家借鑒。

　　韋政通先生指出新儒家和西化派有若干相同的格調，「雙方皆不免偏狹武斷，缺乏開放的心靈，視野和胸襟也不夠開闊；不能寬容異見，也缺乏自我批判的精神」。他認為，「沒有一個個人或一個學派能獨占真理，就如同沒有一個民族能獨占文明一樣，人類的文明是世界上所有民族共同創造的業績，歷史上的真理也是由無數終身獻身於學術思想的哲人（不限於哲學家），出入於千門萬戶，在交光互影中才能顯現它的光輝。」❷新儒家在今天只有與其他宗教和學派共存合作，才能在中國文化重建工作上更上一層樓。

馬小鶴

---

❷　韋政通，〈當代新儒家的心態〉，見羅義俊編著，《評新儒家》，頁167、178。

辨　喜

目　次

前　言

　　辨喜（維韋卡南達，Vivekananda）是挪倫特拉那特・達泰
（Narendranath Datta，或Dutt，1863–1902）的法號，他是印度近
代最著名的哲學家，社會活動家和印度教改革家。❶

　　挪倫特拉那特・達泰（簡稱挪倫）1863年1月12日生於加爾各
答，屬卡亞斯塔(Kayastha)種姓。1879年考入加爾各答管區學院，
次年轉入總會學院，以其輝煌的才能和出眾的記憶力引起了印度與
英國教授的注意。1881年升入加爾各答大學。在大學期間，他不但
悉心研究了各種西方哲學，也鑽研了印度哲學。他參加過梵社，支
持梵社的社會改革和宗教改革。但梵社的思想不能滿足他更高的精
神追求。1882年初，挪倫初次正式拜見了非凡的印度教改革家羅摩
克里希那 (1836–1886)，從此被羅摩克里希那的虔誠的信仰，崇高

---

❶　維韋卡南達是Vivekananda的音譯，意譯為辨喜，是他出席1893年的
　　世界宗教會議前夕在印度時取的。一般傳記著作在敘述辨喜1887年出
　　家之前的經歷時，稱他的原名挪倫特拉那特，或其簡稱挪倫特拉
　　(Narendra)，或挪倫(Naren)；在敘述他從1887年到1893年期間的活動
　　時，因為他用過不少化名，沒有固定法名，就用印度教的一種稱號斯
　　哇密（Swami，意為大德）來稱呼他；在1893年以後則稱他為維韋卡
　　南達（辨喜）。本書在敘述辨喜的生平時，在1893年以前，一般稱他
　　為挪倫，此後一般稱他為辨喜。本書的其他部分則概用辨喜。

的人格，純潔的生活，超凡的瑜伽功和深沉的博愛精神所吸引。但是，深受西方理性思想熏陶的挪倫一時還無法接受羅摩克里希那把宗教情懷與哲學探討結合起來的做法。1884年初，挪倫通過加爾各答大學文學學士學位考試之際，父親突然去世，陷入了貧困與失業的境地。他決定出家為僧，但羅摩克里希那勸他在自己在世時不要出家。直到1886年8月羅摩克里希那去世為止，挪倫在他的指導下，接受了充分的宗教訓練。

　　羅摩克里希那在世時已經指定挪倫為自己的繼承人，他去世後，挪倫擔當起了指導他的其他弟子的責任，建立了巴拉納戈爾寺院，全體出家，取了法號。但是，挪倫逐漸覺得，與世隔絕，只求個人解脫的修行不能真正實現自己的精神追求。1888年他踏上了雲遊印度之路，在五年時間裡，像一個普通的托鉢僧一樣，走遍了從印度北方的喜馬拉雅山到最南端的科摩林角的各個地區。他身無分文，常常以乞討為生，親身體驗了廣大群眾可怕的貧窮和痛苦。在漫長的雲遊道路上，他逐步形成了自己的哲學思想，即把吠檀多不二論哲學、羅摩克里希那的諸教同源思想和近代改革家們的社會關切結合起來。當他聽說世界宗教會議將於1893年在美國芝加哥舉行時，他產生了出席這個會議的想法，目的是讓西方人民有機會領悟和評價印度的精神遺產，從而在印度人民中喚起新的自信，同時探尋解救印度勞苦大眾的道路，在東西方文化之間架起一座相互溝通的橋梁。許多人支持他的想法，為他募捐經費。挪倫取法號辨喜，於5月底出發前往美國。

　　辨喜在美國雖然因為經費短缺，沒有正式介紹信等問題而幾經曲折，但在一些熱心人士和學者的幫助下，克服重重困難，準時出席了世界宗教會議。在1893年9月11日的開幕式上，辨喜作了簡短

的答謝辭，他不像其他代表那樣鼓吹自己的宗教的偉大，而是指出所有的宗教就像百川入海，都導向一個共同的真理，各種宗教應該互相容忍和接受。大會的聽眾報之以震耳欲聾的掌聲，似乎所有的人就在等待這個主張宗教和諧的演講。此後，辨喜在會議上作了〈論印度教〉等十來次演講，幾乎每次都作為壓軸戲放在最後出臺。他成了這次會議上最引人注目的人物，一個世紀後的今天，關於這次會議的其他細節都早已被人們遺忘了，只有辨喜弘揚的宗教寬容精神仍然活在人們的心裡。世界宗教會議之後，辨喜在美國中西部和東部的許多大城市裡進行了無數次演講，在紐約市和紐約州的千島公園為西方弟子舉辦了吠檀多講習班。1894年11月，辨喜在紐約發起了吠檀多研究會。1895年下半年他初次赴歐洲講學，回到美國紐約以後，在吠檀多研究會裡設立了執行委員會。❷這一期間辨喜出版了他的主要著作：《業瑜伽》，《王瑜伽》和《信瑜伽》。1896年3月25日，他在哈佛大學作了重要演講〈吠檀多哲學〉，這個演講留下了如此深的印象，以至於哈佛大學聘請他擔任東方哲學講席，後來哥倫比亞大學請他擔任梵文講席，但他因為自己是出家人而婉辭了。❸1896年4月至12月，辨喜第二次訪問歐洲，在倫敦作了關於智瑜伽的演講。

　　1897年初，辨喜帶著一些西方弟子從歐洲回到印度，印度的報刊和大眾把他當做凱旋歸來的民族英雄。但是並非所有的印度教徒都讚賞他的非正統思想。羅摩克里希那的其他弟子，即他的師兄弟也不太吃得準應該怎樣對待他。當辨喜提出自己的主張，希望他們改造成為現代出家人，獻身於社會服務時，有的堅決響應，付諸實

---

❷　Dhar, 1975年（《辨喜全傳》），卷1，頁664；卷2，頁786–787。

❸　Vivekananda, 1953年（《辨喜：瑜伽及其他著作》），頁96。

踐，領導救濟饑荒等工作，有的則遲疑不決。但是辨喜的獻身精神、旺盛活力和雄辯的說服力發揮了巨大的作用，基本上贏得了師兄弟們的支持。1897年5月1日他與師兄弟一起在加爾各答創立了羅摩克里希那傳教會，辨喜自任總主席，下設印度部和外國部。印度部通過在印度各地建立修道會和道院，訓練僧侶和居士以教育其他人。外國部則派訓練有素的修道會成員到外國去，增進印度與外國之間的聯繫與相互理解。1898年，辨喜用西方弟子捐贈的錢在加爾各答附近的貝盧爾買了一塊地，建造了一所寺院，作為傳教會和修道會的中心。修道會的各位斯哇密（大德）分赴各地，從事教育和慈善工作。次年，辨喜又幫助英國弟子在喜馬拉雅山山麓的瑪亞瓦蒂建立了不二論道院。

1899年6月，辨喜第二次出發前往西方弘揚印度教。他經倫敦赴美國，這次他在美國待了不到一年，主要在紐約以及洛杉磯、舊金山等西海岸各地活動。1900年7月，他赴法國巴黎出席世界宗教史會議，在會上作了兩次發言。然後途經維也納、君士但丁堡、雅典和開羅，回到印度。此時辨喜健康狀況已經很差，他一面繼續不倦地工作，一面有意識地把領導工作逐步移交給自己的師兄弟和弟子。他覺得自己的神聖使命已經完成，無意久留塵世，遂於1902年7月4日圓寂，實現了自己不會活到四十歲的預言。

辨喜的哲學思想被稱為新吠檀多主義。他認為，梵 (Brahman) 是唯一的實在，表現為各種各樣的形式，轉化為所有的一切——宇宙、人類、靈魂和存在的每一樣東西。梵賦予萬事萬物以質料，而摩耶(Maya)賦予萬事萬物以名字和形式。只有梵才是絕對的、不變的、永恆的存在，從這個意義上來說，摩耶是不存在的。但是如果說摩耶是不存在的，它怎麼能夠產生大千世界的各種現象呢？因此，

又不能說摩耶是不存在的。新吠檀多主義認為絕對的一致意味著毀滅一切，各種偉大的宗教都是真理的不同表現形式。人類的心靈和性情也千差萬別，大致可以分為四種類型：有的偏重行動，有的偏重感情，有的是神秘主義者，有的是哲學家。宗教要滿足大部分人類的精神追求，就必須向不同類型的人提供不同的精神糧食。主要通過行動來認識真理的道路稱為業瑜伽，通過愛來認識真理的道路稱為信瑜伽，通過神秘主義來認識真理的道路稱為王瑜伽，通過哲學來認識真理的道路稱為智瑜伽。辨喜的主要哲學著作就是從這四個方面展開的。

　　辨喜是一個終生不渝的愛國者，他為奠定印度民族主義的道德基礎作出了巨大貢獻。與此同時，他沒有沾染狹隘民族主義的惡習，他的興趣所在是國際性的。在政治哲學領域內，如果就君主制、貴族制和民主制三大政府形式而言，辨喜對君主制和貴族制的批判更為嚴厲。但他認為西方民主制過分強調政府制度，不夠重視個人素質。他對歷史發展有自己的看法：人類社會輪流被祭司（婆羅門）、武士（剎帝利）、商人（吠舍）和勞動者（首陀羅）所統治，各有優缺點，比較理想的社會是保持祭司時代的知識，武士時代的文化，商人時代的傳播交流精神和勞動者時代的平等理想，而除掉它們的缺點。他堅決反對盲目崇拜西方和全盤模仿西方，希望印度作為平等的一員與西方進行文化交流，互相取長補短。

　　辨喜從小受到父親西方式的理性主義態度的影響，大學時代研讀過英語文學、歐洲歷史、西方哲學、科學、藝術、音樂和醫學。他在歐洲期間，曾會見了著名印度學家馬克斯・繆勒(1823–1900)和保羅・多伊生(1845–1919)，與他們進行了深入的學術交流。第二次出國訪問歸來，儘管健康很差，他還是不倦地學習，基本上掌

握了新出版的25卷《不列顛百科全書》中的前10卷。西學毫無疑問
是他的哲學的基礎之一。他特別強調實踐，包括救濟饑荒和瘟疫，
教育男女兒童，照料病人和窮人；這與他所觀察到的基督教的活動
有類似之處。另一方面，他受的東方文化的熏陶要深得多。他從小
就由母親教過《羅摩衍那》和《摩訶婆羅多》中的一些故事。他的
哲學基本上師承印度六派正統哲學之一的吠檀多學派，尤其讚賞這
一學派中以商羯羅為代表的不二論。吠檀多哲學與其他印度正統哲
學一樣，以《吠陀經》為最高權威，它比其他正統哲學更強調《吠
陀經》中富有哲理的《奧義書》。 吠檀多的意思是「最後的吠陀」，
即《奧義書》。 辨喜的哲學淵源並不限於吠檀多一派，他認為吠檀
多學派是以六派正統哲學之一的數論學派的心理學為基礎的，而他
的主要哲學著作之一的《王瑜伽》的後半部是六派哲學之一的瑜伽
學派的大師鉢顛闍梨所著的《瑜伽經》的節譯。辨喜對於非正統的
佛教哲學也極為推崇，他稱佛陀是歷史上最偉大的人物，最偉大的
改革者。他也把伊斯蘭教的先知穆罕默德看做世界上的偉大的導師
之一，預言未來的印度將具有吠檀多的頭腦和伊斯蘭的身體。印度
在十九世紀初就出現了試圖融合西方（或現代）文化和東方（或古
代）文化的努力，第一個最引人注目的組織是梵社。辨喜曾加入梵
社，熱心參加宗教和社會改革活動。但是梵社未能向年輕時代的辨
喜展現信瑜伽和王瑜伽 —— 通過對神的愛和冥想修練來認識真理的
道路。辨喜在羅摩克里希那的身上找到了這種像海洋一般廣闊深邃
的愛和超凡入聖的神秘力量，他盡了最大的努力把自己注重理性和
實踐的傾向與羅摩克里希那注重感情和修練的傾向結合起來。辨喜
終生對自己的導師羅摩克里希那抱著無限崇敬的感情，認為自己的
使命就是把導師的教導付諸實施。

　　辨喜無意於涉足政治，他從來沒有公開提出過爭取印度政治上自治或獨立的目標。但是他終生堅持不懈，身體力行要印度自信、自尊、自強、自立的精神，對以後的印度民族解放運動有深遠影響。另一方面，印度的政治家們基本上是西方民主政治加市場經濟模式的信徒，並未真正全面吸收辨喜的哲學思想，今天印度的成就還遠遠低於辨喜的理想。辨喜不僅是印度精神覺醒的先驅，而且是把印度教文化向外傳播的先驅。他在國外創建的吠檀多研究會直到今天仍然保持著活力，而且為以後其他印度教的傳播活動開闢了道路。

　　根據美國的計算機資料庫《世界總書目》(*WorldCat*)，到1992年為止，已經出版的辨喜自己寫的著作和他人寫的關於辨喜的著作多達416種，其中19種著作是89年以來出版的。有些著作雖然出版較早，但仍然不斷重印。這說明辨喜哲學思想始終是學者們念念不忘的一個研究課題。黃心川先生1979年出版的《印度近代哲學家辨喜研究》也名列於《世界總書目》之中。本書希望在黃心川先生的著作的基礎上，吸收十多年來國際學術界的新的研究成果，對辨喜哲學進行一番比較深入、客觀、細緻的研究。

　　辨喜曾經預言中國的復興，希望中國成為實現東方和西方文化雙重聯合的使命的工具。中國有可能實現這個使命嗎？今天看來在吸收和融合西方物質文明方面，臺灣和香港人民已經創造了舉世矚目的奇蹟，大陸人民，特別是沿海各省人民，也正在取得較快的進展。薄弱環節似乎倒在東方傳統文明的復興。中國固有的儒家比較側重理智與實踐，從印度傳來的佛教則以哲學思辨的精緻與宗教感情的強烈為特點，道教則以方術修練的形式開闢了類似印度瑜伽學派的活動領域，三教並存，互為補充，滿足了人們理智、實踐、感情和超意識四方面的精神需要。如果中國人民不僅能在形式上振興

三教（祭孔、作法事、修道觀等等），而且能像辨喜復興印度教一樣從精神上復興三教，進而與西北少數民族中占優勢的伊斯蘭教和近年來在沿海地區發展較快的基督教互相寬容，互相承認，共同發展，共同繁榮，那麼就有可能對人類文明的發展作出較大的貢獻。

第一章 印度文藝復興與辨喜的生平

第一節 印度文藝復興

本世紀的考古發現證明，印度的早期居民在大約公元前2500-1700年期間創造了印度河流域文明。在人類最古老的幾個文明中，印度河流域文明從面積上來說是最大的，它不僅包括印度河平原，而且包括西印度的拉賈斯坦北部和卡提阿瓦地區。考古發掘發現了一系列城鎮，其中最重要的是兩個中心城市：莫亨焦—達羅和哈拉巴。印度河流域文明在公元前兩千年開始衰落，當雅利安人於公元前1500年前後進入印度西北部時，它幾乎完全解體了。❶ 但是，一些考古發掘證明，印度河流域文明與後來的印度教之間存在著一種有機的聯繫，不應該把吠陀文明看做印度一切後期文明的唯一的基礎。❷

印度文明的主體是雅利安人的印度教文明。

雅利安人可能是來自中亞草原上的游牧民族，他們從來不知道

---

❶ Thapar, Romila, *A history of India*（《印度史》），Harmondsworth, Middlesex, England: Penguin Books Ltd, 1966年，卷1，頁23-24、29。

❷ Majumdar，1978年《高級印度史》，頁20-21、23。

城市生活。這些部落把他們的雅利安語言和諸神帶到了伊朗和印度，同時有一支向西進入歐洲。❸印度─雅利安人的語言後來以文字的形式記錄下來就被稱為梵文，與波斯語、拉丁語、希臘語、英語等屬於同一個語系。馬拉塔語、印地語、孟加拉語等都是後來從印度─雅利安語中派生出來的。雅利安人是白種人，身材比較高，膚色比較白，他們在從阿富汗東部擴張到印度河流域和恆河上游的過程中，逐步征服了身材較矮，膚色較黑，鼻子較低的當地土著居民──達薩人。

印度─雅利安人留下的文獻總稱為吠陀，是印度教的基本經典。大約從公元前 1500–1000 年，或更後一些，被稱為吠陀時代(Vedic Period)。吠陀一般意指知識。共有四種吠陀，稱為梨俱，耶柔，娑摩和阿闥婆吠陀。❹梨俱吠陀是贊頌不同神祇的抒情詩集，耶柔吠陀或稱《祭祀明論》， 是講祭祀儀式的，娑摩吠陀或稱《歌咏明論》， 歌詞都是在祭祀酒神索摩時，由特定祭司歌唱的，阿闥婆吠陀或稱《禳災明論》，包括許多符咒。從哲學研究的目的來說，後三種吠陀並不太重要。每種吠陀都由四類不同的文學作品組成：一、本集(samhita)，即曼特羅（mantras，諺語，詩歌和信條）的匯集，組成吠陀文學最古老的部分。二、《梵書》(*Brahmanas*)，即關於祈禱和祭祀儀式的論文。三、《阿蘭若書》(*Aranyakas*)，即《森林書》， 是在森林中教授的教言，或指示森林隱士的著作，有的是《梵書》的附錄，有的是獨立存在的。四、《奧義書》(*Upanisads*)，意為秘密的和深奧的教理，也稱「吠檀多」(Vedanta)，意即「吠陀

---

❸　Watson, Francis, *A concise history of India*（《印度簡史》）， NewYork: Thames and Hudson, 1979年，頁30。

❹　Liang, Shu-ming，梁漱溟，《印度哲學概論》，頁2。

的終結」，是吠陀經典的最後一部分，吠檀多哲學的來源和重要經
典。《奧義書》有二百多種，傳統的數目是108種，自古所推重的，
大約十餘種。❺大約在公元前600年以後，出現了一些輔助性的著
作，被稱為「傳承經」(Sutra，指南，法則，格言)。

　　從公元前1000–500年，或更後一些，被稱為史詩時代(Epic
Period)。這個時代是由於兩部史詩而得名的。這兩部史詩對印度人
來說，就像荷馬的史詩對希臘人來說一樣重要，也是印度教的基本
文獻。一部是《羅摩衍那》，大約在公元前四至三世紀編成，共7篇，
約24,000頌。主要寫王子羅摩與妻子一起受宮廷陰謀之害而被放逐，
弟弟隨行，在南方的荒野中妻子被魔王劫掠，後來歷盡艱險，救出
妻子，恢復王位。羅摩成了成百萬印度人心目中的理想的英雄。另
一部史詩是《摩訶婆羅多》，是民間流傳的史詩，公元前十世紀初，
主要故事形成，公元最初幾世紀基本定型，共18篇，100,000餘頌。
主要寫以班度的五個兒子（阿周那等）為代表的班度族與以班度的
兄弟德里塔拉什特羅的一百個兒子為代表的俱盧族為了爭奪王位，
在俱盧克謝特拉戰場上進行的一場大戰，結果以班度族的勝利而告
終。這部史詩實際上是史學和神話，政治和法律，哲學和神學的集
大成之作，是在全印度各個階級的印度教徒中家喻戶曉的文學寶庫。
史詩的第六篇中插入了18章哲理性的對話，被稱為《薄伽梵歌》，對
話的一方是阿周那，他對於要不要與自己的親戚作戰猶豫不決，另
一方是他的御者，即黑天神的化身，教導他應該不抱欲念地履行自
己的責任。《薄伽梵歌》把吠陀的祭祀，《奧義書》關於梵的教導，
薄伽梵派的一神論，數論的二元論，以及瑜伽派的修行融合在一起。

---

❺　Radhakrishnan，1957年《印度哲學資料集》，頁3–5、37–39。Hsü
　　Fan-ch'eng，徐梵成譯，《五十奧義書》，譯者序，頁1–14。

它對以後印度的思想與生活有非常重大的影響。❻

雅利安人的宗教被稱為婆羅門教（印度教的前身）， 以吠陀為
經典。婆羅門教具有一神論的趨向，認為神雖然有許多名號，但實
際上只有一位神。婆羅門教雖有靈魂觀念，但還未產生輪迴的思想
和信仰。種姓制度已經開始形成，人們被分為四個瓦爾那 (varna)：
婆羅門（祭司），剎帝利（武士）， 吠舍（工商業者）和首陀羅（農
民）。 據一首較晚的吠陀頌歌（梨俱吠陀，x. 90）講，當原人被犧
牲時，婆羅門是從他的頭，剎帝利是從他的手臂，吠舍是從他的腿，
首陀羅是從他的腳上出來的。但當時種姓之間的嚴格限制還未形
成。❼

到公元前七世紀，人們的宗教生活發生了巨大的變化。開始奉
梵天，毗濕奴和濕婆為三大主神。高等瓦爾那（婆羅門與剎帝利）
與低等瓦爾那（吠舍和首陀羅）之間的鴻溝進一步加深了，但首陀
羅與吠舍之間區別縮小了。每個瓦爾那都包括許多闍提 (jatis)。❽
在四大瓦爾那之外還形成了賤民，不少人是被征服的土著，他們處
於社會的最低層。在當時的宗教概念中，輪迴和果報（業）的學說
很突出。根據這種學說，人根據執行婆羅門教法規定的嚴格程度，
來生可以變神，或婆羅門、剎帝利、吠舍等，根據其不執行教法的
嚴重程度，來生可以變為賤民、畜生乃至下地獄。而達到「梵我同

---

❻ Radhakrishnan， 1957年，《《印度哲學資料集》）， 頁99–102。

❼ Rawlinson, H. G., *India: a short cultural history* (《印度：文化簡史》)，
New York: Frederick A. Praeger, 1952年， 頁25。

❽ 據 Smith, V. A., *The Oxford student's history of India* (《牛津學生印
度史》)， London: Oxford University Press, 1908年， 頁40，整個印度
有三千多個闍提。

一」可使人獲得解脫，超脫輪迴。公元前六至五世紀，因佛教與耆
那教的廣泛傳播，婆羅門教漸趨衰落。

　　耆那教徒相信他們的宗教的根源可以追溯到很早的吠陀時代，
他們到伐彌摩那為止已經有二十四位祖師，第一位祖師的名字見於
吠陀。❾伐彌摩那與佛陀是同時代人，生於印度東北部吠舍離一個
王族的家庭，屬剎帝利種姓。三十歲出家，苦修十三年，被自己的
教徒尊為大雄(Mahavira)，雲遊各地三十年。耆那教出自婆羅門教，
也相信業報輪迴和靈魂解脫，但反對吠陀權威和祭祀，守五戒：不
殺生，不妄語，不偷盜，不迷戀塵世，戒肉欲。耆那教首先在印度
東部和中部取得了立足點。但是，公元前 300 年前後，耆那教在東
印度失勢，教徒們開始西遷，他們的後裔在西印度一直生活到近代。

　　佛陀名悉達多，族姓為喬達摩，生於印度北部迦毗羅衛國，相
傳為淨飯王太子，屬剎帝利種姓。二十九歲時出家。開始時跟兩位
宗教大師學道，在六年十分嚴格的苦修生活之後，他發現這樣無法
求得解脫。於是，放棄苦修，信步來到今比哈爾邦的菩提伽耶地方，
找一個清靜的所在參禪，在一棵菩提樹下坐下，發誓不成正覺，不
離開此座。結果思維了許多天，豁然大悟，成最正覺。先在鹿野苑
（今貝拿勒斯附近）說法，此後四十五年間在恆河流域宣揚正法，
奠定了僧團的基礎。公元前 486 年，他以八十歲的高齡於拘尸那羯
羅逝世。❿佛教也相信輪迴和因果報應，但不承認吠陀的權威，譴

---

❾　Raju, P.T., *The philosophical traditions of India*（《印度的哲學傳
　　統》），University of Pittsburgh Press, 1971年，頁94。

❿　據梁僧祐(445–518)，《出三藏記集》稱，自佛去世時起，傳授《善見
　　律毗婆沙》的師徒每年在梵本律經上記一點，此梵本傳至廣州，為齊
　　永明七年（公元489年），共計九七五點，由此上推至佛逝世時，應為

責婆羅門祠祀、卜占、巫咒之術，否認或懷疑最高創造者的存在，反對婆羅門第一，在因果報應和修行解脫方面主張四種姓平等，受到剎帝利、吠舍的支持而得到傳播。佛教的基本教義是苦諦、集諦、滅諦、道諦等四聖諦，研究痛苦，痛苦的原因，斷絕痛苦的原因和超脫痛苦的途徑。這條途徑既不是沉於私欲，卑陋俗鄙，也不是專苦自身，而是趣於中道，即八正道。要獲得解脫，首先必須守五戒：不殺生，不偷盜，不邪淫，不妄語，不飲酒。此外，要獲得解脫還要能做到三摩地(samadhi)，即心專注一境而不散亂的精神狀態。佛教在佛陀生時僅為各沙門學派中的一派，但不久即昌盛。孔雀王朝（約公元前320–185年）的阿育王（？–前232年）幾乎把佛教奉為國教。其原因不僅在於佛教教義的深宏，也在於佛陀人格的偉大。佛陀的教義起初是由其門徒口頭流傳下來的，後來經過幾次結集，寫定成佛經。與此同時，佛教分為不同的學派，在主要教義上分為小乘和大乘兩派。一般認為小乘信仰佛陀的原始教義，比較正統，比較注重個人的解脫，經典多用巴利文，後來主要流傳到南方，即今天的斯里蘭卡、緬甸、泰國等地。大乘認為個人的解脫是次一級的理想，普渡眾生才是最高的教義，經典用梵文，流傳到北方的中國的西藏和中原、朝鮮、日本等地，梵文佛經也大部分被翻譯成藏文和中文。但是佛教在印度本土卻逐漸衰落，在十二世紀和以後幾個世紀，一些外來的征服民族毀滅了殘存的一些廟宇，佛教就消失殆盡了。

在耆那教與佛教興起與發展的同時，婆羅門教並未滅絕。公元四世紀前後，婆羅門教吸收佛教、耆那教的部分教義和民間信仰發展成印度教。從哲學上說，印度教有六個主要的學派。正統的六派

公元前486年。T'ang Yung-t'ung，湯用彤，《印度哲學史略》，頁55。

哲學起源於史詩時代，在公元最初幾個世紀的傳承經時代(Sutra Period)，六派哲學基本成形。哲學討論大部分是口頭進行的，師徒之間以口口相傳的方式傳承下去，後來才以簡要的形式把討論的問題、答案、可能出現的反駁，以及答辯寫下來。這些傳承經是很簡略的，必須經過精心注釋才能為人所理解。從傳承經時代到十七世紀可以稱為經院時代（Scholastic Period），出現了許多對傳承經的注釋，以及對注釋的反覆注釋。其中有些是沒有什麼價值的繁瑣哲學，但這個時代也產生了一些最偉大的印度哲學家。⓫

　　正統的印度六派哲學是正理論、勝論、數論、瑜伽論、前彌曼差論和吠檀多論。

　　正理論(Nyaya)的第一部經典是喬答摩（Gotama，與佛陀同名，公元前三世紀?）的《正理經》（*Nyaya Sutra*），計分五卷，每卷分兩篇。對這部經有許多注釋，比較著名的有婆差耶那的《正理經注》(*Vatsyayana's Nyaya Bhasya*)。正理論的哲學體系具有邏輯實在論的性質，其最後目的像印度其他學派一樣在於求解脫自由，而其主要興趣在於邏輯問題，印度思想的各個體系一般都接受正理論邏輯的基本原理。⓬

　　勝論(Vaisesika)的主要經典是羯那陀（Kanada，公元前300年?）的《勝論經》（*Vaisesika Sutra*），計十卷，每卷分兩篇。比較著名的

⓫　Radhakrishnan, 1957年《印度哲學資料集》，頁xix-xxi。

⓬　正理一字梵文讀音是尼耶也，意為邏輯，正理論也翻譯成尼耶也派，或正論派。梁漱溟，《印度哲學概論》，頁17–18；湯用彤，《印度哲學史略》，頁135–156；Radhakrishnan，1957年《印度哲學資料集》，頁356–385；Chatterjee，1968年《印度哲學導論》，頁161–220；Raju，1971年《印度的哲學傳統》，頁134–142。

注釋是商羯羅密色羅 (Samkara Misra) 的評注。波羅夏他巴答
（Prasastapada, 公元四世紀 ）的《帕達特－達摩－山格那》
(*Padartha-Dharma-Samgraha*) 讀起來好像勝論哲學的獨立的評論，
其注釋中比較著名的是悉達拉(Sridhara)的《尼亞坎德尼》（*Nyaya-
kandli*, 公元991年）。 勝論派的哲學是實在論的和多元論的哲學，
與正理論是姐妹學派，它為正理論提供形而上學的理論，同時接受
正理論的邏輯體系。❸

　　數論(Samkhya)據說是迦毗羅(Kapila)所創立，迦毗羅可能是公
元前七世紀人，也可能只是神話人物。公元十四世紀所輯的《數論
經》(*Samkhya-pravacana Sutra*) 被置於他的名下，但沒有什麼證據
說明確實是他寫的。《數論經》的注釋中比較有名的有安里汝達
（Aniruddha, 十五世紀）的《韋爾迪》(*Vrtti*) 和韋江那比克蘇
（Vijnana Bhiksu, 十六世紀）的《數論經注》(*Samkhya-Prava-
cana-Bhasya*)。目前所存的最早的數論哲學著作是公元三世紀的自
在黑(Isvarakrsna)所寫的《數論頌》(*Samkhya-karika*)，其注釋有婆
治斯帕弟·密斯拉（Vacaspati Misra, 約公元850年）的《達第瓦卡
牟地》(*Tattva-kaumudi*)。數論哲學是進化論的二元論，它的進化論
理論為其他許多印度學派所接受，它把正理論與勝論的許多範疇概
括為兩大基本範疇：主體和客體。❹

❸　Vaisesika音譯為吠世史迦派，因為它將殊相(visesa)作為一個精心討論
　　的知識範疇而得名。Vaisesika譯意為殊勝，即謂差別，因此稱為勝論。
　　梁漱溟，《印度哲學概論》，頁15–17；湯用彤，《印度哲學史略》，
　　頁113–133；Radhakrishnan, 1957年（《印度哲學資料集》），頁386–
　　423；Chatterjee, 1968年，頁221–249；Raju, 1971年，頁143–154。
❹　Samkhya音譯為僧佉派，意譯為數論派。梁漱溟，《印度哲學概論》,頁
　　11–13；湯用彤，《印度哲學史略》，頁75–98；Radhakrishnan, 1957

瑜伽論(Yoga)的主要經典是相傳為鉢顛闍梨（Patanjali，公元前二世紀）所作的《瑜伽經》(*Yoga Sutra*)，比較重要的注釋是毗耶舍（Vyasa，公元四世紀）的《瑜伽注》(*Yoga-bhasya*)，婆恰斯巴提・密斯拉為《瑜伽注》寫了一部精細的注疏《塔蒂瓦一韋夏拉地》(*Tattva-vaisaradi*)。瑜伽論側重修練，與數論是姐妹學派，瑜伽論以數論為理論背景，數論以瑜伽論為修行方法，不同之處在於數論並不相信神是世界的創造主，而瑜伽論則相信神是不同於其他自我的超自我。瑜伽論的價值是通過有步驟的、系統的修練達到身心純潔的境地，這種方法也為印度的各學派所承認。❶⑤

前彌曼差論(Purva Mimamsa)通常直稱為彌曼差論(Mimansa)，其主要經典是耆米尼(Jaimini，約公元前 400 年)的《彌曼差經》(*Mimamsa Sutra*)，主要的注釋是沙巴那(Sabara，公元前一世紀)的《沙巴那注》(*Sabara-Bhasya*)，它是以後的注疏的藍本。在後來的注疏家中比較重要的是公元七世紀的古瑪里拉・巴塔(Kumarila Bhatta) 和布拉巴卡(Prabhakara)。彌曼差論著重研究吠陀本集和梵書，強調儀式方面，同時附帶哲學理論來輔助說明吠陀儀式及儀式程序的進行，這個學派把吠陀作為最高權威，一般不相信上帝為世界的創造主。❶⑥

年，頁424-452；Chatterjee，1968年，頁251-288；Raju，1971年，頁155-164。

❶⑤ 瑜伽(Yoga)的意思是相應，即使個人的自我與宇宙的大我統一起來，後成為為達到這一目的進行的一整套修行方法的名稱。梁漱溟，《印度哲學概論》，頁 13-15；湯用彤，《印度哲學史略》，頁 99-112；Radhakrishnan，1957年，頁453-486；Chatterjee，1968年，頁289-311；Raju，1971年，頁165-174。為數論寫Tattvakaumudi的Vacaspati Misra也為瑜伽論寫了Tattva-Vaisaraki。

後彌曼差論(Uttara Mimamsa)通稱吠檀多論(Vedanta)，其主要
經典是跋多羅衍那（Badarayana，公元前五至二世紀間）的《吠檀
多經》(*Vedanta Sutra*)。吠檀多論著重研究吠陀的奧義書，即吠檀
多，強調瞑想部分，展開為精細的哲學。《吠檀多經》的注釋家主
要有三家：商羯羅(Samkara，788-820?)持不二論（Adaita，一元
論）， 認為個體靈魂的神我(Atman)與最高實體的梵(Brahman)是同
一的；羅摩努闍（Ramanuja，十一世紀）持有保留的一元論(Visi-
stadvaita)， 認為神我與梵的關係是部分與全體的關係；馬德瓦
(Madhva, 1197-1276)持二元論，認為神我與梵是兩個完全不同的實
體，但神我是依靠梵的。❼

　　印度教文明並不像中國儒家文明一樣持續不斷地延續到近代，
而有點類似歐洲的古希臘－羅馬文明被基督教文明所覆蓋以後，在
近代又重新得以文藝復興。在中世紀後期覆蓋印度教文明的是伊斯
蘭教文化。

　　早在公元711年，阿拉伯人就開始侵入信德（印度河下游地區），

---

❻　彌曼差 (Mimamsa) 的意思是訓釋，即訓釋吠陀。前彌曼差論 (Purva
　　Mimamsa) 因側重吠陀的前兩個部分（本集和梵書）而得名。因側重
　　祭祀，又稱業彌曼差論(Karma-Mimamsa)。梁漱溟，《印度哲學概論》，
　　頁8-10；湯用彤，《印度哲學史略》，頁157-164；Radhakrishnan, 1957
　　年，頁486-505；Chatterjee, 1968年，頁313-343；Raju, 1971年，
　　頁66-85。

❼　後彌曼差(Uttara-Mimamsa)因側重吠陀的後兩個部分（森林書和 奧義
　　書）而得名。因側重理智，又稱智彌曼差(Jnana-Mimamsa)。《吠檀多
　　經》因主要討論梵，又稱《梵王經》(*Brahma Sutra*)，或《根本思維
　　經》(*Sariraka Sutra*)。梁漱溟，《印度哲學概論》，頁10-11；湯用彤，
　　《印度哲學史略》，頁 165-179；Radhakrishnan, 1957 年，頁506-
　　572；Chatterjee, 1968年，頁345-428；Raju, 1971年，頁175-200。

但只限於一隅之地，並未波及整個印度。十世紀末以降，北方的穆斯林諸王朝多次入侵印度。1206–1526年印度大部分地區（以北方為主）先後處於五個穆斯林王朝的統治之下。後來，來自中亞的信奉伊斯蘭教的突厥－蒙古人建立了莫臥爾王朝(1526–1858)，定都德里，統一了全印度。到十九世紀，穆斯林在印度人口中已占四分之一。印度教徒和穆斯林之間常有激烈的政治競爭，但和解過程和個別成員之間的友好接觸一直繼續不斷。

對印度文明的第二個重大的外來影響是歐洲文明的影響。

1498年從歐洲繞過好望角到印度的新航線開闢以後，越來越多的歐洲人渡海來到印度。1600年英國東印度公司取得英國女王的特許狀，得以壟斷英國的東方海上貿易，逐步強大起來，以孟買、馬德拉斯和加爾各答為主要基地。十八世紀，當莫臥爾王朝日益衰弱之際，英國人與法國人為爭霸印度展開了搏鬥。在1757年的普拉西戰役中，英國軍隊打敗了親法國的孟加拉軍隊，為英國人獨霸孟加拉，以及進一步獨霸印度鋪平了道路。英國人將經濟發達地區置於直接統治之下，稱為英屬印度。其他地區仍留在原有王公的管轄之下，稱為土邦，英國只行使宗主權。英國人的擴張引起了全國各地的動亂，最嚴重的一次是1857–1859年的印度民族大起義。將大起義鎮壓下去之後，英國人進行了一些改革，東印度公司不得不最後完全將對印度的統治權交出來，由一名英國閣員擔任印度事務大臣，印度政府則由總督（兼副王）及其參事會領導。此後的改革允許印度人參加參事會和擔任文官，但是為數很少。英國人的改革並不能滿足印度人民的要求。

英國對印度的剝削經歷了三個主要階段：第一階段，從1757–1813年是商業資本階段，特點是直接的掠奪和東印度公司的壟斷

權，公司用印度的稅收以很低的價格收購印度的成品，出口到英國和歐洲其他國家去。第二階段，從1813–1858年是自由貿易的工業資本剝削的典型階段，使印度迅速地變成了英國工業品的市場和原料產地，摧毀了印度的傳統手工業。第三階段，從1858年以後，是金融資本階段，英國人向印度輸出資本，開設了大量銀行、進出口公司和經銷處。有的英國官員和政論家認為，手工業的毀滅是近代化的不可避免的代價。問題的關鍵在於：在英國，手工業衰落帶來的苦難很快就基本上被工業化帶來的大量就業和收入增長所抵消了。而在印度，手工業者肩負了英國工業化的重擔，卻沒有得到多少好處，因為十九世紀五、六〇年代以前，印度並未出現現代工業，此後的發展也非常緩慢。❶⑧

隨著歐洲與印度的接觸的增加，歐洲學者開始研究印度古代的語言文學。1785年《薄伽梵歌》被翻譯成了英文。發現並開始研究梵文文學和哲學對歐洲的影響被比作歐洲文藝復興時代重新發現古希臘文化。德國哲學家叔本華 (1788–1860) 和文學家歌德 (1749–1832) 都高度評價梵文文獻的價值。印度思想很深地影響了德國的先驗哲學，並由此而影響了柯爾雷基 (1772–1834)，喀萊爾 (1795–1881)，愛默生(1803–1882)等英美浪漫主義運動的先驅。印度也從歐洲學術界獲益非淺。在採用西方方法研究東方文獻之前，印度穆斯林時代以前的歷史已經被人淡忘，阿育王的名字不再為人所記憶。1834年J. 普林塞普找到了釋讀婆羅米文(Brahmi)和佉盧文(Kharoshthi)的線索，從而使他能解讀古代印度碑銘。從此以後，一代又一代的歐洲和印度學者做了大量的工作，重新恢復對印度古代

---

⑱ Sarkar, S., *Modern India, 1885–1947* (《近代印度，1885–1947年》)，1989年，頁24–28。

史的知識。這個領域裡的一位先驅是牛津大學教授馬克斯・繆勒，他辛勤耕耘三十年，在1857年發表了《梨俱吠陀》的第一個完整的文本，他進而開始主編《東方聖書》（總計50卷），使西方世界能夠比較系統地認識印度教、佛教、伊斯蘭教和中國的經典。**⑲**另一方面，十八世紀末傳教士開始奠定印度的英語教育的基礎。十九世紀八〇年代，受過英語教育的印度人的數量近50,000。學習英語的人的數量從1887年的298,000迅速提高到1907年的505,000，同時英文報紙的發行量也從1885年的90,000提高到1905年的276,000。**⑳**

　　印度人對西方挑戰的反應是複雜的。印度教徒和穆斯林的初步反應都是保守的。他們固守傳統，盡可能避免與西方文明接觸。但是隨著形勢發展和英國人干預的加強，完全避免接觸是不可能的。於是，出現了另一個極端，即準備在文化戰鬥中像在政治戰鬥中一樣，完全向英國人投降。這個運動人數很少，主要是加爾各答地區的一些年輕的知識分子，他們否定印度教及其一切著作，這個運動的外部標誌是基督教洗禮和吃牛肉的俱樂部，但是這個運動壽命不長，1840年以後就壽終正寢了。比較大的運動介乎於極端保守和極端歐化之間，渴望忠於自己過去的文化和宗教，同時體會到現存形式的宗教不可能與外來影響抗衡。他們努力通過回歸自己的信仰的根源來淨化宗教，從而加強其力量。**㉑**這些努力代表了印度近代文

---

⑲　Rawlinson, H. G., *India: a short cultural history*（《印度：文化簡史》），頁406–407。

⑳　McLane, J. R., *Indian nationalism and the early Congress*（《印度民族主義和早期國大黨》），Princeton，1977年，頁4。

㉑　Spear, P., *The Oxford history of modern India:1740–1947*（《牛津近代印度史：1740–1947年》），1965，頁286。

藝復興的宗教方面。

印度教改革運動的先驅者拉姆莫漢・羅易(1772–1833)宣揚一神論，反對多神信仰，反對種姓制度，1828年在孟加拉建立了梵天齋會(Brahma Sabha)。1833–1843年這個組織並不活躍。1843年德文德拉納特・泰戈爾宣誓加入這個組織，並將其改名為梵社(Brahma Samaj)，為它注入了新的活力，在1845–1846年間會員從145人增加到500人，許多大學生參加了進來。梵社的第三位主要人物蓋沙布・金德拉・森將梵社變成了一場真正的全國性宗教改革運動，但他的激進主張在1866年導致了分裂，他另立印度梵社，原梵社更名為真梵社。蓋沙布於1870年訪問英國，取得了相當大的成功。但是他1878年安排未成年的女兒與一個印度教大君結婚，引起了進步派的不滿，分裂出去另立公共梵社，蓋沙布的教會改名新誡梵社（Navavidhan，或Church of the New Dispensation）。蓋沙布於1884年去世，他的表兄弟普羅塔普・春德・馬宗達 (Protap Chunder Mazumdar) 雖然沒有成為領袖，但實際上是第四位主要人物，於1893年出席了芝加哥世界宗教會議，在美國聽眾中留下了很深的印象。㉒

梵社始終人數較少，代表了知識分子而不是大眾對西方文明挑戰的回應。斯瓦米・達亞南達・薩拉斯瓦蒂(1824–1883)1875年創立的雅利安社（聖社）則比較大眾化。雅利安社也反對偶像崇拜、種姓隔離和童婚，但不像拉姆莫漢・羅伊那樣注重奧義書，吸收西方的理性主義，而是提倡回到《吠陀經》去，有原教旨主義的色彩。

㉒ Lavan, S., "The Brahmo Samaj: India's first modern movement for religious reform"（〈梵社：印度第一個近代宗教改革運動〉），載 *Religion in modern India*（《近代印度的宗教》），頁1–25。

這個組織在旁遮普的影響比較大。

對西方挑戰的進一步的反應來自羅摩克里希那 (1836–1886) 及其門徒。羅摩克里希那在加爾各答附近的一座神廟裡度過了一生的大部分光陰，他是一個巴克提(bhakti)，即通過虔誠崇拜的道路來體會神意，而他的神學是吠檀多派的。如果把拉姆其漢·羅伊比作新印度的理智，達亞南達比作新印度的臂膀，那麼羅摩克里希那可以比作新印度的靈魂。辨喜就是羅摩克里希那最喜愛的弟子。

另一個值得一提的運動是神智學社，它是1857年由一位俄國婦女布拉瓦茨基夫人創立的，1886年在馬德拉斯附近的阿迪亞爾設立了總部，後來在安妮·貝贊特夫人領導下在印度造成了一定的影響。它用西方的語言來讚美印度教，使一些希望在西方的批評聲中重新肯定印度宗教的人得到滿足，同時，它的偽理智主義吸引了一些無法接受羅摩克里希那的感情至上主義的人。❷❸

印度近代文藝復興不僅限於宗教領域，幾乎涉及每一個文化領域。差不多每一種印度當地文字都產生了繁榮的文學作品。主要的文學形式是小說、散文、戲劇和詩歌。烏爾都語則是穆斯林的共同語，也產生了一些傑出的作家。有的印度作家則用英文寫作。印度古老的藝術和手工藝從未失傳，石匠和雕刻匠根據古代傳下來的規矩施工。但是受過教育的印度人幾乎忘記了這方面的遺產。孟加拉一個畫派的興起開創了一個新時代，這個畫派的藝術家從古代阿旃陀石窟吸取靈感。印度藝術家作了許多工作復興印度富有特色的、古老的音樂。印度音樂與繪畫、戲劇、舞蹈有密切關係。在加爾各答、孟買、浦那、巴羅達都有音樂學院，最持久的成就之一是把西

---

❷❸　Spear, P., *The Oxford history of modern India: 1740–1947*, 1965年，頁286–288。

方音樂科學運用於傳統印度音樂形式。印度舞蹈以古典傳統為基礎，同時從歐洲的芭蕾吸收了一些技巧，在西方國家引起了相當大的注意。❷

　　印度近代文藝復興與民族覺醒在政治上也有所反映。印度國民大會（國大黨）1885年在孟買召開了第一屆大會。國大黨每年聖誕節前後開一次大會，通過一系列決議，批評政府的政策和提出改革的建議。但政府卻漠然視之，國大黨轉而開始用非常溫和的憲政運動的方法向政府施加壓力。但憲政運動也對政府不起多大作用。這就使以提拉克(1856–1920)為首的極端派壯大起來，成為國大黨有力的一翼。❷ 1901年，國大黨在加爾各答舉行第十七次年會，提拉克和其他一些領袖會見了辨喜，聽取了他的見解。但是，從整體上說，辨喜是置身於政治運動之外的，他主要是作為印度文藝復興的宗教和哲學方面的代表而聞名於世的。

第二節　辨喜的家世、教育和雲遊印度

　　辨喜原名挪倫特拉那特・達泰，簡稱挪倫，辨喜是他的法號。辨喜所出生的加爾各答的達泰家族以其富有、慈善、知書達禮和獨立精神而著稱。這個家族屬於卡亞斯塔(Kayastha)種姓，儘管這個種姓自認為屬於剎帝利種姓群，但在孟加拉一般認為它屬於首陀羅種姓群。在辨喜的宗教活動中，他遇到正統派的強烈反對，他們認為他作為一個首陀羅，沒有權利研究經典。甚至同樣屬於卡亞斯塔種姓的正統派也對辨喜肆意謾罵。❷

---

❷　Rawlinson, H. G., *India: a short cultural history*，頁415–419。

❷　Majumdar, 1978年《高級印度史》，頁877–885。

辨喜的曾祖父拉姆莫漢 (Rammohan) 是一個英國律師的辦公室主任，積累了相當可觀的財富。他的祖父杜加普拉賽德 (Durgap-prasad) 繼承父業，也為一家律師事務所工作，十六、七歲結婚，**㉗**但在二十五歲有了一個兒子之後，離家出走，做了遊方僧。辨喜的父親毗濕瓦那思 (Vishwanath) 起先與人合伙，後來自己單獨主持一家律師事務所。他在宗教觀點上相當開明，閱讀不同宗教的著作，尊重各種信仰。**㉘**他在十六歲時與布瓦內斯瓦麗（Bhuvaneshwari，約 1841–1911）結婚。布瓦內斯瓦麗儀表高貴，令人肅然起敬。她身材健美，眉清目秀。毫不奇怪，從辨喜身上看得出這些素質的遺傳。**㉙**父親的相當歐化的教養與母親的印度教傳統處世態度都對辨喜有深刻的影響。

毗濕瓦那思與布瓦內斯瓦麗生了四子六女，最小的兒子布彭德拉那思（Bhupendranath，1880–1961）曾參加印度自由運動，被判一年監禁，著有《辨喜——愛國的預言者》一書。

挪倫（未來的辨喜）生於1863年1月12日凌晨，是家中的第六個孩子。父母給他起名維勒什瓦 (Vireshwar)，意為濕婆神的化身，小名比萊(Biley)。他在童年時代很喜歡動物，他飼養的愛畜包括一隻猴子，一頭山羊，一隻孔雀，一些鴿子和天竺鼠。他後來在美國和其他地方的嚴肅的演講中，有時會用童年時代飼養的小動物作比喻來解釋深奧的哲學思想。**㉚**比萊是一個生性好動的孩子，他的母

㉖　Datta，1954年（《辨喜——愛國的預言者》），頁217。

㉗　Burke，1958年（《辨喜在美國：新發現》），頁160。

㉘　Datta，1954年（《辨喜——愛國的預言者》），頁111。

㉙　*Reminiscences*（《辨喜的往事》），頁356。

㉚　例如，*C. W.*（《辨喜全集》），卷1（Calcutta, 1957年），頁75。

親不得不安排兩個保姆來照料他。❸他有許多同年齡的男孩和女孩
作為遊戲的伙伴，與他們相處得很好，在遊戲中總是做孩子王。他
成名之後，遇到兒時的伙伴，堅持要求他們仍然像對待密友一樣對
待他，不要稱呼他斯哇密（大德）。❸比萊喜歡各種體育活動，比如
摔跤、游泳、舞劍使棒，特別愛爬樹。他不僅有強健的體格，而且
從小就有過人的勇氣。有一次，在加爾各答的大街上一匹受驚的馬
拖著一輛馬車狂奔，馬車上的一位婦女面臨著生命危險，這時比萊
衝上前去，拉住了發狂的馬，救下了這位婦女的生命。像這樣見義
勇為的事例在辨喜的一生中非止一次。❸他從小就具有獨立精神，
敢於向社會習俗挑戰。在他父親的辦公室裡為不同種姓的顧客分別
預備了專用的煙斗，為穆斯林顧客預備的專用煙斗特別放在一邊，
比萊有一次抽遍了所有的煙斗，包括穆斯林專用煙斗，當撞見他的
人質問他時，他回答說：「我看不出違背種姓制度會造成什麼不同
結果。」❸當他十幾歲的時候，他已經開始接觸梵社，可能是在梵社
的一些年長者的影響下，他堅持素食，特別拒絕吃魚。❸

　　比萊長得很像他出家的祖父，家裡人常擔心他有朝一日會像祖
父一樣出家為僧。他從小對遊方僧特別感興趣，總是把家裡的東西
施捨給他們，以至於家裡人一看到游方僧就得把比萊鎖在樓上的屋
子裡，以免他把太多的東西施捨出去。做一個遊方僧是他童年時代
的人生理想之一。❸他大約在七、八歲的時候，就與一個朋友在濕

---

❸　*Reminiscences*（《辨喜的往事》），頁183。

❸　*The life*（《辨喜回憶錄》），頁531–532。

❸　Nivedita，1913年（《有關與辨喜一起漫遊的筆記》），頁132–133。

❸　*The life*（《辨喜回憶錄》），頁14。

❸　Datta，1954年（《辨喜——愛國的預言者》），頁102。

婆神像前打坐，並具備了入定(Samadhi)的能力。❸❻

　　比萊的教育是從家庭裡開始的，他母親教他孟加拉文字母和第一批英文詞彙，以及《羅摩衍那》和《摩訶婆羅多》裡的故事。六歲時他被送進一所附近的小學。但是有一天他回到家裡，脫口而出，說了一些從同學那裡學來的下流話，他父母決定讓他退學，請了一位老式的私塾老師，在自己家裡的禮拜堂裡設了一所教梵文和孟加拉文的語法學校，教育比萊和鄰居的一些孩子。1871年，八歲的比萊考入加爾各答的大都會學院(Metropolitan Institution)的九年級，就在這時，或早一些，他改名為挪倫特拉那特。❸❽他按時上學，但由於聰慧過人，無須在學習上花太多的精力，只在考試臨近時才下點工夫。他喜歡梵文、英文和歷史，但像他父親一樣討厭數學。他把大部分精力用於戶外活動，做遊戲，組織業餘劇團和健身房，學習烹調，參觀博物館和動物園。他學業優良，是大部分教師的寵兒，但也發生過一、二次遭到體罰的事。

　　1877年，挪倫的父親前往中央省的賴普爾(Raipur)工作一段時間，把妻子、兒子挪倫和其他一子一女接到那裡去住。由於那裡沒有學校，毗濕瓦那思自己把教育兒子的責任擔當了起來，父子之間第一次有了緊密的接觸。毗濕瓦那思具有自由主義傾向，因此給予孩子充分的思想自由，加強孩子獨立觀察和思考問題的趨向。也是

---

❸❻　Nivedita，1918年（《我所知道的老師》），頁200、318。

❸❼　Vivekananda, *C. W.*（《辨喜全集》），卷2，頁22；Nivedita，1918年《我所知道的老師》），頁165。

❸❽　Datta，1954年（《辨喜──愛國的預言者》），頁152與頁153之間的圖版是挪倫1871年在大都會學院九年級註冊付費的收據，所用的名字拼作Norendra Nath。

在那裡，自己熱愛音樂的毗濕瓦那思給了孩子初步的音樂教育。全家於1879年返回加爾各答，挪倫回到他原來上學的學校，學校同意他參加這一年的大學入學考試。挪倫順利地通過入學考試，升入加爾各答管區學院，這是加爾各答市的主要學院。**㊴**不幸，入學後的第二年，他反覆發作瘧疾。**㊵**由於他上課課時不足，學院拒絕讓他參加大學考試。他父親將他轉入總會學院（General Assembly's Institution，後稱蘇格蘭教會學院〔Scottish Church College〕），1881年他從這個學院通過了大學的第一文科考試，升入第二部。他考試成績並不特別高，因為他只在考試前才全力以赴，爭取以盡可能高的分數通過考試。他的大量時間用於課外活動：體育、音樂、朋友聚會、梵社的活動、與羅摩克里希那的聯繫等等。他掌握了一套快速閱讀的方法，可以在短時間裡廣泛閱讀大量著作，同時他有驚人的記憶力，對自己用心地從頭到底讀過的著作牢記不忘，在後來的演講中能夠非常精確地加以引用。他頭兩年研究西方邏輯，後來研究西方哲學和各個歐洲國家的古代和近代史。他熟悉米爾(John Stuart Mill，1806–1873)、休姆（David Hume，1711–1776)、斯賓塞(Herbert Spencer，1820–1903)、黑格爾(Georg Wihelm Friedrich Hegel，1770–1831）等西方哲學家的著作。**㊶**他的同學和教師都一致讚美他的學術成就。學院校長黑斯蒂(W. W. Hastie)教授是這樣評

<hr />

㊴ 管區學院是官辦的，教授幾乎全是歐洲人，要求學生穿西裝或印度的查普坎（chapkan），戴手錶。挪倫當時穿的查普坎和戴的手錶保存在貝盧爾修道會。見Datta，1954年《辨喜——愛國的預言者》），頁153。

㊵ *The life*（《辨喜回憶錄》），卷1（Calcutta，1913年），頁166。

㊶ Vivekananda，1953年（《辨喜：瑜伽及其他著作》），頁19–20。

價挪倫的:「挪倫特拉是一個真正的天才。我到過許多地方,即使
在德國大學的研究哲學的學生中,也未遇到過像他一樣有才華和潛
力的青少年。他是注定要在一生中成名的。」❷幾乎所有認識他的人
都預感他會有一個光輝的未來,他的父母指望他進入法學界,賺大
錢。挪倫對於自己未來的前途有兩種夢想,一種是擁有人間所能想
像的財富、權力和名聲,另一種是拋棄一切世俗的榮華富貴,作一
個遊方僧。隨著時間的推移,後一種夢想逐漸占了上風,他相信修
道者的道路是自己的正確的人生道路。❸

根據挪倫的弟弟馬亨德拉那思(Mahendranath)的回憶,當時很
少人知道印度教或它的要義是什麼,更少人閱讀經典,因為很難看
到經典。他們幾乎不知道毗濕奴派信仰,沒有人聽說過《薄伽梵歌》
或《奧義書》。在這種情況下,梵社的蓋沙布・金德拉・森開始在
加爾各答傳播印度教。❹挪倫積極參加了梵社的宗教和社會改革活
動。但是挪倫熾熱的宗教感情無法在梵社的信條中得到滿足,他從
其他宗教教派那兒也沒有獲得更為滿意的答案。對他的思想形成具
有決定意義的是與羅摩克里希那的接觸。

羅摩克里希那・巴羅摩漢薩原名竭達陀爾(Gadadhar),1836年
出生在孟加拉省呼格利區(Hooghly)伽瑪爾普古爾村(Kamarpukur)
的一個貧困的婆羅門家庭裡,只在一所小學裡受過一點兒教育,但
是特別喜歡聆聽遊方僧的宗教探討。父親去世後,家境越發艱難,
他的長兄羅姆俱摩爾(Ramkumar)前往加爾各答開辦了一所學校,把
他接到那裡,希望他接受世俗教育,但他沒有興趣。1855年一位富

❷ 同上,頁7。
❸ Dhar,1975年(《辨喜全傳》),頁61。
❹ 同上,頁65-66。

裕的寡婦在加爾各答北面五英里的達其內斯瓦爾建造了一座時母廟，他的長兄和他相繼擔任此廟的祭司。他狂熱的不分晝夜的禮拜、祈禱、唱頌歌和打坐損害了健康，1859年在母親的要求下回到故鄉，與只有六歲的薩拉達(Sarada, 1853–1920)舉行了儀式上婚禮。在故鄉待了一年半以後，他又回到達其內斯瓦爾時母廟。他向到時母廟來的遊方僧學習了毗濕奴派的教義和吠檀多教義。1866年他曾遵行伊斯蘭教的教規，後來還實踐了基督教信仰（1874年）。 當他在宗教思想上趨於成熟時，桃李不言，下自成蹊。特別在蓋沙布・金德拉・森和普羅塔普・春德・馬宗達等梵社的領袖訪問他，並在雜誌上刊登關於他的文章之後，他的名聲漸大。加爾各答及各地的王公和農民、學者和百姓成群結隊到達其內斯瓦爾來見他，聆聽他的言辭，接受他的祝福。但是羅摩克里希那自己並不完全滿意，他以整個身心呼喚純潔無瑕，能夠摒棄一切，獻身宗教與為人類服務的年輕人。這樣的年輕人陸續來到。羅摩克里希那有時也前往加爾各答訪問他的學生。

　　大約在 1881 年 11 月初，羅摩克里希那應邀訪問一個弟子的家，這個弟子為招待會作好了一切安排，但沒法找到一個好的歌手，他熱誠邀請鄰居的兒子挪倫來唱幾支歌。這是挪倫初次會見羅摩克里希那。❹ 大約在1882年1月15日，挪倫第一次正式前往達其內斯瓦爾訪問羅摩克里希那。挪倫唱了幾支印地語和孟加拉語的歌曲，令羅摩克里希那深受感動。羅摩克里希那相信挪倫正是他夢寐以求的繼承者。而羅摩克里希那對挪倫的無比熱愛和對宗教的堅定信仰給挪倫留下了深刻的印象。❹ 羅摩克里希那熱誠邀請挪倫重訪。一個

---

❹ *Swami Brahmananda*（《 斯哇密 ・ 婆羅門南達》）， Udbodhana, Calcutta, 1355 B. S., 頁47。轉引自Dhar，頁80–82。

月以後，大約在2月5日，挪倫第二次訪問達其內斯瓦爾，羅摩克里希那為了直接運用自己多年修練成的功力使挪倫立即提高到精神階梯的最高層次，在他身上施加了不可思議的特異功能，這使挪倫大為困惑。一星期以後，大約2月12日挪倫第三次訪問達其內斯瓦爾，羅摩克里希那再次在他身上施加特異功能，使他一度失去知覺。**❹**
挪倫被羅摩克里希那的深沉的熱愛所感動，在他能夠從理智上接受羅摩克里希那以前，先在感情上與自己未來的導師心心相印了。從此挪倫在學習和課外活動之餘，幾乎每星期都抽空前去見羅摩克里希那。但是，挪倫是接受現代西化教育的青年，富有探索精神，非常警覺，理智上誠實無欺，心胸開闊，在接受任何結論之前都要求有理性的證據。他對印度教的偶像崇拜和儀式抱批判態度。在四年半的時間裡他密切地觀察著羅摩克里希那，從來不允許自己受盲目信仰的影響，總是用理性的烈焰去考驗羅摩克里希那的一言一行。在他接受羅摩克里希那作為自己的導師和精神生活的理想之前，他經歷了許多痛苦。但是他一旦接受，就是全心全意的、最後的、不可逆轉的。**❹**

　　挪倫通過加爾各答大學文學士學位考試不久，1884年2月25日，父親突然因心臟病去世。他父親是一個生活豪華的人，既樂善好施，也欠下了不少債務，一旦逝世，債主紛紛上門討債，而受過恩惠的人則不再登門了。使事情更糟的是有一個親戚打官司來奪取他們的祖傳房產。幾天之內，挪倫得知家裡已經沒有食品，全家從此開始

---

❹ Vivekananda, *C. W.* (《辨喜全集》)，卷4 (Calcutta, 1955年)，頁179。

❹ 根據斯哇密・薩拉達南達(Swami Saradananda)的分析，轉引自Dhar，1975年《辨喜全傳》，頁96。

❹ Vivekananda, 1953年 (《辨喜：瑜伽及其他著作》)，頁14–15。

忍饑挨餓過日子。挪倫作為長子,必須擔負起養活這個大家庭的責任。他每天出去找工作,但是發現珍貴的大學文憑卻不能使他找到一份每個月15盧比（5美元）薪水的工作。❹他繼續在大都會學院聽法律課,並且得設法交付費用。他不固定地頂班為一家磨坊搬運穀物而偶然掙一點錢糊口。同時他把著名詩集《牧童歌》(*The Gita-Govinda*)從梵文翻譯成孟加拉文出版。由於父親突然去世,他與一位富家小姐成親的事告吹了。雖然仍有不少人家來提親,母親也力促他成親,挪倫卻堅決拒絕了。❺但是在人生道路的選擇上,挪倫還沒有最後決定是否出家。在極度貧困與失業的痛苦中,他很少訪問羅摩克里希那,而與一些酗酒嫖妓的人有所交往,結果引起了一些對他不利的流言飛語,儘管實際上他拒絕了任何罪惡的誘惑。羅摩克里希那並不相信挪倫會沉淪,果然,挪倫在一次尋找工作失敗以後,覺得已經看破紅塵,打算出家,並希望得到導師的祝福。但羅摩克里希那覺得時機尚未成熟,要求自己在世時挪倫不要出家,挪倫同意了。❺大約在9月16日,挪倫開始信仰時母女神。他時不時訪問羅摩克里希那,從他那裡得到指導,繼續自己的精神追求。另一方面,挪倫繼續過著世俗生活,他翻譯一些書和在一個地方法律官的辦公室裡工作來掙錢養家。他從1885年5月起做了三、四個月中學校長,似乎可以從此與饑餓告別了,但因為某些不太清楚的原因,他辭去了這份工作。❺

---

❹　Vivekananda, *C. W.* (《辨喜全集》), 卷8 (Calcutta, 1956年), 頁69–70。

❺　*The life* (《辨喜回憶錄》), 卷1 (Calcutta, 1913年), 頁285–286。

❺　這次會見大約在1884年7–8月。見Dhar, 1975年 (《辨喜全傳》), 頁201, 註80。

　　羅摩克里希那的咽喉疾病是從1885年4月間開始出現症狀的，到了夏天，看了醫生，開始服藥，但並未遵照醫囑少說話和少入定。有一天羅摩克里希那咽喉大出血，挪倫根據醫書和醫生朋友的意見，估計此病會發展成癌症，於是將他送往加爾各答醫療。他儘管重病在身，仍然極其關心挪倫的精神成長，希望他不要先考慮為家庭建立一定的經濟基礎，而要拋棄一切世俗的顧慮，獻身於宗教。羅摩克里希那在加爾各答換了兩次住處之後，於12月11日搬進加爾各答郊區科西波爾路90號的一幢花園住宅裡住了下來，這是他的世俗弟子為他租下來的。挪倫等十二個未婚弟子陸續住到這裡來，志願照顧自己的導師，這個地方發展成了一個寺舍的雛形。❸挪倫出家的決心越來越大，大約在1886年1月間，放棄了參加法律考試的準備，向一位朋友借了100盧比，以供家裡3個月的開銷。❹他自己就全心全意地投入了宗教活動，經常打坐，刻苦修練，在3月底的一天，達到了入定的最高境界 (nirvikalpa samadhi)。但羅摩克里希那希望他不要只求個人的解脫，而要將精神的覺醒帶給人類，解救卑賤者和貧窮者的不幸。❺很自然，有了這次達到入定最高境界的經驗，

---

❺ 根據斯哇密・薩拉達南達的著作，挪倫可能因為打官司，準備法律考試，以及照顧羅摩克里希那的咽喉疾病而辭職，但可能還有其他原因，見Dhar，1975年（《辨喜全傳》），頁200，註72。

❸ 十二個弟子的名字見Rolland，1930a（《新印度的預言者》），頁252，註10。

❹ 不過他始終沒有擺脫對家庭的憂慮，4月份他曾向一位朋友表示，他考慮到伽耶去擔任地產管理人，而不回中學去工作。Dhar，1975年（《辨喜全傳》），頁202，註117。

❺ *The life*（《辨喜回憶錄》），卷1（Calcutta，1913年），頁408–422；Rolland，1930a（《新印度的預言者》），頁256。

挪倫特別嚮往佛陀。4月初，他與兩個師兄弟前往菩提伽耶，白天
訪問寺廟，晚上就在菩提樹下打坐，度過了三、四天。❺儘管羅摩
克里希那的醫生、妻子和弟子用了一切方法挽救他的生命，他的病
情日益惡化。在這個階段，他的眾多的弟子當中形成了一個願意拋
棄一切、照料導師的核心，而挪倫是這個核心的毫無疑問的領袖，
這個核心後來發展成了羅摩克里希那修道會。羅摩克里希那在他生
命最後的日子裡，經常與挪倫長談，指示他今後怎樣領導師兄弟，
希望他向全世界傳播印度教。羅摩克里希那於8月16日凌晨溘然長
逝。❺

　　羅摩克里希那逝世以後，科西波爾路的花園住宅就停止租用
了。未婚的弟子們或另覓住處，或外出朝聖，大多數回家居住。羅
摩克里希那的世俗弟子S. 密多羅（Surendra Nath Mitra，約1850–
1890）在加爾各答郊區巴拉納戈爾租了一幢房子，供修行的弟子們
居住。❺這是羅摩克里希那修道會的第一個中心。決心出家的弟子
大部分是中產階級出身的、受過教育的年輕人，有些就在那裡定居
下來，挪倫和其他弟子則有時回家住。有一次，挪倫和一些師兄弟
一起到住在安特普爾的一個師兄弟的家裡作幾天客，在聖誕節前夕，
挪倫講了耶穌的故事，要求師兄弟們做新時代的使徒，傳播拯救人
類的福音。大家都深為感動，發誓要出家為僧。❺1887年1月的第
三個星期，挪倫和其他十幾個師兄弟舉行了出家儀式 (Viraja Hom)，
並起了法號。❻挪倫當時所起的法號是維韋迪沙南達 (Vivedis-

---

❺　Dhar，1975年（《辨喜全傳》），頁203，註128。

❺　*The life*（《辨喜回憶錄》），1965年版，頁149。

❺　同上，頁156。

❺　同上，頁159–169。

hananda)，但他在到美國去前夕正式採用維韋卡南達這個法號之前，很少用固定的法號，一般就稱他為斯哇密（意為大德）。他們的寺院生活是清貧刻苦的，但他們毫不介意缺吃少穿，把全部注意力集中在打坐、禮拜、宗教音樂上，斯哇密也和師兄弟們一起討論東西方哲學和歷史。

做一個遊方僧的願望深深植根在廣大印度僧侶的心中。斯哇密和一些師兄弟過了一段時間寺院生活以後，也開始渴望雲遊。大部分僧侶一個接一個地離開寺院一段時間，回來住一段時間，然後又離開。斯哇密也是這樣。1888年他前往印度教聖地瓦拉納西，待了

⑥ 包括挪倫在內，當時共有15個人起了法號。濕婆南達（Swami Sivananda, 1854–1934）1890年1月4日的信提到了其中十個人的法號。轉引自Dhar，1975年（《辨喜全傳》），頁281，註27。這15個人的法號如下：

1. 辨喜（Vivekananda），羅摩克里希那傳教會的第一任主席，到西方傳教的第一人。2. 婆羅門南達（Brahmananda, 1863–1922），傳教會的第二任主席。3. 約加南達（Yogananda, 1861–1899），傳教會加爾各答中心副主席。4. Nirajananada（？–1904）。5. Adbhutananda（？–1920）。6. Premananda（1861–1918），傳教會董事會的董事，貝盧爾修道會負責人。7. 濕婆南達（Shivananda, 1854–1934），傳教會第三任主席。8. 圖里亞南達（Turiyananda, 1863–1922），到西方傳教的第四人。9. 薩拉達南達（Saradananda, 1865–1927），到西方傳教的第二人。10. 羅摩克里希那南達（Ramakrishnananda, 1863–1911），照管羅摩克里希那的神龕達12年之久，馬德拉斯中心的建立者。11. 阿貝達南達（Abhedananda, 1866–1939），到西方傳教的第三人。12. 阿汗達南達（Akhandananda, 1864–1937），傳教會的第四任主席。13. Advaitananda（？–1909），董事。14. 特里古納蒂塔南達（Trigunatitananda, 1865–1915），到西方傳教的第五人。15. Subodhananda（1867–1932），董事。

一星期，參拜寺廟和佛陀第一次講道的鹿野苑，在恆河中沐浴。他
回到巴拉納戈爾之後，盡力勸說師兄弟們向所有的人，特別向勞苦
大眾傳播吠檀多哲學，但師兄弟們當時還只熱中於自己的解脫，沒
有響應他的呼籲。他在失望之中再次離開巴拉納戈爾，雲遊北印度，
實地考察印度文明，了解自己的人民，確定自己的使命和尋找能幫
助他完成使命的信徒。❻第一站仍然是瓦拉納西，他在那裡結識了
東方學家P. 米特拉。在雲遊過阿旃陀、布林達班(Brindaban)等印度
教聖地之後，他在前往喜馬拉雅山麓朝聖的路上經過哈特拉斯火車
站，站長S. 筏多決心追隨斯哇密，成了他的第一個弟子，隨他一起
前往赫里希凱希 (Hrishikesh)。❻但兩人相繼病倒，只得放棄朝聖，
先後來到巴拉納戈爾。斯哇密在雲遊中親眼目睹了廣大人民的悲慘
的生活狀況，他認為這不是宗教造成的，而是祭司和地主造成的，
祭司扭曲了印度教的精髓，要振興印度，就必須把吠陀的智慧傳播
給大眾。他暫停雲遊一整年，潛心研究梵文和吠陀文獻，與師兄弟
們一起朝夕探討，把寺院變成了一所宗教大學。1889年12月底斯哇
密再次出遊時，突然得到消息說一個師兄弟在阿拉哈巴德病倒了，
他立即趕到那裡，精心護理，師兄弟病癒之後，他於1890年1月21

---

❻ 斯哇密雲遊北印度所到過的地方，可參見 Dhar，1975 年（《辨喜全
傳》），頁204與頁205之間的地圖。

❻ Romain Rolland，*Life of Vivekananda*（《辨喜的生平》），Mayavati,
Almora, 1953年，第16頁上的註講到，後來的研究說明，S. 筏多只是
辨喜的最早的弟子之一，而不是第一個弟子。根據是圖拉西(Tulasi)才
是辨喜的第一個弟子。但Gambhirananada，1957年（《羅摩克里希那
修道會和傳教會的歷史》），頁53講到，圖拉西一度以辨喜的第一個弟
子自豪，但後來他自認是羅摩克里希那的弟子。因此，辨喜的第一個
弟子仍應該是S. 筏多。

日抵達加濟普爾，拜訪著名聖賢波婆訶利・巴巴，多次討論印度哲學的不同學派。這時曾有一位英國法官(Mr. Pennington)對他的哲學知識產生了深刻印象，建議他到英國去傳播他的思想，但當時這個建議並沒有引起他的認真考慮。斯哇密本來有意向波婆訶利學習王瑜伽，但是他最後因不能以波婆訶利取代羅摩克里希那為自己的導師，放棄了這個打算。㊿他一度考慮經過尼泊爾去西藏學習佛教，甚至去中國的中原和東北。㊽但當他得知患病的師兄弟阿貝達南達(Swami Abhedananda, 1866–1911)在瓦拉納西時，立即趕去照料他。從那裡又得知加爾各答的一位在俗的師兄弟鮑斯 (Balaram Bose, 1842–1890)病情危險，斯哇密又馬上趕回巴拉納戈爾照顧他，但他不幸於5月13日病重去世。另一位在俗師兄S. 密多羅也於5月25日去世。斯哇密在悲痛中經歷了巨大的內心風暴。每當他想品嘗入定的極樂時，千百萬陷於貧困和文盲之中的印度人的呻吟就在他耳邊回響。正巧有一位師兄弟從喜馬拉雅山區朝聖回來，斯哇密為他取了法號阿汗達南達(Swami Akhandananda，1864– 1937)，決心與他一起前往喜馬拉雅山區，不是去尋找聖人，而是在崇高寧靜的深山中靜靜的思索自我解脫和普度眾生的問題。

　　6月中，斯哇密在阿汗達南達陪同下離開了巴拉納戈爾，他們的第一站是薄伽爾普爾 (Bhagalpur)，接著前往德奧古爾 (Deoghur)，拜訪了社會改革家、民族主義領袖拉杰納拉揚・鮑斯 (Najnarayan Bose)。8月他們來到瓦拉納西，斯哇密與P. 米特拉一起討論了一些經典方面的問題。在繼續北上的途中，斯哇密在一次打坐時悟透了人與宇宙的一致性，人本身就是一個小宇宙，以後他在演講中多次

㊿　Vivekananda, *C. W.*《辨喜全集》，卷7，頁242–243。

㊽　同上，卷6，頁235。

發揮這一思想。❻他們在阿爾莫拉時，得到消息說，斯哇密熱愛的妹妹因不能適應正統印度教婆家的生活而自殺了，斯哇密陷入深深的悲痛之中，他覺得如果自己對這種社會問題無動於衷的話就是犯罪。他們原來的目的地是喜馬拉雅山中的加爾瓦爾高原，去朝拜印度教所說的神在印度北端的住處。❻但因為那裡發生了饑荒，政府禁止人們到那裡去，他們只得改往別處。斯哇密找到了一個適合隱居下來修練的地方，但是阿汗達南達得了重病，他們只得下山求醫。斯哇密在安頓好了師兄弟之後，前往赫里希凱希，但是在那裡他也得了重病，幾乎死去。在幾個師兄弟的照料下病癒以後，他與他們一起來到密拉特，在那裡聚集了七個師兄弟，形成了一個臨時的小型僧團，共同研究經典。但是斯哇密至此已經認識到，在喜馬拉雅山中隱居或在僧團裡修練都不能完成自己的使命。印度不僅在政治上是個殖民地，在文化上也喪失了自尊和自信，這種精神的病態要求他尋到一條新的行動路線，儘管他這時還不太清楚這條路線的輪廓。1891年1月底，他不辭而別，踏上了單獨雲遊的道路。他先到德里參觀宮殿、清真寺和陵墓。在那裡他遇到了分手不久也來到德里的師兄弟，雖然很高興，但他勸告他們不要跟蹤他。

　　斯哇密首先雲遊的是西北部拉傑普塔那地區。❻他在阿爾瓦爾

❻　*The life*（《辨喜回憶錄》），1965年版，頁197。

❻　Radarinath神廟。印度人認為神有四個住處(dhamas)，分別在印度的北端、西端、南端和東端，即Radarinath, Dwaraka, Rameshwaram, Puri。是朝聖者的必去之地。——Dhar，1975年《辨喜全傳》），頁298；以及頁294與頁295之間的地圖。辨喜1891年底，或1892年初去了印度西端的Dwaraka（德瓦拉卡），又去了印度南端的Rameshwaram（拉梅斯瓦蘭）。

❻　他雲遊的路線見Dhar, 1975年（《辨喜全傳》），頁204–205之間的地圖。

待了7星期，曾與抱西化觀點的大君進行了一場辯論。4月底他來到避暑地阿布山，結識了到那裡來避暑的凱特里土邦的大君阿吉特・辛格，兩人暢談科學、哲學、教育和人生經歷，結下了深厚的友誼。斯哇密應阿吉特・辛格之邀，前往凱特里土邦，❻❽接受他和許多臣子、百姓為自己的弟子，繼續探討宗教，研究物理、化學、天文。斯哇密還向拉傑普塔那的頭號梵文學者 (Pandit Naraindas) 學習梵文。他應大君的請求，祝願他早生貴子以後，於10月27日，離開凱特里，前往西印度。

　　在艾哈邁達巴德,斯哇密增進了自己關於者那教哲學的知識。他在坡爾板達所待的幾個月意義重大，不僅在著名梵文學者P. S. 般度朗(Pandit Shankar Pandurang)的指導下完成了對帕尼尼的梵文語法的研究，而且從遊歷過許多歐洲國家的般度朗那裡得到了珍貴的信息與鼓勵，使他對到西方去傳播印度教的使命形成了比較清晰的輪廓。❻❾也就是這時，他第一次聽說芝加哥世界宗教會議，並產生了參加這個會議的想法。他接著去了雲遊的目的地之一——印度教所說的神在大地西端的住處——德瓦拉卡，然後他打算去神在南端的住處——拉梅斯瓦蘭。他大約於1892年7月來到中印度的坎德瓦，在那裡他第一次明確表示自己有意參加世界宗教會議。❼❶為了實現這個計劃，他到孟買去待了兩個月，探尋可能得到的幫助。在孟買

---

❻❽　Beni Shankar Sharma, *Swami Vivekananda: a forgotten chapter of his life*（《辨喜：他生活中被人遺忘的一章》），Calcutta，1963年，頁44。

❻❾　*The life*（《辨喜回憶錄》），1965年版，頁226–227。坡爾板達是聖雄甘地的故鄉。

❼❶　同上，頁230。

火車站上，經朋友介紹，斯哇密結識了國大黨領袖提拉克，與他同車前往浦那，並在他家裡住了十來天。❼ 在貝爾高姆時，他新收的弟子打算為他赴美國而募捐，但他決定先實現自己去拉梅斯瓦蘭朝聖的誓言，再考慮赴美。

10月中旬斯哇密抵達果阿，研究了幾天拉丁文的基督教手稿和文獻。❼ 接著他前往班加羅爾，受到當時相當進步的邁索爾土邦的大君的高度尊重，被當做國賓對待，並得到了資助他出席世界宗教會議的許諾。斯哇密也把大君看成印度復興的希望之一，但是沒有馬上答應接受他的資助，也拒絕接受重禮，只接受了前往柯欽土邦的火車票。在雲遊的途中，斯哇密遇到了比較開明的拉姆納德土邦的大君，並受到要他出席世界宗教會議的鼓勵。斯哇密與他分手以後，前往拉梅斯瓦蘭，在聖水中沐浴，朝拜了神廟，完成了自己宏願。

12月底他來到印度的最南端——科摩林角。他下海游了大約550碼，登上了一塊傳說有女神足跡的神石，在那裡打坐苦修了三天。他已經走遍了從最北的喜馬拉雅山到最南的科摩林角的印度大地，親眼目睹了大眾的貧困和愚昧，完全同意自己導師的觀點，那就是飢腸轆轆的人不適於接受宗教。一個計劃在他心中成形。❼ 他覺得美國人民崇尚自由，沒有種姓偏見，他準備向他們傳播印度古老的智慧，把他們的科學精神帶回祖國，如果他在美國能夠成功，

---

❼ *Reminiscences*（《辨喜的往事》），頁21–22。辨喜在南印度的雲遊路線可參閱Dhar，1975年（《辨喜全傳》），頁340–341之間的地圖。

❼ Dhar，1975年（《辨喜全傳》），頁357–358。

❼ 辨喜大約一年後在寫給 Ramakrishnananda 的信中回憶了自己當時的想法。見*C. W.*（《辨喜全集》），卷6（1959年），頁250。

將會在自己的同胞心中產生一種新的信心。他開始認真考慮出席世界宗教會議。科摩林角海邊的這塊神石在辨喜一生中的重要性可以與菩提伽耶在佛陀一生中的重要性相比，這是他們的覺悟之地。❼❹離開科摩林角以後，他沿著海岸步行北上，途中受到一位朋友的邀請，同去馬德拉斯住了一個半月。阿拉辛格(Alasinga)等馬德拉斯青年迅速為斯哇密所吸引，當他們知道他去美國的計劃後，爭取有影響人士的支持，❼❺積極募捐，籌了五百盧比，但斯哇密請他們把錢散發給窮人，他還未下最後決心赴美。1893年2月10日，斯哇密受朋友之邀，抵達德干高原上的海德拉巴，受到盛大歡迎。海德拉巴的納瓦卜（Nawab，王公）對他的博學留下了深刻印象，立即答應出1,000盧比幫助他赴美，但他沒有接受。13日他在梅赫布學院作了生平第一次公開演講，主題是〈我到西方去的使命〉。他的流利的英語和扎實的學問證明他完全勝任這個新領域裡的活動。他回到馬德拉斯之後，他的弟子們再次為他募集了款項，敦促他下決心赴美。他曾告訴他們，他是為了人民而去的，錢也應該從人民那裡來。他寫信把自己的打算告訴了羅摩克里希那的妻子，接到了她表示祝福的回信，終於下了赴美的決心。弟子們很快募集了必要的款項。❼❻正巧凱特里大君喜得長子，派人邀請斯哇密在出國前第二次訪問凱特里，斯哇密於4月21日抵達凱特里，在那裡度過了三個星期愉快的日子。凱特里大君為他置辦了行裝，準備了路上的開銷。斯哇密

❼❹　這塊巨大的礁石被稱為辨喜石，1970年9月2日在這裡立了辨喜青銅像。

❼❺　Basu，1969年（《印度報紙所記載的辨喜》），頁662。

❼❻　關於斯哇密赴美的經費，Dhar，1975年（《辨喜全傳》），頁398，註128有非常詳細的討論。實際上他赴美的經費的捐獻者包括各階層的人，從土邦王公到普通百姓。

正式開始使用法號辨喜，從此我們就用這個法號來稱呼他。⑰辨喜
在前往孟買的路上，遇到了兩個師兄弟，告訴了他們自己赴美的計
劃，對他們說，自己走遍了全印度，看夠了大眾的可怕的貧困，正
是為了探尋解民於倒懸的辦法，他決定赴美。他說：「我學會了感
覺，相信我，我異常難過地感受到人民的痛苦。」他哽咽著說不下
去了，淚珠順著他的臉頰往下流。一個師兄弟聽著辨喜的這些話，
暗自想道，這些不正是佛陀的言辭與感覺嗎？⑱辨喜在孟買度過了
十來天，於5月31日登上東方公司(The Orient Company)的半島號
(Peninsular)輪船，起程前往美國。他的弟子阿拉辛格和凱特里大君
的秘書來為他送行，站在碼頭上，目送著輪船漸漸遠去，穿著赭石
色絲綢僧袍的辨喜站在甲板上，頻頻地向他們祝福。

第三節　震撼西方

　　辨喜很快就適應了船上的航海生活。海輪停靠的第一站是錫蘭
的可倫坡，他在那裡參觀了一座有釋迦牟尼巨像的寺廟。船在香港
停了三天，他覺得就像到了中國本土，所有的工作、所有的生意都
在中國人手裡，香港就是真正的中國。從香港他乘中國輪船去遊了
一次廣州，參觀了幾座寺廟，最大的一座是紀念第一個佛教皇帝

---

⑰　一般認為是應凱特里大君之請，斯哇密正式使用法號辨喜的，但很難
　　確定是他1891年第一次訪問凱特里時，還是1893年第二次訪問那裡時
　　正式稱辨喜的。此外，他在1890年的信上已經開始用辨喜這個法號了。
　　同上，頁401，註136非常詳細地討論了斯哇密正式使用法號辨喜的情
　　況。
⑱　Turiyananda 的回憶，*The life*（《辨喜回憶錄》），頁282。

的。❼他對中國人民的貧困和愚昧感到痛心，而對他們從事商業活動的勁頭感到驚奇。海輪接下來停靠日本的長崎 (Nagasaki)、神戶 (Kobe)，辨喜為了考查日本內陸，在神戶棄舟登陸，遊歷了大阪 (Osaka)、京都(Kyoto)和東京(Tokyo)。他對日本市容的乾淨整潔、武器的精良、陸軍的組織有方、海軍的擴充、工業的獨立都加以讚揚。他在給朋友的信中建議，每年應該有一些印度青年訪問中國和日本。❽海輪離開日本以後，橫渡太平洋，航抵加拿大的溫哥華 (Vancouver)。辨喜在此改乘火車，於1893年7月28日抵達美國的芝加哥。

　　次日，他就去參觀世界博覽會，接連十二天，他被博覽會上體現出來的西方文明所吸引。但是，他所帶的錢並不多，又不可能以遊方僧的方式生活，芝加哥物價昂貴，人們往往把他當做印度王公，想方設法賺他的錢，他的錢包日益癟了下去。更糟的是，他發現世界宗教會議要到9月初才開，還得在美國待一個多月，並且只有持有證書的人才能作為代表參加會議，此時已經過了增補會議代表的日期，而他並沒有正式證書。此事典型地說明了印度教的性質，它沒有正式的嚴密的組織，沒有一個機構考慮到要事先與世界宗教會議籌辦處接洽，確定日期，準備證書等等。辨喜的朋友都覺得只要買張船票，把他送到美國，就萬事大吉了。辨喜估算一下，他帶的

---

❼　根據辨喜1893年7月10日從日本寫給馬德拉斯的弟子的信。見Vive-
　　kananda，1964年（《辨喜書信集》），頁42，原文是the first Buddhi-
　　stic Emperor。這座寺廟可能是光孝寺。而 Dhar，1975 年（《辨喜全
　　傳》），頁 409 則當作是紀念 the first Chinese emperor（Shih Huang-ti,
　　221–206 B.C....,），即秦始皇的，顯然搞錯了。

❽　Vivekananda，1964年（《辨喜書信集》），頁39–45。

錢根本無法讓他待在物價昂貴的芝加哥等到會議召開，他曾打電報給馬德拉斯的朋友告急，這個消息被神智學社的人知道了，他們不僅不予幫助，而且幸災樂禍。[81]當辨喜得知波士頓物價比較便宜時，決定到那裡去住一段時間，並且相信會出現轉機。他在去波士頓的火車上，引起了有教養的、富裕的、五十四歲的K. A. 桑邦(Katherine Abbott Sanborn)小姐的注意，並接受了她的邀請，住到波士頓西南的梅特卡爾夫村的梅多斯莊園裡去。[82]他在那裡結識了一些朋友，8月19日，應舍本婦女感化院院長約翰生太太(Mrs. Johnson)之邀，參觀了那所感化院，那裡對犯人的同情和人道的待遇使他深受感動，念念不忘，相比之下，他極為感嘆印度清白的百姓所受的對待要差得多。[83]25日他受哈佛大學希臘研究教授萊特之邀，訪問他在波士頓東北的安尼士匡村的別墅。萊特對辨喜的博學多才極為欽佩，當辨喜向他談到由於自己沒有證件而難以參加世界宗教會議時，萊特說：「向你要證件就像要太陽陳述一下它照耀世界的權利一樣。」萊特立即寫信給熟識的世界宗教會議的代表甄選委員會主席，告訴他，辨喜比所有的教授加在一起還要有學問。萊特還為辨喜寫了介紹信，把他介紹給負責招待東方代表的委員會，並且為他買了去芝加哥的火車票。

辨喜在東部作了幾次演講以後，在世界宗教會議召開前夕乘火車回到芝加哥。[84]但他突然發現遺失了萊特教授給他的怎樣前往會

---

[81] Vivekananda, *C. W.*（《辨喜全集》），卷3，頁219。有的著作說辨喜曾向神智學社求援，似乎不確。

[82] 辨喜在美國東部的活動地點見 Dhar, 1975 年《辨喜全傳》，頁594–595頁之間的地圖。

[83] Vivekananda, *C. W.*（《辨喜全集》），卷5，頁1以下；卷6，頁419。

議主席辦公室的指示，而火車站附近居住的多為德國移民，沒人能回答他的問訊。他只得在貨運車站的一只空的大貨物箱裡餓著肚子過了一夜。次日清早，他走出車站，沿著兩旁都是富人住宅的湖邊大道走去，再次像印度遊方僧一樣，希望得到百姓的熱情招待和指點路徑。但是他旅途勞累、風塵僕僕的樣子使路旁住宅的僕人們將他拒之門外，甚至出言不遜。辨喜又餓又累，只得先在路邊坐一下。天無絕人之路，正在這時一位婦女從對面的住宅裡走出來，問他是不是出席世界宗教會議的代表。辨喜向他說明了自己遇到的困難。這位婦女名叫G. W. 赫爾太太，是世界宗教會議總委員會主席J. H.巴魯斯博士(Dr. J. H. Barrows)的朋友，不僅請辨喜吃了早點，而且親自陪他去會議辦公室。後來赫爾夫婦和子女都成了辨喜的終生摯友。

　　9月11日世界宗教會議在芝加哥藝術學院(Art Institute)哥倫布大廳(Hall of Columbus)召開，上午十時新自由之鐘(New Liberty Bell)敲了十下，象徵參加會議的十個主要宗教：猶太教、伊斯蘭教、佛教、印度教、道教、儒教、神道教、拜火教、天主教和基督教新教。㊟辨喜與其他代表在主席臺上的90餘個位置上就座，辨喜的赭石色的絲綢僧袍、古銅色的膚色和高貴的容貌分外引人注目。第一

㊉　很難確定他在何時何地上火車，在9月9日，還是早一天或遲一天抵達芝加哥。

㊊　中國代表在會議上受到了聽眾特別熱情的歡迎，原因是正直的美國人對於當時的排華暴行和立法感到內疚和歉意。出席會議的印度代表還有梵社的加爾各答的P. C. 馬宗達，孟買的納加爾卡爾(Nagarkar)，耆那教的 V. 甘地 (Virchand Gandhi)，神智學社的 J. 查克拉瓦爾蒂(Jnanchandra Chakravarti)和安尼・貝贊特夫人，以及錫蘭的代表達摩波羅。見Dhar, 1975年《辨喜全傳》，頁460。

天的議程是官員致歡迎辭和代表致答詞。辨喜靜靜地打坐，主席好幾次請他致詞，他每次都回答「再等等。」以至於主席覺得他或許不想致答詞。直到傍晚，在主席的堅持邀請下，他終於起立致詞。他沒有使用其他代表慣用的客套來稱呼聽眾，而是發自肺腑地稱大家為「美國的兄弟姐妹們。」他還沒有來得及講下去，整個大廳的四千餘聽眾就被他赤誠的兄弟情義所深深地感動了，成百的人從座位上站起來，熱烈的掌聲持續了兩分鐘。大廳安靜下來以後，辨喜開始致詞。他從印度教經典中引用了兩段經文，說明猶如百川歸大海，人們通過不同的宗教都導向同一個神。他的中心主題是各種宗教應該接受其他宗教，盡快地結束宗派主義、偏見和宗教狂熱。❽這是一個非常簡短的發言，但它道出了這次世界宗教會議的最高貴的精神。其他代表都為自己的理想或自己的教派說話，只有辨喜不僅代表自己的宗教，而且為所有的宗教說話。他的致詞才結束，全場立即沸騰起來，幾十個婦女站起來，跨過一排排座位，湧向主席臺。❽辨喜在此後的會議上作了十幾次演講，會議主席往往把他安排在最後發言，以留住聽眾。因為許多聽眾為了聆聽他十五分鐘的講話，才肯在炎熱中耐心地坐著聽完其他人一、二小時的冗長發言，而不提早退席回家。❽19日他在會上宣讀了自己論印度教的出色論文，討論了印度的形而上學、心理學和神學。在 27 日的閉幕式上，他是給聽眾留下最深印象的發言人之一。❽他指出，通過一教獨尊、

---

❽　辨喜在芝加哥世界宗教會議開幕式上的答詞，見 Vivekananda, 1953 年（《辨喜：瑜伽及其他著作》），頁183。

❽　根據當時出席會議的布洛傑特太太 (Mrs. Blodget) 的回憶，見 *Meminiscence* （《辨喜的往事》），頁247。

❽　1893年9月23日的《波士頓晚報》（*Boston Evening Transcript*）。

毀滅其他宗教的道路來實現統一是不切實際的夢想。他的目的既不是要基督教徒改宗印度教，也不是要印度教徒或佛教徒改宗基督教。每個宗教應該吸收其他宗教的精神，同時保持它自己的個性，按照它自己的發展規律成長。他所提出的目標是：互相幫助，而不要互相鬥爭，互相吸收，而不要互相毀滅，和諧與和平，而不要互相紛爭。❾在這次世界宗教會議期間，辨喜從一個名不見經傳的僧侶變成了世界宗教界的著名人物。他的像真人一般大小的畫像樹立在芝加哥街頭，下書「僧侶辨喜」。常有過往行人停下來，雙手合十，低頭致敬。❾許多美國的主要報紙，像《紐約信使》(The New York Herald)、《拉塞福美國人》(The Rutherford American)、《芝加哥秘聞》(The Interior Chicago)、《芝加哥導報》(Chicago Advocate)等，以顯著地位報導了辨喜的活動。許多報紙全文登載了辨喜的發言。能夠發掘出其他民族的潛在的偉大之處是美國人民的特點之一。正是美國高度肯定了辨喜，把他貢獻給印度和世界。❾

　　辨喜在西方的活動可以分為三個階段。第一個階段大約六個月，從世界宗教會議結束到1894年3月初，他以芝加哥為中心進行活動，以演講為主要活動方式。會議結束以後，辨喜繼續在芝加哥住了兩個月，接受過著名歌劇女歌星卡弗夫人 (1865–1942) 的訪問，使當時陷於深深悲痛中的卡弗夫人得到了很大的精神安慰。辨喜一方面研究美國文明，一方面曾到附近的艾凡斯頓和斯特里拖作過幾

---

❽　1893年10月7日的《批評家》(Critic)。

❾　辨喜在會議上宣讀的論印度教的論文和閉幕式上的發言，見 Vivekananda，1953年 (《辨喜：瑜伽及其他著作》)，頁185–193；頁197。

❾　The life (《辨喜回憶錄》)，頁311。

❾　Vivekananda，1953年 (《辨喜：瑜伽及其他著作》)，頁64。

次演講。❾❸11月，他與一家演講經紀公司簽訂了合同，由他們為他安排作巡迴演講，他既可以募集資金，用來在印度舉辦慈善和宗教事業，又可以向美國人民傳播自己的思想。他的演講受到聽眾的熱烈歡迎，在南方的田納西州(Tennessee)的最大的城市孟斐斯，人們要求他多留幾天，多作三次演講。他於1894年2月第一次訪問密西根州(Michigan)的底特律，那些沒有能擠進大廳聽他演講的群眾堅持要求他多留幾天，多作兩次演講。他離開以後，支持他和反對他的人的爭論繼續不斷，以至於他的朋友勸說他於3月第二次訪問底特律，又作了三次演講，並在附近的港市和薩吉諾各作了一次演講。他的演講是如此雄辯，結果反對他的人只得沉默下來，轉而散布謠言，對他進行人身攻擊，甚至收買年輕婦女來引誘他。❾❹他巡迴演講過的城市還有：中西部的威斯康辛州的首府馬迪孫(Madison)、明尼蘇達州的明尼亞波利斯(Minneapolis)、愛阿華州的首府第蒙(Des Moines)和俄亥俄州(Ohio)的愛達。

辨喜的第二階段的活動大約十個月，從1894年3月初到1895年1月27日。這是一個轉變階段。前一個階段的馬不停蹄的巡迴演講使他精疲力盡，使他懷疑是否得改變一下工作的方式，考慮集中精力訓練一些弟子。❾❺但是他沒有能馬上改變。他雖然終止了與演講經紀公司的關係，但他繼續自己直接接受邀請。他在美國東北部地

---

❾❸　《艾凡斯頓索引》(*Evanston Index*) 1893年10月7日；《斯特里拖日報》(*Streator Daily Press*) 1893年10月9日。辨喜在美國中西部的活動地點，見Dhar，1975年《辨喜全傳》，頁486–487之間的地圖。

❾❹　*The life*（《辨喜回憶錄》），卷2，頁315。

❾❺　辨喜1894年3月15日給赫爾姐妹的信，見 Vivekananda，1964年《辨喜書信集》，頁85–87。

區訪問和演講講過的城市，在麻薩諸塞州以首府波士頓為中心，還包括波士頓與紐約之間的諾坦普頓、波士頓附近的工業城市林城、避暑城鎮斯萬普斯科特、他初次會見萊特教授的阿尼斯匡、歐洲人在新英格蘭的第一個移民點普里茅斯和波士頓與緬因州之間的梅爾羅斯；在麻薩諸塞州西面的紐約州，他以紐約市和附近的布魯克林為中心，還到過不遠的菲希基爾蘭丁；在紐約州南面的賓夕法尼亞州，他訪問了費城；在賓州南面的馬里蘭州，他兩次訪問了巴的摩爾。❾⑥辨喜在美國中西部和東北部的巡迴演講非常成功，名聲大振，這使一些堅持獨尊基督教的傳教士極為憤怒，拼命反擊。但是他們的宣傳沒有發生多大作用。在絕望之中，他們編造謠言，誹謗辨喜。而更嚴重的是，梵社的著名學者P. C. 馬宗達和神智學社的一些人也加入了攻擊辨喜的行列。❾⑦起先辨喜並不太重視，後來他體會到這些謠言所造成的危害，於1894年4月9日寫信要求國內的朋友們組織大會，表達印度教社團對他的支持。❾⑧5月，美國的有些報刊根據印度基督教和梵社的某些刊物，攻擊辨喜並不代表真正的印度教，只代表他自己想像出來的新印度教。❾⑨由於辨喜覺得美國與印度的

---

❾⑥　辨喜在美國東北部的活動地點，見Dhar，1975年（《辨喜全傳》），頁594–595和頁698–699之間的兩幅地圖。The life（《辨喜回憶錄》）第一版中講到他還到過米蘇里州的聖路易、康乃狄克州的首府哈特福特、紐約州的布法羅。但Burke，1958年（《辨喜在美國：新發現》），頁134認為，辨喜很可能沒有到過聖路易。

❾⑦　Vivekananda, C. W.（《辨喜全集》），卷7，頁468–469。

❾⑧　辨喜1894年4月9日在紐約寫的信。Vivekananda，1964年（《辨喜書信集》），頁105–8。

❾⑨　《波士頓廣告日報》（Boston Daily Advertiser），1894年5月16日刊登題為〈印度先知〉（"A Prophet From India"）的文章，許多其他雜誌也

朋友們似乎毫無反應，甚至拋棄了他，有兩個月之久（5-6月）情緒頗為低沉。其實，印度的朋友們在收到他4月9日發出的信以前，已經於4月28日在馬德拉斯組織了盛大的群眾集會，熱烈讚揚他在世界宗教會議上和會議後的活動。⑩但是由於動作遲緩，這個消息直到8月底、9月初才在美國見報。此後，在印度的其他一些地方也舉行了類似的大會。9月5日加爾各答舉行了盛大的群眾集會，祝賀辨喜的成就，從此一勞永逸地結束了論敵的種種攻擊。⑩辨喜並不自滿於已經取得的成就，他進一步深入考慮怎樣才能在離開美國以後，使自己在美國的工作能持續下去。他1894年11月在紐約時已經開始著手組織研究會，但活動不多。⑩在這個階段他已經開始舉辦非正式的講習班，1894年7-8月他在緬因州的格林納克里參加宗教會議時，每天早晨在一棵松樹下向一批熱心的弟子講解吠檀多哲學，⑩這棵松樹後來就被稱為辨喜松；同年12月5-28日，他在麻薩諸塞州波士頓附近的坎布里奇的布爾夫人（約1850-1911）家裡時，每天早晨向弟子講解吠檀多哲學和其他課題，弟子中包括哈佛大學的學生。⑩可能正是這些經驗使他決定在下一階段改變自己的工作方式。

　　第三階段從1895年1月底到1896年12月16日，辨喜轉而以訓練

　　　　紛紛轉載。

⑩　《印度鏡報》（*Indian Mirror*），1894年5月1日。

⑩　Burke, 1958年（《辨喜在美國：新發現》），頁417。

⑩　見他1894年11月30日致阿拉辛格的信。Vivekananda, 1964年（《辨喜書信集》），頁219。這個研究會很可能就是吠檀多研究會。

⑩　他1894年7月31日給赫爾姐妹的信，Vivekananda, 1964年（《辨喜書信集》），頁156。

⑩　Burke, 1958年（《辨喜在美國：新發現》），頁465、504。

一些弟子為主,希望他們能在他離開美國以後繼續他所開創的事業。1895年1月27日,辨喜不依靠自己的富裕朋友的幫助,讓一個俄籍猶太人助手在紐約市貧窮地區租了兩間房間,一起住下來,開始實行自己的新計劃。他覺得自己自從到美國來以後,這時才最像一個出家人。❿他堅持以免費的形式向任何願意來聽課的人授課,在一切以金錢來衡量的都市中心創建了一個印度寺舍式的清貧樸素的學習場所。來聽課的人迅速增加,有的坐在地板上,有的坐在櫃子上,有的坐在沙發扶手上,有的坐在牆角的水斗上,如饑似渴地聆聽著他的講解。❿1895年上半年授課的內容大部分是關於王瑜伽和智瑜伽的。辨喜由於工作過度,健康惡化,於6月7日接受一位朋友的邀請,前往紐罕布什州的柏西休息了十天。紐約的吠檀多講習班上的一個學生提議,她願意讓辨喜自由使用自己在紐約州與加拿大相鄰的千島公園(Thousand Island Park)島上的一所小屋來舉辦暑期講習班,並盡其所能為學生提供食宿。辨喜接受了這個邀請,於6月18日抵達千島公園,在7個星期中為先後來到的十二個學生講課,其中有兩個決心獻身於宗教。❿講課的內容從基督教的《聖經》的約

---

❿ 他1895年2月14日從紐約致布爾夫人的信。Vivekananda, 1964年《辨喜書信集》,頁257。

❿ *Reminiscences*(《辨喜的往事》),頁125–133。

❿ 學生中有一位是年逾七十的從坎布里奇來的威特博士(Dr. Wight),見另一個學生豐克夫人 (Mrs. Funke) 給一個朋友的信。轉引自 *The life*(《辨喜回憶錄》), 頁361。但尼希拉南達(Swami Nikhilananda)1953年為一本辨喜選集寫的辨喜傳中把他誤作哈佛大學教授魯特博士 (Dr. J. H. Wright) 了,見 Vivekananda, 1953年(《辨喜:瑜伽及其他著作》), 頁85–86。出家的兩個學生, 一個是美籍法裔婦女Marie Louise,另一個是美籍俄國猶太裔男子Leon Landsberg。

翰福音開始，進而講到《薄伽梵歌》、 奧義書、吠檀多經、那羅陀
的《巴克提經》(*Bhakti Sutras*)，並詳細地講到了羅摩克里希那。一
個學生比較全面地把講授的內容記錄了下來，後來以一本書的形式
出版了，書名稱為《啟示談話錄》。⑱紐約的吠檀多講習班以王瑜伽
即修練為主，較少涉及哲學層面，而千島公園的暑期班深入了一層，
幾乎涉及印度哲學的每個學派。

　　辨喜甚至早在離開印度以前就已經想到過訪問英國。剛到美
國，找不到立足之地的時候，以及一年以後事業奠定了基礎的時候，
他都認真考慮過訪問英國。正巧他收到了墨勒小姐(Miss Muller)等
朋友要他訪問倫敦和巴黎的邀請。⑲8月17日，他離開紐約，途經
巴黎前往倫敦。他對英國的初步印象比對美國的更好。他與邀請他
的一位英國朋友一起翻譯了那羅陀經(Narada Sutras)。⑩10月22日
他在倫敦的皮克迪利發表了論自我覺醒的演講，出席的人很多，包
括一些倫敦最好的思想家。演講極其成功，次日的報刊上登滿了贊
美的評論。⑪《西敏寺報》(*Westminster Gazette*)的記者採訪了辨喜，
發表了題為〈倫敦的一個印度瑜伽信徒〉的報導。⑫辨喜在倫敦成

⑱　記錄的學生是Miss Waldo，此書後來收入《辨喜全集》(*C. W.*) 卷7，
　　頁1–104。《辨喜：瑜伽及其他著作》(Vivekananda, 1953年)，頁511–572
　　也收入了此書。

⑲　英國Henrietta Muller小姐曾訪問過印度，並從一位印度青年那裡熟悉
　　了辨喜的情況，邀請他訪問倫敦。英國人E. T. Sturdy先生曾訪問印度，
　　與辨喜通信聯繫多次，也邀請他訪英。他的學生Francis Legget先生邀
　　請他訪問巴黎。

⑩　Dhar，1975年 (《辨喜全傳》)，頁768，773。

⑪　1895年10月23日的《旗幟報》(*Standard*)，《倫敦紀事日報》(*London
　　Daily Chronicle*)。轉引自*The life* (《辨喜回憶錄》)，頁374–375。

了家喻戶曉的人物。他接受一些邀請，作了一些演講，並舉辦了私人講習班。但是，辨喜在第一次訪問英國期間所發生的最重要的事情，還不是他所作的演講，而是他與諾布爾小姐(1867–1930)的相遇。諾布爾小姐是愛爾蘭人，當時是一所小學的校長，被辨喜的人格所深深吸引。⓱後來她花了很長時間才最終接受辨喜的哲學思想，並成為羅摩克里希那傳教會中的重要人物之一。

　　經過十天航海，辨喜於12月6日回到紐約，接待許多來訪者和訪問一些朋友之後，他重新開始吠檀多講習班，一直辦到聖誕節前夕。聖誕期間，他到離紐約150英里、哈得孫河(Hudson)畔的一個朋友的里吉利莊園去休息了幾天。過年之後，他又立即恢復了吠檀多講習班。講習的內容相當廣泛，包括四瑜伽（信瑜伽、王瑜伽、業瑜伽、智瑜伽）、奧義書和數論哲學。以講課為基礎的《信瑜伽》先以連載的形式發表在雜誌上，後來於1896年秋在馬德拉斯以書的形式出版。⓲辨喜還在紐約的吠檀多研究會裡組織了一個執行委員會，處理具體事務，特別是財務。⓳這個委員會立即著手解決準確記錄辨喜講課內容並編輯出版的問題，幾經周折，終於找到了一個合適的速記員——英國青年古德文（約1870–1898）。古德文在速記了幾次以後，就被辨喜所深深吸引，成了他的弟子，志願終生追隨

⓱　Vivekananda, *C. W.*《辨喜全集》，卷5，頁185–188。

⓲　見她後來所寫的書：Nivedita, 1918年《我所知道的老師》，頁3–5。尼維迪塔(Nivedita)是她後來所起的法號。

⓳　Dhar, 1975年《辨喜全傳》，頁784–785, 789。《信瑜伽》收入《辨喜全集》卷3（1964年版）。讀者使用起來比較方便的是Vivekananda, 1953年《辨喜：瑜伽及其他著作》，頁405–454。

⓴　辨喜1896年1月16日致E. T. Sturdy的信，Vivekananda, 1964年《辨喜書信集》，頁328–329。

辨喜，作他的秘書。古德文的速記稿成了出書的基礎。《業瑜伽》
於1896年2月出版，《王瑜伽》於7月在英國出版。⑯有些演講收入
後來出版的《智瑜伽》。 辨喜完成了在紐約的工作以後，第三次訪
問底特律（3月15日），並從那裡前往波士頓。他在美國的整個事業
的最突出的事件之一是於3月25日為哈佛大學教授和研究生作演講，
題目是〈吠檀多哲學〉（通稱哈佛演講），演講結束之後是提問和回
應。⑰他的演講極為精彩，哈佛大學提議他擔任東方哲學教授，但
他因為是出家人而不便接受這個提議。⑱

　　應倫敦的朋友們的敦促，辨喜於4月5日離開紐約第二次出訪歐
洲。他一到倫敦就驚喜地見到了離別六年、現在應他的請求來幫助
他工作的師兄弟薩拉達南達(Swami Saradananda，1865-1927)。辨
喜在倫敦作了不少演講，舉辦了講習班，出席者當中不乏才智之士。
也有許多社會地位相當高的人與他交往。但是他引以為榮的是七十
三歲高齡的傑出東方學家馬克斯・繆勒教授於5月28日邀請他到牛

---

⑯　《辨喜回憶錄》(*The life*)，頁348，以及尼希拉南達為辨喜選集寫的
　　《辨喜小傳》(*Vivekananda*，1953年，頁79)都講到辨喜在1895年6
　　月寫成了《王瑜伽》，但是根據辨喜1895年12月23日和1896年1月16日
　　致E. T. Sturdy的信、Burke夫人的研究，以及Dhar，1975年（《辨喜全
　　傳》），頁713、789的分析，《王瑜伽》寫成得要晚一些。《業瑜伽》和
　　《王瑜伽》收入《辨喜全集》卷1 (1965年版)。讀者使用起來比較方
　　便的是Vivekananda，1953年（《 辨喜：瑜伽及其他著作》）， 頁577-
　　694。

⑰　演講見*C. W.*（《辨喜全集》），卷1，頁357-365；提問和回應見*C. W.*，
　　卷5，頁297-310。演講又可見Vivekananda，1953年（《辨喜：瑜伽及
　　其他著作》），頁722-727。

⑱　哥倫比亞大學後來也有類似的提議，但辨喜也因為同樣的理由而婉言
　　辭謝了。Vivekananda，1953年（《辨喜：瑜伽及其他著作》），頁96。

津家中討論印度哲學和羅摩克里希那。繆勒已經寫了一篇關於羅摩克里希那的文章，在《十九世紀》(*Nineteenth Century*)雜誌上發表。如果材料足夠的話，他打算寫一本關於羅摩克里希那的書。辨喜立即寫信給師兄弟，請他們提供資料。❿後來這本著作得以完成，有助於辨喜在英國和美國從事他的工作，擴大吠檀多哲學的影響。由於緊張的工作嚴重損害了辨喜的健康，他接受朋友的建議，於7月19日離開倫敦，前往瑞士的日內瓦等地度假。隨後接受德國著名吠檀多哲學家多伊生教授的邀請，前往基爾。傾談之後，兩人之間迅速建立了深厚的友誼，多伊生未能說服辨喜多留幾天，但實在難分難捨，遂決定在漢堡(Hamburg)與辨喜會合，然後陪辨喜回英國住兩個星期，詳細談論吠檀多哲學。辨喜於9月17日回到英國，首先得到一個好消息，他的師兄弟阿貝達南達已經從印度出發，不久就可抵達英國，與薩拉達南達一起接替辨喜在英國的工作，使辨喜離開英國之後，他開創的事業後繼有人。辨喜不久就在倫敦重新開辦了講習班，以智瑜伽為主，有些內容收入後來出版的《智瑜伽》一書。他在英國報界引起了相當大的注意，最有影響的報紙之一——《旗幟報》(*The Standard*)不僅把他與印度近代思想家拉姆莫漢・羅伊和蓋沙布・金德拉・森相比，而且把他與佛陀和基督相比。

　　辨喜雖然身在英美，卻始終心在祖國。他經常與印度國內的弟子、師兄弟和朋友通信，鼓勵他們著手工作，並詳細地討論了他設想的工作計劃。他認為自己在國外工作的主要目的就是反過來促進

---

❿　辨喜於1896年6月24日寫信給羅摩克里希那南達 (Swami Ramakr-ishnananda, 1863–1922) 請他收集資料直接寄給繆勒。見 Dhar, 1975年《辨喜全傳》，頁806。根據 *The life*《辨喜回憶錄》，卷3，頁25，辨喜把這件事委託給薩拉達南達(Swami Saradananda)。

印度的工作。他在1896年12月3日給一位朋友的信中說到，自己感覺到了祖國的召喚，決定放下英國方興未艾的工作，馬上回國。⑫在他離開英國前夕，一個朋友問他，在奢侈豪華、強盛富裕的西方生活了四年之後，怎麼還能喜歡自己的祖國呢? 辨喜回答道: 「在我來西方以前我熱愛印度。現在就是印度的塵土對我來說也是神聖的，就是空氣現在對我也是神聖的，它現在是神聖的土地，朝聖之地，聖地(Tirtha)。」⑫

第四節　鞠躬盡瘁

　　1896年12月16日，⑫辨喜與他的英國追隨者塞維爾先生（?-1900）和夫人(1847-1930)一起從倫敦出發，渡過多佛(Dover)海峽，穿過法國，遊歷了義大利的米蘭、比薩、佛羅倫斯和羅馬等城市。他的速記員兼秘書古德文在義大利的那不勒斯(Naples) 與他們會合，一起乘船赴印度。海輪經過亞丁等地，於1897年1月15日抵達錫蘭的首都可倫坡。辨喜在世界宗教會議上的成功和此後的許多活動早就使南亞人民，特別是他的師兄弟和弟子心中充滿了喜悅和自豪。當辨喜離開歐洲回印度的消息傳到印度時，人民的心靈震顫了。他們的文化大使在完成了自己的使命之後，回到祖國來了。他們一定得像迎接凱旋歸來的英雄一樣來歡迎這位印度人民的忠實兒子。可倫坡歡迎委員會的代表⑫乘一艘懸旗結彩的汽艇把辨喜從海輪迎

---

⑫　Vivekananda, *C. W.* (《辨喜全集》)，卷8，頁392。

⑫　Dhar，1975年《辨喜全傳》，頁842。

⑫　Dhar，1975年《辨喜全傳》，頁851誤作1897年。關於辨喜在錫蘭和南印度受到歡迎和發表演講的地點，見同書，頁874-875之間的地圖。

接到港口，辨喜在成千上萬人的一片歡呼聲中登岸，乘上一輛馬車，向市區進發。歡迎的人們緊隨在後，組成了浩大的遊行隊伍，穿過幾座為他修建的凱旋門，把辨喜送到他的住處。一路上歌聲動地，鼓樂喧天，錦旗飄揚，香煙繚繞，人們往他身上揮灑玫瑰香水和恆河的聖水，往他經過的路上撒鮮花。在歡迎集會上，主席致詞以後，辨喜在答詞中講到，雖然自己不是將軍，不是王公貴族，也不是百萬富翁，只是一個身無分文、浪跡天涯的遊方僧，但人民給以這樣盛大的歡迎，這種情況可能只有在印度才會出現，因為印度人民把宗教作為人生的最高價值之所在。辨喜在可倫坡住了四天，然後穿過錫蘭島，渡過海峽，經過印度南部，前往馬德拉斯。一路上他不斷接到各地群眾的熱誠邀請，要求他停留幾天，甚至哪怕幾小時，出席歡迎會和發表演講。他在拉梅斯瓦蘭重訪了四年前雲遊時訪問過的神廟。在拉姆納德，四年前鼓勵他出席世界宗教會議的大君對他表示了最高的敬意，請辨喜坐在國賓轎車中，他自己與官員們在兩旁隨行，過了一會兒，把馬匹卸了下來，由他們自己把車子拉到辨喜的住處。在孔巴科南，他發表了一路上最激動人心的演講之一——〈吠檀多的使命〉[124]。甚至在馬德拉斯附近的一個小火車站上，也有成百的群眾要求看一眼辨喜，站長不想讓這班火車誤點，因為按照時刻表它並不停靠這一站。但是群眾擁在鐵軌上，火車不得不停下。辨喜被群眾的熱情所深深感動，由衷地一再為他們祝福。人

---

[123] 辨喜的師兄弟 Swami Niranjanananda 和可倫坡佛教徒的代表 Mr. T. Harrison。據Iyer教授說，Swami Niranjanananda和另外兩個師兄弟和 Swami Sadananda 來到可倫坡送新的僧袍給辨喜穿。見 *Reminiscences*《辨喜的往事》，頁81。

[124] Vivekananda, *C. W.*《辨喜全集》，卷3，頁176–199。

們的熱情在馬德拉斯達到了高潮，那裡已經為迎接辨喜作了大量的
準備工作。馬德拉斯人認為，是他們首先認識到沒沒無聞的挪倫（後
來的辨喜）的偉大，為他創造條件，使他能夠代表馬德拉斯赴美出
席世界宗教會議。他們決心要比其他任何地方更隆重熱烈地迎接辨
喜的到來。整個城市到處張燈結采，建樹了十七座凱旋門。好些天
全城人相遇時的第一個問題就是：辨喜大德什麼時候到？2月6日早
晨7點多辨喜一行乘火車抵達馬德拉斯，在成千人的歡呼聲中，在
浩浩蕩蕩的遊行隊伍的簇擁下，乘馬車前往住地。住下來兩天以後，
在維多利亞大廈舉行了正式歡迎會，由於大廈無法容納來參加會議
的大眾，許多人呼籲改為露天大會，辨喜深為感動，走出大廈，站
在一輛馬車頂上發表了簡短的演說。次日，辨喜發表了兩場重要的
演講：〈我們面臨的任務〉和〈我的行動計劃〉。❿此後，他又作了
三次公開演講，題目分別是：〈印度的聖賢〉、〈吠檀多在印度實際
生活中的應用〉、〈印度的將來〉。 ❿由於健康嚴重惡化，辨喜決定
縮短在馬德拉斯活動的時間，並婉轉謝絕訪問其他地方的邀請，於
2月14日在幾千人的歡送下，離開馬德拉斯，乘船去加爾各答。辨
喜在自己出生的城市——加爾各答受到了不亞於在馬德拉斯的歡
迎。2月28日，舉行了正式的有四千人出席的歡迎會，辨喜在會上
發表了演講，回顧了自己在西方的工作，把自己的一切成就歸功於
導師羅摩克里希那，打消了一些人認為他不突出導師而炫耀自己的

❿ 〈我們面臨的任務〉見《馬德拉斯郵報》（*The Madras Mail*），1897年
2月10日（《印度報紙所記載的辨喜》〔Basu，1969年〕，頁703-706），
C. W.（《辨喜全集》），卷3，頁269以下。〈我的行動計劃〉見*C. W.*
（《辨喜全集》），卷3，頁206以下。

❿ 〈印度的聖賢〉，〈吠檀多在印度生活中的實際應用〉見*C. W.*《辨喜
全集》），卷3，頁248以下；頁228以下。

疑慮。幾天以後他作了一次公開演講，題目是〈吠檀多面面觀〉❿。
不久他參加了在達其內斯瓦爾舉行的羅摩克里希那誕辰慶祝會。由
於他健康很差，於3月8日前往大吉嶺，休養了一個多月，其間曾返
回加爾各答，會見凱特里大君，並一起訪問達其內斯瓦爾的時母神
廟。

5月1日，辨喜在加爾各答與所有的師兄弟和羅摩克里希那的在
俗弟子一起經過討論，成立了羅摩克里希那傳教會。在第二次會議
上制定了傳教會的目標，在國內設立修道會和書院，教育人民，同
時向國外派遣經過訓練的成員，使印度與外國之間加強聯繫和增進
相互了解。他自任總主席，由婆羅門南達(Brahmananda, 1863–1922)
和約加南達(Yogananda, 1861–1899)分別擔任加爾各答中心的正副
主席。他的一些師兄弟覺得在個人解脫與從事社會工作，或在沒沒
無聞、不為人知的工作與有組織的、公開的工作之間存在著矛盾，
他盡量進行說服，有時甚至聲淚俱下地陳述自己內心深處的感情，
師兄弟們終於基本上接受了他的觀點。❿辨喜對苦難的同胞抱著非
常深厚的感情，發動師兄弟們組織了救濟中心、孤兒院和瘟疫防治
中心，做了許多人道主義工作。

辨喜原來設想了為印度工作的宏偉計劃，但是他的健康比外人
想像的差得多，他自己已經預感到餘日無多，可能只有三、四年而
已，他心中只燃燒著一個念頭，那就是在有生之年拼命工作、建立

---

❿　〈吠檀多面面觀〉見C. W. 《辨喜全集》，卷3，頁322以下；《印度鏡
報》(Indian Mirror)，1897年3月7日 (Basu, 1969年〔《印度報紙所
記載的辨喜》〕，頁17)。

❿　Gambhirananda, 1957年 (《羅摩克里希那修道會和傳教會的歷史》)，
頁122–124。

組織，在他去世以後可以繼續實現他的壯志。⑫他決定把有限的精力集中在北印度。他從回加爾各答到第二次前往西方的兩年時間裡，在印度北部作了兩個階段的巡遊，第一階段從1897年5月到1898年1月，第二階段從1898年5月到10月。

　　從可倫坡到加爾各答的一系列緊張活動已經使辨喜精疲力盡，他急需離開炎熱的加爾各答，到山區去療養一段時間，更重要的是他計劃找一個合適的地點，幫助英國弟子塞維爾夫婦在喜馬拉雅山麓建立一座書院，使西方信徒在印度有一個研讀經典、隱居修練的地方，他於1897年5月6日離開加爾各答，幾天以後抵達靠近尼泊爾西境的阿爾莫拉。⑬他在那裡受到極其熱烈的歡迎，住了2個半月。⑬他於8月2日離開阿爾莫拉，巡遊旁遮普和克什米爾，多次發表演講。在安巴拉，他與塞維爾夫婦會合，住了一星期，然後經過阿姆利則、拉瓦爾品第等地，前往克什米爾。10月22日，辨喜在克什米爾的冬都查謨與已經退位的大君進行了四小時的長談。辨喜還希望能在克什米爾得到一塊土地，建立一座寺院，但是後來並未實現。在拉合爾的十天中（11月5日到15日），他作了幾次演講，題目包括〈印度教的共同基礎〉、〈巴克提〉、〈吠檀多〉。⑬他還在那裡作了許多工作，促進改革派聖社和正統印度教之間的和諧共處。他應凱特里大君之邀，經過德里、阿爾瓦爾等地，於12月中抵達凱特

⑫　辨喜1897年7月9日致瑪麗・赫爾的信，見 Vivekananda，1964年（《辨喜書信集》），頁411–413。

⑬　關於辨喜在北印度的巡遊地點，見Dhar，1975年（《辨喜全傳》），頁204–205和頁974–975之間的兩幅地圖。

⑬　*The life*（《辨喜回憶錄》），卷3，頁183。

⑬　〈印度教的共同基礎〉見*C. W.*（《辨喜全集》），卷3，頁366以下。

里首府。他在那裡募捐了3,000盧比捐款，可以用來發展羅摩克里希那修道會的事業。辨喜此後又去了幾個地方，於1898年1月21日左右回到加爾各答，結束了他回到印度後的第一階段的巡迴演講。

回到加爾各答以後，辨喜的主要工作是訓練弟子和鞏固已經開始的事業。辨喜考慮到自己健康狀況很差，贊成已經從英國轉到美國去工作了一年的薩拉達南達回到印度，協助主持加爾各答總部的工作。辨喜自己除了開設常規課程，教授《奧義書》、《薄伽梵歌》、物理科學、各國歷史等，還與弟子一起打坐，一起唱宗教歌曲。加爾各答地區的羅摩克里希那修道院搬過幾次，1886–1892年是在巴拉納戈爾，後來遷到達其內斯瓦爾附近的阿蘭巴扎(Alambazar)。因為阿蘭巴扎的修道院房子在地震中損壞嚴重，而辨喜的英國弟子墨勒小姐捐款39,000盧比，在恆河邊巴拉納戈爾對岸的貝盧爾村買了一塊地，作為建造新寺院之用，於是決定於2月13日把修道院先遷到貝盧爾村的 N. 穆克吉的花園房子，以便就近管理新寺院的建造。2月27日，第一次在達其內斯瓦爾之外公開慶祝了羅摩克里希那的誕辰，因為達其內斯瓦爾的業主禁止去過西方的辨喜進入時母神廟。❸慶祝會非常成功，辨喜的四個西方弟子——墨勒小姐、前不久才來的波士頓的布爾夫人、在紐約聽過課的麥克勞德小姐和愛爾蘭人諾布爾小姐的出席使這次慶祝會不同尋常。在辨喜的西方弟子中，最突出的是諾布爾小姐，她下決心拋棄自己在英國的一切，獻身於印度人民的事業。辨喜深知印度人當時貧困、落後、文盲、迷信、骯髒的情況會使一個西方人望而生畏，告訴諾布爾小姐，只有知道印度的一切醜陋，仍然熱愛印度的人才能跨出這重大的一步。

---

❸　1897年11月15日辨喜致Indumati Mitra的信，見C. W. (《辨喜全集》)，卷6，頁413。

諾布爾小姐沒有退縮，而辨喜答應她，將永遠給予她無條件的支
持。❿辨喜把她介紹給公眾，稱她為英國給印度的珍貴禮物，像貝
贊特夫人和墨勒小姐一樣都是為印度的利益忘我工作的異國婦女。
3月，辨喜主持了諾布爾小姐的出家儀式，她從此正式成為梵淨女
(brahmacharini)，❽法號尼維迪塔，意為獻身、虔誠。辨喜為訓練
以尼維迪塔為首的西方弟子作了大量耐心細緻的工作，使她們逐漸
適應印度的環境，作出自己的貢獻。由於辨喜的健康不佳，他的師
兄弟堅決要求他再次去休養，他於3月30日去了大吉嶺，在那裡住
了一個月。但是這一次大吉嶺的高山氣候並沒有使他的健康好轉。
這時加爾各答爆發了瘟疫，辨喜一得到這個消息，立即趕回加爾各
答，組織救治工作，甚至打算把新買的寺院的土地賣掉，用於救災
工作。這次工作使辨喜與傳教會擴大了在群眾中的影響。❿瘟疫大
規模爆發的危險過去以後，辨喜才聽從勸告，考慮自己的健康問題。

　　應英國弟子塞維爾夫婦之邀，辨喜與幾個師兄弟和西方弟子一
起於5月11日離開加爾各答，前往喜馬拉雅山麓的阿爾莫拉，開始
了第二次巡遊北印度。他一路上不斷對西方弟子授課，談論各種題
目，有時與參觀的古蹟聯繫在一起。尼維迪塔仔細地把辨喜的談話
記錄下來，後來刊布在自己的演講和著作（特別是《有關與辨喜一
起漫遊的筆記》）中。❿他們在阿爾莫拉待了一個月，辨喜用了很多
心血，幫助尼維迪塔克服英國人常有的偏見，真正完全印度化，有

---

❿　1897年7月29日辨喜致諾布爾小姐的信，見 Vivekananda，1964年
　　《辨喜書信集》，頁431–433。

❽　Nivedita，1913年（《有關與辨喜一起漫遊的筆記》），頁15。

❿　*The life*（《辨喜回憶錄》），卷3卷，頁226。

❿　Nivedita，1913年（《有關與辨喜一起漫遊的筆記》）。

時甚至發生激烈的思想衝突。但是尼維迪塔終於克服了思想鬥爭的痛苦，更深一層地領會了辨喜的精神，成了他最忠實的弟子之一。**❸**辨喜在阿爾莫拉期間，他的馬德拉斯的弟子出版的一份月刊**❸**由於編輯逝世而停刊，在辨喜與塞維爾先生的安排下，這份月刊從馬德拉斯遷到阿爾莫拉來繼續出版。6月11日，辨喜一行離開阿爾莫拉，前往克什米爾，遊歷了一個多月。在此期間，辨喜仍然經常與西方弟子討論各種課題，從宗教到歷史，無所不包，簡直就像大學課程。7月底，辨喜決定與尼維迪塔一起去朝拜靠近拉達克的阿馬爾納思洞窟的濕婆神像，經過艱苦的長途跋涉，他們完成了這次朝聖。辨喜被冰晶玉潔的神像所深深感動。辨喜回到克什米爾的首府斯利那加後，克什米爾的統治者曾與他商量在此建立一個寺院和一個梵文學院的計劃，但由於駐克什米爾的英國總督代表的反對，沒有成功。**❹**9月30日，辨喜突然單獨前往克希爾巴瓦尼，在那裡靜修一個星期，每天早晨像普通的朝聖者一樣在時母神龕面前祭祀、祈禱和打坐。從那裡回到斯利那加後，辨喜對自己的弟子說，從精神上來講，他塵緣已盡。**❹**克什米爾的環境這一次並沒有能使辨喜的健康有所改善，他於10月11日離開克什米爾，10月18日抵達加爾各答，結束了第二次北印度之行。

---

❸　Nivedita，1918年（《我所知道的老師》），頁110。

❸　這份馬德拉斯月刊名*The Prabuddha Bharata*（《覺醒的印度》）。

❹　一般認為是克什米爾大君提出，給辨喜一塊土地，讓他建立寺院和梵文學院。Dhar，1975年（《辨喜全傳》），頁1103–1108分析了大君實際上無權的處境，認為他幾乎不可能提出這個建議。很可能是克什米爾的官員提出了這個建議，並兩次提交土邦參事會，但由於英國總督代表的否決，甚至沒有能列入參事會議事日程。

❹　*The life*（《辨喜回憶錄》），頁598–599。

　　辨喜儘管身體很虛弱，但立即投入了訓練弟子等工作。11月12
日，尼維迪塔主持召開會議，討論開辦女子學校的事，辨喜出席了
會議，並敦促大家支持。次日，辨喜出席了尼維迪塔女子學校的開
學典禮。**⑭**辨喜給予尼維迪塔完全的辦學自由，她可以使學校具有
確定的宗教色彩，甚至具有教派色彩，但那是為了通過一個教派而
達到超越所有教派的目的。12月9日，貝盧爾的羅摩克里希那修道
院舉行儀式，張掛羅摩克里希那的像。辨喜右肩上扛著放置導師遺
物的銅罐，走在前頭，所有的師兄弟隨在後面，組成了一個遊行的
行列，從N.穆克吉的花園房子步行到新寺院，在那裡對著這些遺物
舉行了祭祀儀式。辨喜與少數僧侶也同時遷居到新寺院裡來住。辨
喜覺得終於實現了十二年前導師去世前夕交給自己的神聖任務：為
傳播導師的教導建立一個永久性的總部。次年初，僧侶們都遷入新
寺院，並開始出版一份孟加拉語的雙周刊（後改為月刊），傳播羅
摩克里希那倡導的普世和諧思想，只正面研究各種思想的貢獻，而
不攻擊任何信仰。**⑭**在辨喜的指導下，他的師兄弟和弟子四出傳教，
已經開展多年的美國和馬德拉斯的工作不斷有好消息傳來，東孟加
拉（達卡）、西印度的古吉拉特、錫蘭等地的工作也都有新的進展。
1899年1月19日，修道會第一次在自己的土地上慶祝了羅摩克里希
那的生辰，同一天，辨喜實現了自己長期追求的一個願望：在喜馬
拉雅山麓建立一座道院。他的英國弟子塞維爾夫婦在長期考察之後，

---

⑭　尼希拉南達(Nikhilananda)為辨喜選集寫的辨喜傳中以11月12日作為
　　開學的日子，見Vivekananda，1953年（《辨喜：瑜伽及其他著作》），
　　頁145。但根據《辨喜回憶錄》(*The life*)，頁603，開學典禮是次日早
　　晨。
⑭　孟加拉語雙周刊名*Udbodhana*（《覺醒》）。

終於在阿爾其拉東面的瑪亞瓦蒂選定並購買了一大塊土地，用來建造不二論道院。在日常工作中辨喜的主要精力用在培養和訓練弟子上面，他非常清楚地意識到，要使自己開創的事業繼續下去，最重要的事就是造就像自己一樣堅定的信徒。他特別關切尼維迪塔，3月25日，在尼維迪塔的要求下，他為她舉行了終身梵淨女(naishthiki brahmacharini)的儀式，象徵著她成為傳教會的終身成員。❹ 幾天之後，尼維迪塔出任羅摩克里希那傳教會瘟疫防治中心的主席和書記，控制加爾各答瘟疫的蔓延。在富人紛紛逃離加爾各答之際，辨喜不顧自己疾病纏身和師兄弟約加南達去世的悲痛，住進貧民窟，以激勵師兄弟們和弟子們與瘟疫鬥爭的勇氣。傳教會作了許多適合民情的、特別是適合貧民窟情況的防疫工作，並發動大學生參加防疫工作，收到了巨大的效果。1898年12月16日，辨喜就宣布過他將第二次訪問西方，一方面出於恢復健康的需要，另一方面視察他在那裡開創的工作的情況。1899年6月20日，他在師兄弟斯哇密・圖里亞南達(1863–1922)和尼維迪塔的陪同下，離開加爾各答，前往西方。

　　辨喜一行經過馬德拉斯、可倫坡、亞丁、那不勒斯、馬賽，於7月31日抵達倫敦。在這六個星期的旅途中，辨喜與尼維迪塔和圖里亞南達談到許多問題，尼維迪塔在《我所知道的老師》一書的第12章〈橫跨半個地球〉中敘述了這些談話的內容。❺ 辨喜自己也在

❹ 尼維迪塔進而要求辨喜讓她成為出家人(sannyasini)，但辨喜拒絕了，從來沒有讓她正式披上僧袍，但是授予她一塊赭色頭巾(uttariya)，可以在打坐時披在頭上。後來尼維迪塔介入了革命性的政治活動。可能辨喜當時已經在她身上覺察到與出家人身分不符的政治氣質，因此不願以出家人的身分來束縛她這方面的發展。

❺ Nivedita, 1918年 (《我所知道的老師》), Chapter XII, Half-way across the world (第12章〈橫跨半個地球〉)。

旅途中寫信描寫沿途情況，發表在孟加拉語月刊上，後來結集出版，題為《歐遊回憶錄》。❿8月16日，辨喜、圖里亞南達和兩個從美國來接他們的女弟子一起離開倫敦，前往美國。抵達紐約後，他們被弟子接到離紐約150英里的里吉利莊園。他們在那裡住了兩個半月。9月2日尼維迪塔從英國來到里吉利莊園，過了幾天，已經從英國轉到美國來工作了兩年、取得很大成就的師兄弟阿貝達南達也從巡迴演講中趕到里吉利莊園，與辨喜一起住了10天。辨喜從他那裡得知紐約吠檀多研究會已經獲得了永久性的總部（儘管是租來的）， 感到特別高興。❿11月，辨喜回到紐約，出席了吠檀多研究會舉行的歡迎會，很滿意地看到那裡的工作進展順利。不久，辨喜應女弟子麥克勞德小姐和另一位參加過1893年世界宗教會議、崇拜辨喜的洛杉磯婦女的邀請，赴洛杉磯進行活動。❿途中他在芝加哥停留了數天，訪問了一些老朋友，對尼維迪塔新近在那裡做的工作感到由衷的高興。❿他於12月3日抵達洛杉磯，在南加利福尼亞地區活動了二個半月。他到洛杉磯以後沒幾天，就發表了第一次公開演講，以後又接連作了多次演講，但是由於他的忠實的速記員古德文已經於1898年6月2日去世，這些演講大部分沒有留下詳盡的記錄。有些在當地的報紙上有或詳或略的報導，有些還沒有發現報紙的有關報導。他在洛杉磯的1900年1月4日的演講〈業與它的秘密〉， 1月5日的演

❿　孟加拉文書名為 Parivrajaka，翻譯成英文後書名為 Memoirs of European Travel，收入《辨喜全集》（C. W.）卷7，頁297–404。
❿　Moni Bagchi, Swami Abhedananda: a spiritual biography（《阿貝達南達大德：精神生活的傳記》），Calcutta，1968年，頁294。
❿　關於辨喜在加利福尼亞州的活動的地點，見Dhar，1975年（《辨喜全傳》），頁1206–1207之間的地圖。
❿　Vivekananda, C. W.（《辨喜全集》），卷8，頁506–507。

講〈我們自己〉，1月7日的演講〈基督——神的使者〉，1月8日的演
講〈心靈的力量〉則已收入《全集》。⓮辨喜1月15日在離洛杉磯10
英里的帕沙第納發表了第一次演講，以後也作了多次演講，也大部
分沒有詳盡記錄。不過他在帕沙第納的1月18日的演講〈印度的婦
女〉，27日的演講〈我的生活和使命〉，28日的演講〈實現普世宗教
的道路〉，1月31日的演講〈羅摩衍那〉，2月1日的演講〈摩訶婆羅
多〉，2月3日的演講〈世界的偉大導師們〉等收入了《全集》，2月
2日的演講〈佛教印度〉收入了《辨喜誕辰百年紀念集》。⓯辨喜於
2月22日抵達舊金山，開始了在北加利福尼亞為時4個多月的活動。
當時舊金山附近的奧克蘭的第一唯一神教派教堂正在舉行宗教會
議，邀請辨喜從2月25日到4月2日作了〈吠檀多哲學和基督教〉、〈生
死規律〉、〈實在與影子〉等8次演講。⓰與此同時，從3月4日到9日，

⓮　〈業與它的秘密〉（"Work and its secret"）見 *C. W.* 《辨喜全集》），
　　卷2，頁1–9；〈我們自己〉（"We ourselves"）在收入《辨喜全集》卷
　　2，頁397–405時，改名為〈公開的秘密〉（"The open Secret"）；〈基
　　督——神的使者〉（"Christ the messenger of God"）在收入《辨喜全
　　集》卷4時，改名為〈基督——福音的宣導者〉（"Christ, the messen-
　　ger"）；〈心靈的力量〉（"The powers of the mind"）收入《辨喜全集》
　　卷2。

⓯　〈印度的婦女〉（"Women of India"）收入《辨喜全集》（*C. W.*）卷
　　2；〈我的生活和使命〉（"My life and mission"）收入卷8；〈實現普
　　世宗教的道路〉（"The way to the realization of a universal religion"）
　　收入卷2，作為《智瑜伽》的一個組成部分；〈羅摩衍那〉（"The
　　Ramayana"），〈摩訶婆羅多〉（"The Mahabharata"），〈世界的偉大
　　導師們〉（"The great teachers of the world"）收入卷4；〈佛教印度〉
　　（"Buddhist India"）收入 Majumdar，1963 年（《辨喜誕辰百年紀念
　　集》）。

他在舊金山作了〈宗教的科學〉等4次演講。⑱從3月16日到5月29
日，辨喜在舊金山及其附近的阿拉梅達等地作了〈弟子〉、〈自然與
人〉、〈心理學的重要性〉、〈宗教的實踐〉等二十多次演講。⑲辨喜

---

⑫ 這8次演講是：1900年2月25日——〈吠檀多向現代世界提出要求的權
利〉（"The claims of Vedanta on the modern world"），收入《辨喜全
集》（*C. W.*）卷8；2月28日——〈吠檀多與基督教之間的相似之處〉
（"The Points of resemblance between Vedanta and Christianity"），改
名為〈吠檀多哲學與基督教〉（"The Vedanta philosophy and Chris-
tianity"），收入《全集》卷4，頁46–49；3月7日——〈生死規律〉
（"The laws of life and death"），3月8日——〈實在與影子〉（"The
reality and the shadow"），3月12日——〈解脫之道〉（"The way of
salvation"），都收入《全集》卷8；3月19日——〈印度的風俗習慣〉
（"The manners and customs of India"），改名為〈印度人民〉（"The
people of India"），也收入《全集》卷8；3月26日——〈印度的藝術與
科學〉（"The arts and sciences in India"），其摘要改名為〈論印度
藝術〉（"On art in India"）收入《全集》卷4，但誤作在舊金山發表
的演講；4月2日——〈教友派信徒的理想〉（"The ideals of the
Quakers"），尚未發現記錄或摘要。

⑬ 這4次演講是：1900年3月4日——〈宗教的科學〉（"The science of
religion"）；3月5日——〈印度及其人民〉（"Idia and its people"）；
3月6日——〈印度的藝術與科學〉（"The arts and sciences of
India"）；3月9日——〈印度的理想〉（"Ideals of India"）。

⑭ 收入《辨喜全集》（*C. W.*）的21次演講的時間、地點、《全集》的卷數、
頁數和題目如下：

日期	地點	卷數	頁數	題目
3月16日	舊金山	四	218–226	專心致志(Concentration)
3月18日	舊金山	八	92–105	佛陀給世界的福音 (Buddha's message to the world)
3月20日	舊金山	八	244–249	依然故我(I am that I am)

在離開加州之前，得到了一個好消息，一個信徒捐獻了舊金山南面
哈密爾頓(Mount Hamilton)山麓的160英畝土地，得以用來建立香蒂
道院，供信徒們隱居靜修。辨喜在橫越整個北美大陸、從加州回紐

3月25日	舊金山	一	481–484	穆罕默德(Mohammed)
3月27日	舊金山	二	463–474	目標(The goal)
3月29日	舊金山	八	106–121	弟子(Discipleship)
3–4月	北加州	六	33–36	自然與人(Nature and man)
3–4月	北加州	六	28–32	心理學的重要性 (Importance of psychology)
3–4月	北加州	一	317–328	靈魂、神與宗教 (Soul, god, and religion)
4月1日	舊金山	一	437–445	黑天神(Krishna)
4月2日	阿拉梅達	六	37–40	專心與呼吸 (Concentration and breathing)
4月3日	舊金山	四	227–237	打坐(Meditation)
4月8日	舊金山	八	122–141	吠檀多是未來的宗教嗎？ (Is Vedanta the futrue religion?)
4月9日	舊金山	六	49–58	崇拜者與被崇拜者 (Worshipper & worshipped)
4月10日	舊金山	六	59–69	形式上的崇拜 (Formal worship)
4月12日	舊金山	六	70–78	神的仁愛(Diveine love)
4月13日	阿拉梅達	七	427–435	瑜伽的科學 (The science of Yoga)
4月18日	阿拉梅達	四	238–249	宗教的實踐 (The practice of religion)
5月26日	舊金山	一	446–458	《薄伽梵歌》一(Gita I)
5月28日	舊金山	一	459–466	《薄伽梵歌》二(Gita II)
5月29日	舊金山	一	467–486	《薄伽梵歌》三(Gita III)

約的路上，曾在芝加哥停留了一、二天，最後一次見到他的忠實信徒赫爾姐妹。他回到紐約以後，在吠檀多研究會作了一些演講，說服了師兄弟圖里亞南達去主持建立加州香蒂道院（和平道院）的重任。辨喜到底特律去住了5天，訪問自己的弟子，於7月20日起程前往巴黎。

在巴黎期間，辨喜曾出席過宗教史會議的一次分組會議。因為法國打算利用博覽會的機會開一次宗教會議，但又生怕開得類似芝加哥世界宗教會議，給東方宗教提供講壇，削弱天主教的影響，所以決定只開宗教史會議，內容完全限制在技術性問題上。辨喜很了解這次會議的性質，沒有給予太大的重視。他在那次分組會議上作了發言，其中的一個內容是批評了希臘文化對印度戲劇、藝術、文學、天文和其他科學有重大影響的西方理論。他在法國沒有發表公開演講，一個原因是他的法語還不夠流利。在巴黎期間，他會見了一些著名人物，如俄國無政府主義哲學家克魯泡特金 (1842–1921)、第一種全自動機槍的發明人海勒姆・馬克沁姆(1840–1916)、在美國會見過的女歌星卡弗夫人等人，不過他最引以為榮的是結識了當時出席世界物理會議的著名印度物理學家J. C.鮑斯博士(Sie Jagadis Chandra Bose，1858–1937)。❺在宗教史會議結束後一星期，辨喜應布爾夫人之邀，到巴黎西面300多英里的海邊小漁港珀羅斯－居伊勒的她的別墅去住了近兩個星期。❺對即將去英國、精神陷於危機之中的尼維迪塔進行了鼓勵。在回巴黎的路上，他順道訪問了聖米迦勒山上的中世紀建立的寺院。在離開法國之前，他又第二次訪

---

❺　見〈歐行回憶錄〉，*C. W.*（《辨喜全集》），卷7，頁379–380。

❺　辨喜在法國的活動的地點，見 Dhar，1975 年《辨喜全傳》，頁1280–1281之間的地圖。

問了珀羅斯—居伊勒。❺10月24日，辨喜作為卡弗夫人的客人，在
麥克勞德小姐等人的陪同下，離開巴黎，遊歷了維也納、君士坦丁
堡、雅典，來到開羅。在開羅時，辨喜很擔心他的忠實弟子、英國
人塞維爾先生是否還健在。❺他覺得自己有必要立即回到塞維爾夫
婦所住的喜馬拉雅山麓的瑪亞瓦蒂道院去，因此突然決定不再返回
巴黎，直接從開羅回印度。

　辨喜乘船從開羅直航孟買，然後改乘火車直達加爾各答，於
12月9日夜間出其不意地出現在貝盧爾寺院的他的師兄弟面前。他
立即得知塞維爾先生已經去世，不可能見上最後一面了，陷入了深
沉的悲痛之中。不久他收到了從巴黎轉來的塞維爾夫人告訴他塞維
爾先生去世的消息的信，他立即不顧自己的病情，乘火車前往喜馬
拉雅山麓，下了火車在大雪中趕了65英里山路，最後21英里是步行
的，於1901年1月3日抵達瑪亞瓦蒂道院，探視塞維爾夫人。他的到
來給道院的人帶來了巨大的鼓舞。因為隆冬嚴寒，他基本上待在室
內，但不顧自己的病情，寫了大量的信件，並撰寫了〈雅利安人和

❺　Swami Vidyatmananda 在 *The Parbuddha Bharata* 上發表了一系列文
　　章，對辨喜在法國期間的情況提供了許多新的資料：一、 "Swami
　　Vivekananda in France —An Introductory chapter"（〈辨喜在法國——
　　導言〉），1967 年 3 月；二、 "Swami Vivekananda in Brittany and
　　Normandy"（〈辨喜在不列顛尼和諾曼第〉），1968年3月；三、"Swami
　　Vivekananda at the Paris Congress, Part One"（〈辨喜在巴黎會議上，
　　第一部分〉），1969 年 3 月；四、 "Swami Vivekananda at the Paris
　　Congress, Part Two"（〈辨喜在巴黎會議上，第二部分〉），1969年4月。
　　關於辨喜第二次去珀羅斯—居伊勒的資料就是他提供的。
❺　塞維爾先生長期患病，但不願離開喜馬拉雅山麓的瑪亞瓦蒂道院去就
　　醫，於1900年10月28日去世。辨喜經常得到關於塞維爾先生病情的消
　　息，他11月在開羅時的擔心是可以理解的。

泰米爾人〉和〈評社會問題研究會上的發言〉等文章。⑮他偶然發
現道院裡有人經常祭祀一個羅摩克里希那的神龕,斷然指出這不符
合不二論,後來祭祀的人停止了這種做法,最後確定這個道院不允
許任何形式的偶像崇拜。在他從瑪亞瓦蒂返回加爾各答的路上得到
了他的忠實弟子凱特里大君不幸去世的消息,這個慘痛的消息使他
一度覺得不想見任何人。他在貝盧爾寺院住了七個星期,收到東孟
加拉知名人士寫來的請他去巡迴演講的信,而他的母親也懷抱著到
那裡去朝聖的強烈心願。3月18日,他前往東孟加拉的首府達卡,
幾天以後他的母親也來到達卡。⑯他在達卡會見了很多人,包括後
來成為無政府運動領導人的一些年輕人。3月27日,他陪母親到達
卡附近的蘭加爾班達朝聖。回到達卡以後,他作了〈我已經學習到
了些什麼?〉和〈我們出生於其中的宗教〉等兩次演講。⑯4月6日,
辨喜陪母親從達卡出發,行程近百英里,到錢德拉納思去朝聖。然
後他們一行到阿薩姆邦的卡馬開(Kamakhya)去朝聖後,辨喜到阿薩
姆的首府希龍去休養了一段時間,於5月12日回到加爾各答附近的
貝盧爾寺院。由於辨喜健康嚴重惡化,只得同意基本上停止公開活

---

⑮ 〈雅利安人和泰米爾人〉("Aryans and Tamilians")收入《辨喜全集》
(*C. W.*)卷4,頁296–302;〈評社會問題研究會上的發言〉("The Social
Conference Address")是辨喜對Justice Ranade先生在1900年印度社會
問題研究會(Indian Social Conference)上的發言的回應,收入《全
集》卷5,頁303–307。

⑯ 關於辨喜在東孟加拉和阿薩姆活動的地點,見Dhar,1975年(《辨喜
全傳》),頁1348–1349之間的地圖。

⑯ 演講〈我已經學習到了些什麼?〉("What have I learnt?")和〈我們出
生於其中的宗教〉("The religion we are born in")的記錄見《辨喜全
集》(*C. W.*)卷3,頁449–461。

動，在寺院裡靜養了8個月。但是他仍然注視著羅摩克里希那宗教運動在國內外的發展，回覆大量的信件，閱讀許多書籍（包括新版大英百科全書的前十卷），關心寺院裡僧侶們的起居飲食，與弟子討論嚴肅的課題，照料寺院豢養的家畜，有一次還特別為在寺院裡作臨時工的部落居民舉行慶祝會，親手為他們分發食物。1901年下半年，辨喜在寺院裡主持慶祝了所有的宗教節日，其中最隆重的是10月18日到21日的難近母祭祀。年底，國大黨在加爾各答舉行第十七次年會，儘管辨喜一貫表示對政治不感興趣，對國大黨也評價不高，國大黨的一些領袖，特別是激進派領袖提拉克，還是抱著崇高的敬意到貝盧爾寺院來拜訪了辨喜。❷當時作為南非印度僑民的代表第一次出席國大黨年會的 M. K. 甘地（1869–1948年）在會議結束後，從加爾各答趕路到貝盧爾寺院來拜訪辨喜，但是辨喜正好不在寺院裡，因此錯過了他們相見的唯一的一次機會。辨喜雖然因為健康原因無法接受兩個日本佛教徒要他出席將在日本舉行的宗教會議的邀請，但是他接受了其中一位的要求，陪他到菩提伽耶和瓦拉納西去朝聖。在瓦拉納西，他接受了一個大君贈送的款項，後來幫助那裡的青年人所組織的服務之家建立了一所小寺院。辨喜很滿意地看到自己關於為人服務即為神服務的主張在服務之家的活動中得到了充分的體現。這是辨喜最後一次離開加爾各答的外出活動。

　　為了得到比較好的治療，更重要的是為了會見尼維迪塔等弟子，辨喜於2月底、3月初回到加爾各答。他的健康已經嚴重惡化，甚至無法出席3月16日的羅摩克里希那生日慶祝會。他已經意識到

---

❷　Dhar，1975年（《辨喜全傳》），頁1494將國大黨第十七次年會的日期誤作1900年10月28–31日，應該是12月28–31日。國大黨通常在聖誕節的一周裡在印度的某個重要城鎮開年會。

自己的生命臨近終結，3月28日曾對麥克勞德小姐說：「我不會活到四十歲的。」麥克勞德小姐知道修瑜伽功的人可以在最後的三摩地（samadhi，入定）時離開自己的軀體，意識到辨喜可能會運用自己的自由意志棄世而去。在去世前一個星期，他要一個弟子為他拿一本孟加拉的日曆來，仔細看了好幾次，似乎他還未決定某件事情的日期。在他去世以後，僧侶們才想起，他可能是在考慮圓寂的日期。去世前三天，在散步時，他曾對陪伴他的人指明恆河邊的一塊土地，希望死後葬在那裡。❸7月2日，他的大弟子尼維迪塔與他商談辦學事務時，他說：「可能你是對的，但我的心靈已經給了其他事情。我正在準備面對死神。」❹7月4日星期五，辨喜像往常一樣一早起床，上午到小禮拜堂裡去打坐了三個小時，與平時不同的是他把門窗都關上，以免他人打擾。然後讓一個弟子讀了一段《梨俱吠陀》，討論了注釋是否恰當。他平時因為有病，一個人單獨進餐，這天卻改為與師兄弟和弟子們一起吃午飯。飯後稍事休息，就開始為弟子們上梵文語法課。傍晚散步時，他與陪同的人談論了人類文明的發展。七點鐘，辨喜回到自己的房間，打坐一小時之後，上床靜臥。照料他的那個弟子以為他睡著了。九點多，辨喜平靜地圓寂（mahasamadhi），享年39歲5個月24天。

---

❸　*The life*（《辨喜回憶錄》），頁746。

❹　*Reminiscences*（《辨喜的往事》），頁251–252。

第二章　新吠檀多主義

第一節　吠檀多哲學

辨喜的哲學思想屬於印度六派正統哲學之一的吠檀多學派。

吠檀多有兩層含意。首先，吠檀多從字面上來說，意為「吠陀的終結」。吠陀是印度教的經典，分成兩個部分：祭事部（Karma Kanda，行祭品）和知識部（Jnana Kanda，智品）。祭事部描述各種祭祀和儀式，時至近代已經大部分沒有甚麼用了。知識部，也就是吠檀多，又稱奧義書，則始終被印度所有的正統的導師、哲學家和作家作為最高權威來加以引用。印度教所有的教派，都必須承認吠陀的奧義書。❶不承認吠陀的權威的教派被稱為非正統教派。近代印度的主要的非正統教派是耆那教和佛教。辨喜認為，佛教和耆那教的一部分也出自奧義書，佛教的精義均借自奧義書，甚至佛教的偉大而令人驚嘆的倫理學也可以在奧義書中逐字逐句地找到。耆那教除了一些異想天開的奇怪行為之外，凡是好的教義，也都能在奧義書中找到。在奧義書中我們也能夠找到以後一切印度宗教思想

---

❶　辨喜，〈吠檀多主義〉，見*C. W.*（《辨喜全集》），卷3，頁119–120。參閱Indo shisō（インド思想）（《印度思想》），卷3，頁20–21。

發展的萌芽。❷

　　吠檀多的第二個意思是一個學派的名稱。辨喜在1896年3月25日著名的哈佛演講中精闢扼要地論述了吠檀多哲學的要旨。雖然印度教各派哲學都聲稱以吠陀為基礎，但是它們卻採用了不同的名稱。正統的六派哲學中的最後一派，即毗耶舍的一派，比以前的各個學派更執著於吠陀，並且努力以吠檀多的信條為基礎，把數論和正理論等各學派綜合起來。因此它特別被稱為吠檀多學派；在近代印度，毗耶舍著的經就成了吠檀多學派的基礎。❸毗耶舍的這些經被不同的注釋者們加以各種各樣的解釋。一般來說當代印度有三派解釋者，相應的有三個哲學流派。一個是二元論者 (Dvaita)；第二個是有保留的一元論(Visistadvaita)；第三個是不二論（Advaita，一元論）。大多數印度人是二元論或有保留的一元論者。不二論者數量比較少。這三個流派都同意數論派的心理學。其實數論派的心理學與正理論和勝論派的心理學也很相似，只有微小的差異。所有的吠檀多信徒都同意三個基本觀點：他們都相信神、吠陀和宇宙的周而復始的循環。❹

　　同時，吠檀多學派的二元論，有保留的元論和不二論又有深刻的、意義重大的分歧。

　　二元論者相信，神是宇宙的締造者和統治者，是永遠與自然分

---

❷　辨喜，〈吠檀多及其在印度生活中的應用〉，見*C. W.* (《辨喜全集》),卷3，頁230。

❸　辨喜這兒所說的毗耶舍即跋多羅衍那─毗耶舍，一說他也是《薄伽梵歌》的作者，但無法確定。毗耶舍只是一個稱號。參閱辨喜，〈關於薄伽梵歌的一些想法〉，*C. W.* (《辨喜全集》)，卷4，頁102。

❹　辨喜，〈吠檀多哲學〉，見*C. W.* (《辨喜全集》)，卷1，頁358–359。

開的，與人類的靈魂分開的。神是永恆的，自然是永恆的，所有的
靈魂也是永恆的。自然和靈魂是逐步展現的，有變化的，但神是始
終如一，永恆不變的。根據二元論者的觀點，神是有人格的，他是
有質的規定性的——倒不是說神有軀體。而是指神有人的屬性。他
是慈悲的，他是公正的，他是強大的、全能的，他能夠與人類發生
聯繫，他能夠接受人類的祈禱，他能夠被人類愛，他也反過來愛人
類，諸如此類。總之一句話，他是一個人格神，只是比人大得無可
比擬。他沒有任何人的罪惡的屬性。「他充滿無限的神聖的屬性」
——這就是二元論者的神的定義。

　　二元論者的另一個信條是每一個靈魂最後都肯定會得到拯救，
絕無例外。通過各種人生的枯榮沉浮，通過各種苦難和歡樂，每一
個靈魂結果都將得到解脫。

　　有保留的一元論者則說，結果與原因並非截然不同；結果只是
原因以另一種形式再現而已。如果宇宙是結果，而神是原因的話，
那麼宇宙必定就是神本身——別無其他可能性。他們認為，神既是
宇宙的動力因，也是宇宙的質料因——神本身既是宇宙的締造者，
又是投射出 (projected) 整個大自然的質料。根據這個流派的觀點，
整個宇宙就是神本身。他就是宇宙的質料。就像蜘蛛的絲是從它自
己的身體裡吐出來的一樣，整個宇宙出自神。❺

　　他們說，神、自然和靈魂這三種存在實際上是同一的。就像我
有軀體，我也有靈魂一樣，整個宇宙和所有的千千萬萬的靈魂是神
的軀體，而神是所有的億萬靈魂的靈魂。

　　二元論和有保留的一元論都承認，靈魂從本性上來說是純潔
的，但是通過它自己的行動，變得不純潔了。每一個惡行都損傷靈

❺　Mundaka Upanishad, 1.1.7.

魂的本性，每一個善行都弘揚靈魂的本性，所有的億萬靈魂都是神的一部分。就像熊熊的烈火中閃耀出同一個大自然的千百萬個火花一樣，這些靈魂都出自這無限的實體——神。❻ 每一個靈魂都有著同樣的目標。

不二論則因為過於抽象，過於崇高，所以不可能成為大眾的宗教。不二論者認為，如果有神的話，神必然既是宇宙的質料因，也是宇宙的動力因。他不僅是宇宙的締造者，而且本身就是被締造的宇宙。

只有無知的人才認為宇宙並不真正存在；宇宙實際上就是神本身。實際上只有一個實體，一個無限的、永遠神聖的實體。那就是神我 (Atman)，它是超越一切的，超越一切已知的事物，也超越一切可知的事物。我們在那個神我中，通過那個神我，看到這個宇宙。這是唯一的實在。它就是這張桌子，就是演講者面前的聽眾，就是這堵牆，就是除去名字與形式的萬事萬物。

萬事萬物都是神我，都是那個沒有性別差異的、純粹的、永遠神聖的大寫的自我。正是名字、形式、質料性的軀體造成所有的差異。如果你除去名字和形式這兩種差異，整個的宇宙即為一體。處處只有一個宇宙，並無兩個宇宙。❼

有保留的一元論與不二論的主要差異在於對最高實體梵的觀點不一樣。羅摩奴闍的有保留的一元論認為，梵並不是像不二論大師商羯羅所認為的非人格的原理，而是人格神毗濕奴─那羅延天 (Visnu-Narayana)。而不二論者認為，神我(Atman)在其本質上，便

---

❻ Mundaka Upanishad, 2.1.1.

❼ 辨喜，《智瑜伽》的第十五節〈神我〉，見C. W. (《辨喜全集》)，卷2，頁239–240、242、245–253。

是梵本身。❽因此，有保留的一元論仍然為僧侶主義保留了生存的
餘地，而辨喜所闡發的不二論則完全鏟除了僧侶階層立足的理論基
礎。

辨喜本人信仰不二論，但是他說，不二論者和有保留的一元論
者並不說二元論是錯誤的；它是正確的觀點，不過是比較低的觀點。
它是在通向真理的道路上；因此讓每一個人根據他自己的想法形成
他對這個宇宙的看法。不要傷害任何人，不要否定任何人的立場。
按一個人的本來立場接受他，如果你能夠的話，對他伸出援助之手，
把他提升到一個更高的層面上來，但是不要傷害他，不要毀滅他。
所有的人最終都將認識真理。❾

辨喜在第一次從西方回國後，從錫蘭的可倫坡到印度北部的阿
爾莫拉，一路上作了多次演講，最激動人心的演講之一是在孔巴科
南所作的〈吠檀多的使命〉。他在這次演講中闡述了吠檀多的幾個
主要特點：以原則為基礎，而不以某一個或幾個聖人的歷史真實性
為基礎；與科學的一致性；主張整個宇宙的精神上的統一性；堅持
對其他各種宗教的寬容態度。❿辨喜在其他許多地方還不止一次地
詳細論述過吠檀多的這些基本特點。辨喜在主張對其他宗教寬容的
同時，也希望建立一個兼容並蓄的普世宗教。他認為，人可以分為
喜歡工作、信仰、玄想和哲學四大類，相應的，普世宗教將提供四
條解脫之道：業瑜伽、信瑜伽、王瑜伽和智瑜伽。而真正完善的人
應該兼修這四種瑜伽，同樣熱愛工作、信仰、玄想和哲學。

辨喜認為，除了吠檀多之外，世界上幾乎所有的偉大的宗教都

---

❽　Dignaga（服部正明），1986年《印度思想史》），頁60–61。

❾　同❼，頁253。

❿　辨喜，〈吠檀多的使命〉，見C. W.《辨喜全集》），卷3，頁176–199。

與一位或多位創建者的生平不可避免地聯繫在一起。所有他們的理論、教導、信條和倫理都是圍繞著創建者的生平建立起來的，他們從創建者那兒獲得認可、權威和力量；令人驚奇的是，這些宗教的整個體系居然完全建築在創建者的歷史真實性上。如果創建者的生平的歷史真實性遭到打擊，那麼整個宗教體系就會倒塌，土崩瓦解，再也無法重新獲得失去的地位，而現代幾乎所有的宗教創建者的生平的真實性都受到了這樣的打擊，他們的生平的一半細節已經無人認真地相信，另一半細節則遭到嚴重的懷疑，其歷史真實性的基石搖搖欲墜，從而使宗教本身也為之動搖。

但是吠檀多並不建立在這樣的創建者的歷史真實性的基礎上，而是建立在原理的基礎上的。我們不能說某一個男人或女人創造了吠陀。吠陀是永恆的原則的體現；聖人們發現了這些原則；我們時不時會提到這些聖人的名字，但僅僅是名字而已；我們甚至於不知道他們到底是甚麼人。在許多情況下，我們不知道他們的父親是誰，在絕大多數情況下，我們不知道他們生於何時何地。但是這些聖人對自己的名字並不在乎。他們是原則的傳播者，他們自己是這些原則的活生生的範例。吠檀多是最不以某個聖人為中心的宗教，與此同時，它又為無數聖人的活動留下了無限的餘地；還有甚麼其他宗教有那麼多神的化身和先知先覺呢？而且未來還會有無數先知先覺降臨人間。因此，如果印度宗教史上任何先知先覺被證明沒有歷史真實性，那完全不傷害吠檀多教派；因為它是以原則為基礎，而不是以個人為基礎的。❶

辨喜認為，吠檀多第二個引起世人注意的特點是：在世界上所有的經典中，正是吠檀多的經典的教導與現代科學研究自然界所得

---

❶　同上，頁182–184。

出的結果是完全一致的。在遠古時代，在形態、血緣和感情方面同出一源的兩個民族的心靈就開始走上了不同的道路。一個是印度人的心靈，另一個是古希臘人的心靈。印度人從分析内心世界開始。希臘人則通過分析外部世界開始探索終極目標。即使透過它們的歷史的各種各樣的興衰榮枯，仍然很容易看清楚，這兩股思想的激流正在趨向於得出類似的解答。看來很清楚，在宗教信徒中，只有吠檀多信徒才能在接受現代自然科學的結論的同時，仍然與自己的宗教保持和諧。而現代唯物主能夠既保持自己的觀點，又通過接受吠檀多的結論來培養宗教虔誠。

　辨喜回憶，某些當時最優秀的西方科學家曾告訴他，吠檀多的結論是多麼令人驚奇地合乎理性。有一位辨喜認識的科學家，經常廢寢忘食，幾乎沒有時間走出自己的實驗室，但寧願成小時地站著，出席辨喜關於吠檀多的演講；因為就像他所說的，它們是那樣科學，那樣與時代的潮流同呼吸共命運，那樣地與現代科學最近得出的結論合若符契。❷

　辨喜在西方弘揚吠檀多取得了高度成功，原因是多方面的。其中一個重要原因就是：隨著現代自然科學的發展，基督教的一些歷來視為神聖的東西受到了嚴峻的挑戰。現代西方人，特別是受過高等教育的人，很容易失去信仰。而辨喜弘揚的吠檀多，是一種哲理性很強的宗教，沒有基督教裡的上帝那樣的人格神，沒有天堂，也沒有地獄，沒有原罪，但仍然保持著崇高的精神追求和嚴格的道德標準，仍然是一種十足的宗教。因此辨喜在西方遇到了不少知音，有些人甚至不遠萬里，來到印度，畢生奉獻給辨喜開創的事業。吠檀多在西方的影響也持續不斷，逐漸擴大。另一方面，辨喜也把吠

---

❷ 同上，頁184–185。

檀多哲學與現代科學精神，與西方的自由、民主、平等、博愛、人權等思想結合在一起，用來啟蒙和教育印度人民。

吠檀多不二論的中心思想是萬事萬物的同一性。辨喜認為，歐洲思想界，更準確地說是整個世界，今天希望印度提供一個偉大的思想，那就是整個宇宙的精神上的同一性，而下層階級比上層階級，廣大民眾比知識分子，無知的人比受過教育的人更需要這個不朽的思想。西方的通過物理方法的現代研究已經證明了整個宇宙的同一性和一致性；從物理上來說，你和我，太陽、月亮和星星都是一個無限的物質海洋中的微小的波，即小波；與此相似，古老的印度心理學也證明了軀體和心靈只是物質海洋中的名字或小波——Samashti；進一步說，吠檀多也說明，在整個表面的統一性的觀念背後，真正的靈魂只有一個。充斥整個宇宙的靈魂只有一個，所有的一切都是這個唯一的實體的展現。這個全宇宙的真正的、基本的統一性的觀念，即使在印度也嚇壞了許多人。辨喜有時候發現，反對者要比支持者多。但是，他認為，這個生氣勃勃的思想就是當代世界需要向印度學習的，就是印度沉默的大眾努力奮起所需要的，如果不實際運用和有效地發揮這個萬物統一的思想，沒有人能夠使印度復興。❸

辨喜把一元論發揮到極端，實際上摧毀了任何僧侶階層存在的必要，與現代自然科學反對各種迷信的鬥爭達到了殊途同歸的結論。神無所不在的思想，對許多人來說是與傳統的神的觀念完全矛盾的，傳統的神高高在上，沒人見過。僧侶只給我們一種保證，如果我們追隨他們，聽從他們的訓誡，遵循他們為我們規劃的道路，那麼當我們死後，他們將給我們一紙能夠面見上帝的通行證！所有關於天

❸　同上，頁188-189。

堂的思想，除了只是這種荒謬的僧侶伎倆的翻版之外，還能是別的甚麼呢？當然，否定人格神的思想是非常具有毀滅性的，它砸碎了所有僧侶、教會和教堂的飯碗。在印度發生饑荒之時，有些寺廟卻個個擁有富可敵國的珠寶。如果僧侶把這種否定人格神的思想教給人民，他們的職業就一去不復返了。但是辨喜主張，必須不用任何僧侶伎倆地、無私地把它教給人民。每一個人都是神。誰服從誰？誰崇拜誰？每個人都是神的最高寺廟。辨喜主張，與其崇拜任何寺廟、神像或聖經，不如崇拜活生生的人。有甚麼比崇拜活生生的人更實際呢？穆斯林說，除了安拉，沒有其他神。吠檀多說，除了神沒有別的。活生生的神就在每個人心中，是人自己建立教會和寺廟，相信所有想像出來的胡說八道。值得崇拜的唯一的神就是在人的軀體中的靈魂。當然所有的動物也是神的廟宇，但人是最高的廟宇，是廟宇中的泰姬陵。辨喜說：「當我體會到，神就在每個人的軀體的廟宇中時，當我崇敬地站在每一個人面前，在他身上看到神時，我擺脫了束縛。束縛人的一切都消失了，我自由了。」❹

　　既然每個人都是具有神性的，那麼當然每個人都有權獲得自由，享受民主，每個人都是平等的，人與人之間應該互相友愛。辨喜把吠檀多哲學與自由、民主、平等、博愛的思想結合在一起，為這個古老的學派帶來了新的生命力。

　　自由是吠檀多哲學的中心思想。辨喜寫道：「自由，啊，自由！自由，啊，自由！」是靈魂之歌。❺辨喜認為，實踐性的宗教就是使

---

❹　辨喜，〈實踐的吠檀多・二〉，見*C. W.*（《辨喜全集》），卷2，頁320–323。泰姬陵(Taj Mahal)，在印度北方邦的亞格拉近郊，1632–1654年莫臥爾帝國皇帝沙傑漢為其妃蒙泰姬建造的墓。

❺　辨喜，〈甚麼是宗教?〉，見*C. W.*（《辨喜全集》），卷1，頁335。

人達到自由狀態，獲得自由。如果這個世界幫助我們向那個目標前進，那很好。如果不是那樣——如果它在已經存在的幾千層束縛上再加上一層——它就成了一種不幸。財產、知識、美貌、其他每一樣東西，當它們幫助我們達到自由這個目標時，它們是具有實際價值的。當它們不再幫助我們達到這個目標時，它們是有危險性的。實踐性的宗教就是利用此世和彼世的事物達到一個目標——自由的獲得。

捨棄比較低級的東西，你就可以獲得比較高級的東西。社會的基礎是道德、倫理和法律。人們應該捨棄種種誘惑，捨棄侵佔鄰人財產的誘惑，捨棄插手鄰人事務的誘惑，捨棄對弱者為所欲為的種種快感，捨棄說謊欺騙別人的逗樂。婚姻就是捨棄不講貞節的生活，野蠻人並沒有婚姻。辨喜寫道：「捨棄！捨棄！犧牲！放棄！不是為了零。不是為了一場空。而是為了獲得更高的東西。但是誰能夠做到這一點？你只有獲得了更高的東西，你才能放棄較低的東西。你可以高談闊論，你可以鬥爭，你可以嘗試做許多事情，但是當你得到更高的東西時，捨棄就會自動發生。比較低的東西會自己消失。」❿

一個擺脫了各種束縛，獲得精神自由的個人或民族就能夠無所畏懼，產生巨大的力量。辨喜在〈吠檀多及其在印度生活中的應用〉的演講中指出：奧義書是力量的巨大源泉。那裡蘊藏著足以使世界得到鼓舞的力量。這整個世界可以通過奧義書而變得生氣勃勃，變得強大有力，變得充滿活力。奧義書將以號角般的聲音喚起所有民族、宗教和教派的弱者、受難者和被踐踏者，使他們自立和自由。

---

❿　辨喜，〈宗教的實踐〉，見C. W.（《辨喜全集》），卷4，頁238–241、243–246。

自由——身體的、心智的和精神的自由是奧義書的格言。**⑰**

　　辨喜認為，就像美國在政治上實現了民主理想一樣，吠檀多在宗教上體現了民主精神。

　　辨喜在美國舊金山作過一次演講，題為〈吠檀多是未來的宗教嗎?〉他在演講中說，「你們在這個國家裡要實現民主。吠檀多教導的正是一個民主的神。你們有一個政府，但這個政府是非人格的。你們的政府不是獨裁的，但是比世界上任何君主政體都強大。似乎沒有人認識到，真正的權力、真正的生命、真正的力量就在看不到的、非人格的、不以一個個人的形態出現的實體裡。僅僅作為與其他人分開的個人，你們無足輕重，但是作為自治國家的非人格的整體，你們是強大無比的。你們在政府中渾然一體——你們是無窮的力量。但是這個力量到底在哪裡? 每一個人都是力量。沒有國王，我同樣看待每一人，我不必對任何人脫帽鞠躬。但是在每一個人身上都有巨大的力量，吠檀多就是那樣，它的神不是隔絕人寰、高高在上的君主。有些人喜歡他們的神這個樣子——一個令人畏懼的、喜歡討好的神。他們在神面前焚香膜拜，他們需要有一個國王來統治他們——他們相信天上有一個王統治著他們所有的人。這種國王至少在這個國家裡不復存在了。那麼天上的王在哪兒呢? 就在地上的國王所在的地方。在這個國家裡國王已化為你們當中的每一個人。在這兒你們都是國王，吠檀多宗教就是如此，你們都是神，一個神是不夠的，吠檀多說，你們都是神。」**⑱**

---

⑰　辨喜，〈吠檀多及其在印度生活中的應用〉，見 *C. W.*（《辨喜全集》），卷3，頁238。

⑱　辨喜，〈吠檀多是未來的宗教嗎?〉，見 *C. W.*（《辨喜全集》），卷8，頁125。

　　辨喜認為，吠檀多是鼓吹平等，反對特權的宗教。他在〈吠檀多與特權〉中說，「（在印度）曾經有過一次巨大的努力，弘揚吠檀多的倫理，並有幾百年時間在一定程度上取得了成功——我們從歷史上知道，那幾百年是印度最好的歲月。我是指佛教破除特權的努力。我所記得的一段頌揚佛陀的最美的讚語是『種姓制度的破除者、特權的摧毀者、萬物平等的宣揚者。』佛陀曾宣揚平等的理念……你們當中研究過《薄伽梵歌》的人一定記得那段令人難忘的章節：『以同樣的眼光看待淵博的婆羅門、母牛、大象、狗或賤民的人是真正的賢哲和智者。堅定地對萬物一視同仁的人，即使在此生，也已經超越了生與死的制約；因為神對萬物來說是一般無二的，神是純潔無瑕的。因此，那些對萬物一視同仁的、純潔無瑕的人是像神一樣活著的。』[19]這是吠檀多倫理學的要旨——對萬物一視同仁……當我們達到平等的美妙階段，達到對萬物一視同仁時，我們對所謂痛苦和罪惡的根源會一笑置之。在吠檀多裡，這就稱之為獲得自由。接近自由的標誌就是越來越一視同仁和平等。在痛苦中和幸福中、在勝利中和失敗中歸然不動的心靈就是接近自由狀態的心靈。」[20]

　　辨喜認為，吠檀多哲學的一元論肯定了宇宙的統一性，肯定了每個人都具有神性，也就肯定了人與人之間的博愛。他在〈吠檀多的精神與影響〉的演講中說，「應該教導每一個人：你是與宇宙之神一體的，因此，每一個現存的靈魂就是你的靈魂，每一個現存的軀體就是你的軀體。傷害任何人，你就是傷害你自己。愛任何人你就是愛你自己。只要有一股仇恨的感情迸發出來，不管它傷害了誰，它也傷害了你自己。如果你發出一股愛的感情，它肯定會回到你那

[19]　*Bhagavad Gita*（《薄伽梵歌》），第5章，第18–19節，頁99。

[20]　辨喜，〈吠檀多和特權〉，見*C. W.*（《辨喜全集》），卷1，頁424–426。

兒來。因為我就是宇宙。這個宇宙就是我的軀體。我就是無限之神，只是現在我還沒有自覺到這一點。但是我正在努力獲得這種無限之神的自覺意識，一旦這種無限之神的全面自覺來到時，就達到了完美無缺的境地。」❹

辨喜把西方的自由、民主、平等和博愛的思想與吠檀多哲學融合在一起，有雙重意義。西方人的宗教改革為以後的社會、政治和經濟變革開闢了道路。但是宗教改革並不徹底，仍然保留著基督教的人格神、原罪、天堂和地獄等教條。隨著政治和社會革命的深入，新教也顯得不能適應現代人，特別是知識分子的精神渴求。辨喜弘揚的吠檀多是相當抽象的哲學化的宗教，與西方，特別是美國已經實現的政治和社會革命比較一致，因此在西方贏得了不少追隨者，直到今天仍有相當的吸引力。另一方面，吠檀多是印度人熟悉的正統哲學，具有印度傳統知識分子與大眾喜見樂聞的形式和內容。辨喜將西方民主思想的新鮮血液注入吠檀多哲學，比其他主張高度西化的思想流派更容易為印度人所接受。因此在印度產生了持續而深遠的影響。

辨喜認為，吠檀多的一個特有的理念是我們必須允許宗教思想的無限多樣性，不要試圖使每一個人都持有相同的觀點，因為最後的目標是一致的。他在1893年的世界宗教會議上，正是以這個理念贏得了代表和聽眾的熱烈反響。他說道，「兄弟們，我將為你們從一首我記得小時候就會背誦的聖歌中引述幾行：『就像百川歸大海一樣，神啊，人們通過不同的傾向，採取不同的道路，不管多麼千變萬化，彎彎曲曲或一往直前，最終都會引向您。』現在這個大會是人類舉行過的最高貴的大會之一，它本身就是一個有力的證據，

❹ 辨喜，〈吠檀多的精神與影響〉，*C. W.*（《辨喜全集》），卷1，頁389–390。

向世界宣告《薄伽梵歌》所弘揚的神奇教誨：『不管誰要到我神這兒來，不管通過甚麼道路，我都會伸手援引他；所有的人都正在最終引向我的不同道路上奮鬥前進。』宗派主義，盲目信仰，以及它的可怕的後裔，宗教狂熱，很長時間以來霸佔了美麗的大地。他們到處訴諸暴力，常常以人類的鮮血浸透大地，摧毀文明，使整個國家陷入絕望。如果沒有這些可怕的兇神惡煞，人類社會應該比今天進步得多。但是他們的末日來臨了；我強烈地希望，今天早晨為慶祝這個會議的召開而敲響的鐘聲會成為一切宗教狂熱的喪鐘，成為所有用劍或用筆進行的宗教迫害行徑的喪鐘，成為殊途同歸的人們之間的所有惡感的喪鐘。」❷

　　人類在很古老的時代就承認各種宗教觀點都包含真理。在印度，在埃及的亞歷山大港，在歐洲，在中國，在日本，以及最後在美國，人們曾幾百次努力試圖設計一個和諧的宗教信條，使所有的宗教在仁愛中融為一體。但這些努力都失敗了。辨喜認為唯一切合實際的計劃是不要毀滅任何宗教方面的人的個性，同時又向他顯示與其他宗教的統一之點。在社會中，人們在心靈和愛好方面是千差萬別的。要對這些差別進行全面概括是不可能的，但是為了進行分析，可以大致劃分成四大類。第一類是喜歡活動的人，幹活的人；在他的肌肉和神經系統裡有無窮的精力。他的目標是工作——建造醫院，進行慈善活動，鋪設道路，制定計劃和發展組織。第二類是感情強烈的人，他熱愛崇高的和美好的東西到了過分的地步。他喜歡想像美好的事物，從美學的方面欣賞大自然，崇拜愛和愛之神。他用自己的整個心靈去熱愛一切時代的偉大的靈魂、宗教的先知、

❷　辨喜，〈在世界宗教會議上的發言〉，見*C. W.*（《辨喜全集》），卷1，頁4。

和神在地上的化身；他並不在乎理性能不能證明基督或佛陀的存在；他並不關心基督作出登山寶訓的確切日期，或黑天誕生的確切時刻；他關心的是他們的人格，他們的令人熱愛的形像。他的理想就是如此。這是熱愛神的人，即感情強烈的人的本性。第三種是玄想者，他希望分析自己的心靈，了解人類心靈的活動情況，了解甚麼力量在心靈裡頭起作用，怎樣把握、操縱和控制它們。這是神秘的心靈。第四種是哲學家，他要衡量萬事萬物，甚至要在全部人類哲學可能探索的範圍之外運用自己的智力。

　　辨喜認為，一種想使絕大部分人類覺得滿意的宗教必須向各種不同類型的人提供精神糧食。只要這種能力還不夠，現存的各種宗派就是片面的。辨喜希望弘揚一種所有的心靈都會同樣接受的宗教。這種宗教應該是同等程度的哲學性的、感情強烈的、玄想的和有助於行動的。❷❸

　　辨喜根據人的四大類不同的性情，把印度傳統的瑜伽分為四大類，即業瑜伽、信瑜伽、王瑜伽和智瑜伽，組成一個體系。瑜伽(Yoga)原來的意思是「結合」，即把自己與神結合起來，也就是修行。狹義的瑜伽是指印度六大正統哲學之一的瑜伽學派。辨喜的王瑜伽即繼承了鉢顛闍利的瑜伽學派。辨喜認為，業瑜伽(Kama-Yoga)是通過工作和完成責任來淨化心靈；信瑜伽(Bhakti-Yoga)是通過對人格神的篤信和熱愛來實現人的神性；王瑜伽(Raga-Yoga)是通過心理控制達到解脫；智瑜伽(Jnana-Yoga)是通過知識達到完美。❷❹

　　這四種瑜伽的結合才最接近普世宗教的理想。辨喜認為，同時

---

❷❸　辨喜，〈普世宗教的理想〉，見C. W. (《辨喜全集》)，卷2，385–386。

❷❹　辨喜，〈瑜伽的四條道路〉，見C. W. (《辨喜全集》)，卷8，頁152–155等處。

具備哲學、玄想、感情和工作稟賦的人才是完美的人。只有一個或兩個方面的稟賦的人是片面的。這個世界幾乎到處是這種片面的人，他們只有關於自己走的那條道路的知識，任何其他事情對他們來說都是危險的和可怕的。辨喜的完美的人的理想，是兼具四種稟賦的人。他的宗教的理想，是四個方向和諧平衡的宗教。❷ 下面我們就從這四個方面來闡述辨喜的哲學思想。

第二節　業瑜伽——實踐之道

諾貝爾文學獎的獲得者、法國著名作家羅曼‧羅蘭在《辨喜的生平及其普世福音》中說:「在辨喜的四福音——他的四瑜伽中，我在工作福音——業瑜伽中聽到了最強烈，最感人的音調。」❷ 業瑜伽是講求實效、腳踏實地的解脫之道。

辨喜在〈瑜伽的四條道路〉中是這樣概括業瑜伽的基本特點的:業瑜伽是通過工作來淨化心靈。任何活動，不管是善是惡，必然產生善的或惡的影響;原因一旦形成，沒有力量能夠阻止它。因此善行產生善業 (Karma)，惡行產生惡業。業僅僅屬於軀體和心靈，不屬於Atman（神我）;它只能將Atman籠罩上迷障。惡業籠罩上去的迷障是無知。善業有能力加強道德的力量。因此它能夠使人無所依戀;它能夠摧毀惡業的傾向，從而淨化心靈。但是如果抱著享樂的動機工作，那麼它只產生享樂，並不淨化心靈。因此，應該拋棄任何享受工作成果的欲望而做一切工作。業瑜伽師必須摒除所有的恐

---

❷　同❷，頁388。

❷　Rolland（羅曼‧羅蘭），*The life of Vivekananda and the universal gospel*（《辨喜的生平及其普世福音》），1988年版，頁191。

懼和在此世或來世享樂的欲望。此外，不求回報的善業將摧毀一切
束縛的根源——自私。對修業瑜伽的人來說，自我犧牲是沒有限度
的。但是他並不是抱著死後進天堂，或獲得名聲、聲望，或塵世的
任何其他利益的欲望作出這種自我犧牲的。不管一個人的信條或觀
點是甚麼，他的天生的神性能使他完全為了他人的福祉而熱愛所有
的自我犧牲，沒有任何不可告人的動機。㉗

　　辨喜在他的主要著作《業瑜伽》中，全面地闡述了實踐之道的
理論體系。業(Karma)一詞出自梵文Kri，意為「做」。所有的活動都
是業。從形而上學的意義上來講，業也指行動所引起的後果。但是
在業瑜伽中，業只意為工作。人類生存的目的不是享樂而是知識，
在人們認識到這一點後，歡樂和痛苦都成了人們的偉大的教師。苦
難和幸福是造就人的性格的同樣重要的因素。在有些情況下，苦難
是比幸福更偉大的教師。辨喜寫道：

　　　當我們研究世界上的偉大人物時，我敢說，在大部分情況下，
　　　我們會發現苦難要比幸福教給人更多的東西。貧困要比富裕
　　　教給人更多的東西。打擊要比讚揚更能夠把他們內心的火焰
　　　激發出來。㉘

　　辨喜的這個看法，顯然不僅出自對世界上偉大人物的研究，而
且也出自他的親身經驗。辨喜在1882年就認識了羅摩克里希那，但
是當時他一帆風順，正在大學裡讀書，長期的英式教育使他很難完

㉗　辨喜，〈瑜伽的四條道路〉，見C. W.（《辨喜全集》），卷8，頁152–153。
㉘　辨喜，《業瑜伽》，第一章，〈業對人的性格的影響〉，見C. W.（《辨喜全集》），卷1，頁27。

全接受導師的宗教信仰。1884年2月，災難突然降臨到他身上，他父親的去世使他的家庭陷入了貧困。辨喜無法繼續學業，又找不到工作，原來的那點信仰也動搖了。但是正是這種異乎尋常的苦難使辨喜頓悟。他的師兄弟薩拉達南達回憶辨喜是這樣對他說的：

> 夏天過去了，雨季來到了。我繼續到處找工作。一天傍晚，在整天忍饑挨餓、日曬雨淋之後，我拖著疲憊的四肢，懷著一顆厭倦的心，向家裡走去；因為精疲力盡，舉步維艱，我癱倒在路旁一座房子的柱腳邊。我說不準自己是不是昏過去了一會兒。心中萬念交集，虛弱得無法排除種種思緒而把注意力集中在某一件具體事情上。突然，我覺得好像心靈的迷障被某種神聖的力量一層層地揭去。我以前懷疑，在神創造的宇宙中，神聖的公正慈悲怎麼能夠與這些苦難同時並存呢？現在這種懷疑自動消失了。通過深深的反省，我發現了它的全部意義，並且很滿意。當我起身回家時，我覺得身上毫無疲乏之感，心中充滿了神奇的力量和寧靜，恢復了精神。這時已經夜色將盡。從此我對俗人的毀譽充耳不聞。我相信自己不是生來像普通人一樣掙錢養家的，更不是生來為感官享樂而奮鬥的。我開始秘密準備像祖父一樣出家。❷⑨

　　正是在不到三年的時間裡，父親和導師相繼去世的打擊，以及走遍全印度的遊方僧的艱苦生活使辨喜的精神境界達到了新的高度，參透了人生的悲歡生死，確立了自己的哲學體系。
　　業瑜伽對不同的人有不同的要求。印度教自古把人分為三大

---

❷⑨　*The life*（《辨喜回憶錄》），Calcutta，1993年，卷1，頁126。

類：家棲者、Sannyasin（遁世者）和學生。印度教徒一生分為四個
時期，第一個時期是學生期；然後結婚而成為家棲者；老年則退休；
最後遁世而成為Sannyasin。每一個階段都有一定的責任。這些階段
中，沒有哪一個比另一個更優越。後來這四個階段簡化為兩種生活
方式——家棲者和僧侶。辨喜根據經典介紹了家棲者的責任：敬神，
孝順父母，熱愛妻子，撫育後代，以及對兄弟姐妹、親戚、僕人、
鄉親、窮人、求助者等的責任。辨喜特別強調家棲者挺身而出，為
祖國或宗教而戰的重要性。❸他在〈我的行動計劃〉的演講中，談
了愛國主義的三個要點，也就是家棲者保衛祖國的責任。首先要從
心底裡感受到大眾的疾苦。辨喜問聽眾：

　　你是否感覺到，億萬諸神和聖賢的後裔已經與畜牲為伍了？
　　你是否感覺到，億萬人今天正在挨餓，而億萬人世世代代以
　　來一直在挨餓？你是否感覺到，愚昧像一片烏雲籠罩了大地？
　　這種感覺使你寢食不安嗎？使你夜不能寐嗎？這種感覺溶化
　　在你的血液裡，流淌在你的血管中，與你的心臟一起跳動嗎？
　　它使你幾乎發瘋嗎？民族覆亡的悽慘景象是否攫住了你的心
　　靈，你是否忘了自己的名聲、聲譽、妻子、兒女、財產，甚
　　至忘了自己的軀體的存在？你做到這一步了嗎？這是成為一
　　個愛國者的第一步，真正的第一步……你可能已經感覺到了
　　這一切；但是代替耗費精力的誇誇其談，你是否找到了任何

---

❸　辨喜，《業瑜伽》，第二章，〈每個人在他自己的位置上都是偉大的〉，
　　見*C. W.*（《辨喜全集》），卷1，頁41–47。參見高楠順次郎／木村泰賢
　　著，高觀盧譯，《印度哲學宗教史》，臺灣商務印書館，民國80年版，
　　頁326–331。

途徑，任何實際的解決辦法，某種幫助而不是譴責，某些溫
柔的話去減輕他們的痛苦，把他們從活地獄中拯救出來呢？
這還不夠。你是否有堅強的意志去克服山一般高的障礙？如
果整個世界手握利劍來反對你，你是否仍敢於我行我素？如
果你的妻子兒女反對你，錢財一去不復返，名聲掃地，一貧
如洗，你仍然會堅持真理嗎？你會仍然追求它，堅定地向你
的目標邁進嗎？……如果你們做到這三點，你們每一個人都
將創造奇蹟。**❸**

　　辨喜把業瑜伽中的大無畏精神提升到前所未有的高度，成為他
的精神上的民族主義的哲學基礎。他這種勇往直前的氣概不僅激起
了暴力革命者視死如歸的獻身狂熱，也鼓舞了非暴力鬥士堅持到底
的毅力。

　　一個修練業瑜伽的人不僅要切身感受到大眾的疾苦，奮起行
動，有克服千難萬險的意志，而且還要像重視目的一樣重視手段。
辨喜在〈工作及其秘密〉的演講中說：

　　　　我畢生得到的最大的教誨之一是注意工作的目的一樣注意工
　　　　作的手段。我是從一個偉人那兒學習到這一點的，他自己的
　　　　生活就是這個偉大原則的一個活生生的例證。我總是從這條
　　　　原則裡汲取教益，對我來說，成功的秘密全在這裡；像重視
　　　　目的一樣重視手段。**❸**

---

❸　辨喜，〈我的行動計劃〉，見*C. W.*（《辨喜全集》），卷3，頁225–227。

❸　辨喜，〈工作及其秘密〉，見*C. W.*（《辨喜全集》），卷2，頁1。

　　聖雄甘地寫道：「非暴力是手段；真理是目標。手段之所以為手段，是因為它總是在我們力所能及的範圍裡，因此非暴力是我們的最高責任。只要我們掌握了這一點，最後的勝利就毫無疑問了。」❸甘地對非暴力手段的重視，不亞於對真理的重視，與辨喜重視手段的思想是完全一致的。而印度民族解放運動始終堅持非暴力手段，對和平地贏得獨立發揮了極大的作用。

　　研究業瑜伽必須知道甚麼是責任。責任的觀念因地而異。但是，有一個責任的觀念是被所有時代、教派和國家所普遍接受的，這個責任用梵文的格言來表達就是：「不要傷害任何生命；不殺生是道德，殺生是罪惡。」❸這種以不殺生為最高道德的思想，是印度的傳統思想，在各個宗教和學派當中都得到承認。聖雄甘地後來把不傷害任何生命的思想發揚光大，作為政治鬥爭的主要手段，倡導了空前規模的非暴力鬥爭，大大豐富了政治哲學。

　　辨喜認為，我們對其他人的責任意味著幫助他人，對這個世界行善。表面上看來是幫助這個世界，實際上是幫助我們自己。生活本身無所謂善惡。就像火本身無所謂善惡一樣。當火使我們溫暖時，我們說，「火多美啊！」但火燒傷我們的手指時，我們責難火。火本身並無善惡。根據我們使用火的不同方法，火在我們心裡產生善與惡的感覺。這個世界也是如此。我們完全可以肯定，地球沒有我們照樣轉，我們用不著嘔心瀝血希望去幫助這個世界。但是我們仍然必須行善。如果我們總是體會到，幫助他人是一種特權，那麼行善

---

❸　甘地，《寫自耶拉不達監獄：耕讀新村守則》，頁8。參閱Ma, Xiaohe（馬小鶴），《甘地》，頁51。

❸　辨喜，《業瑜伽》，第四章，〈責任是甚麼？〉，見C. W.（《辨喜全集》），卷1，頁63–64。

的欲望就是我們具備的最高的動力。不要高高在上，手裡拿著五分錢，對窮人說，「拿去吧，可憐的人！」而是感謝有個窮人在那兒，因此通過給他一點捨施，你能夠幫助自己。並不是接受捨施者得到祝福，而是捨施者得到祝福。感謝上蒼，允許你在這個世界上運用自己的善心和仁慈的力量，從而使自己變得純潔和完美。所有的善行都會使我們純潔和完美。**㉟**

　　辨喜講述了一個永遠弄不直的鬈曲的狗尾巴的故事，來比喻人們千百年來一直像企圖弄直永遠鬈曲的狗尾巴一樣企圖改變這個世界。一個人首先必須懂得怎樣無所依戀地工作；然後才能避免成為一個狂熱分子。這個世界上如果沒有狂熱分子，它會比現在進步得快得多。認為狂熱主義能夠使人類進步是錯誤的。相反，狂熱主義是延緩進步的因素，它產生仇恨和憤怒，引起人們互相鬥爭，使人們冷酷無情。我們很容易認為自己所做的或擁有的東西是世界上最好的東西，自己不做的或沒有的東西是毫無價值的。因此當你有成為狂熱分子的傾向時，就要回想一下鬈曲的狗尾巴的故事。你用不著為這個世界憂心如焚或廢寢忘食。沒有你世界依然故我。只有當你避免狂熱主義時，你才能好好工作。正是頭腦清醒、有良好的判斷和冷靜的意志力的平靜的人，有巨大的同情和愛的人才能做成良好的工作，也才對他自己有好處。狂熱分子是笨蛋，沒有同情心。他永遠不可能把世界收拾整齊，也不可能使他自己變得純粹和完美。**㊱**

　　辨喜認為Nivritti——無私是所有的道德與宗教的根本基礎，無

㉟　辨喜，《業瑜伽》，第五章，〈我們幫助我們自己，不是幫助這個世界〉，見*C. W.*（《辨喜全集》），卷1，頁75–76。

㊱　同**⑩**，頁79。

私的最高境界就是完全的克己，甘願為了他人犧牲自己的心靈、軀體和一切。當一個人達到這種境界時，他就達到了業瑜伽的完美境地。這是善行的最高成果。即使這個人沒有研究過任何哲學體系，不相信，而且從來沒有相信過任何神，終生沒有做過一次祈禱，但是只要善行的力量使他達到了願意為他人犧牲一切的境界，那麼他已經達到了虔誠的人通過祈禱和哲學家通過知識達到的同樣的高度；你可以發現，哲學家、工作者和虔誠者殊途同歸，都達到克己的境界。不管他們的哲學和宗教可能多麼大不相同，全人類在那些願意為他人犧牲自己的人面前都會肅然起敬。這完全不是教義或信條的問題——甚至非常反對宗教思想的人，當他們看到完全自我犧牲的行動時，也會覺得必須尊崇它。比如一個最頑固的基督教徒也會尊崇不宣揚神、只宣揚自我犧牲的佛陀。❸

　　辨喜認為，《薄伽梵歌》最生動地教導了人們怎樣無私地工作。西方人不理解這點。他們說，如果沒有自我意識，如果自我消失了，那麼一個人怎麼能工作呢？但是，當一個人聚精會神工作，失去所有的自我意識時，所做的工作將會好得多，這種情況每一個人都可能在自己的生活中經歷過。如果一個畫家，失去了自我意識，完全沉浸在繪畫裡，他將能夠畫出傑作。一個好廚師工作時會把自我完全集中在他烹調的食物上。這時他失去了對其他任何事物的意識。但是這些人只能以這種方式完美地做一種工作，即他們習慣做的工作。《薄伽梵歌》教導說，所有的工作都應該這樣去做。通過瑜伽與神同在的人聚精會神地做一切工作，而不求任何個人的好處。這樣的工作只給世界帶來善，而不會帶來惡。這樣工作的人從來不為

---

❸　辨喜，《業瑜伽》，第六章，〈無所依戀是完全的克己〉，見 *C. W.* 《辨喜全集》，卷1，頁86。

他們自己做甚麼。❸

　　辨喜認為，有兩條道路可以放棄所有的貪戀。一條道路是那些不相信神或任何外部幫助的人的道路。他們全靠自力更生；他們說，「我必須無所貪戀」，完全靠自己的意志去工作，靠自己的心靈和辨別能力去工作。對信仰神的人來說，有另一條困難少得多的道路。他們把工作的成果獻給神；他們工作而從不貪戀其成果。❹

　　業瑜伽要求瑜伽師放棄工作的所有成果；為行善而行善；只有這樣才能完全無所貪戀。心靈的所有的束縛將因此而解脫，人們將獲得完全的自由。這種自由就是業瑜伽的目標。❹

　　因此，業瑜伽是一種通過無私和行善而獲得自由的倫理和宗教體系。但辨喜接著提出問題，甚麼是工作？甚麼是對世界行善？我們能夠對世界行善嗎？他認為，從絕對的意義上來說，我們不可能對世界行善，但從相對的意義上來說，是可能的。千禧年的思想一直是工作的巨大推動力。許多宗教都鼓吹平等是千禧年思想中的一個因素——神將統治宇宙，到時候一切不平等都將消失。鼓吹這種教義的人是狂熱者，是人類中最真誠的人。基督教曾在這種狂熱主義魅力的基礎上得以傳播，正是這一點使它對希臘和羅馬的奴隸那樣有吸引力。他們相信，在千禧年宗教下，不會有奴隸制，人人可以豐衣足食；因此他們聚集在基督教的旗幟下。首先鼓吹這種思想的人當然是盲目的狂熱分子，但是非常真誠的。近代這種對千禧年的渴望以追求平等的形式出現——自由、平等和博愛。這也是狂熱

❸　辨喜，〈沒有動機的工作〉，見C. W.（《辨喜全集》），卷5，頁247–248。

❹　辨喜，《業瑜伽》，第七章，〈自由〉，見C. W.（《辨喜全集》），卷1，頁102。

❹　同⓮，頁107。

主義。絕對的平等從來沒有，也不可能在地球上實現。我們怎麼可能完全平等呢？這種不可能實現的平等意味著完全的死滅。甚麼東西使這個世界像今天這樣呢？失去平衡、不平等是萬事萬物產生的基礎。與此同時，不斷鬥爭以獲得平衡的力量，像毀滅平衡的力量一樣，也是產生萬事萬物所必須的。

然而這種實現千禧年的思想畢竟是巨大的動力。正像不平等是創造萬物所必要的，限制不平等的鬥爭也是必要的。如果沒有獲得自由和皈依上帝的鬥爭，也不會有創造。正是這兩種力量的差異決定了人們的動機的性質。工作的這些動機將永遠存在，某些動機趨向作繭自縛，另一些趨向自由。❹

辨喜在結論部分論述了一位把業瑜伽的教導真正付諸實踐的人。那個人就是佛陀。辨喜認為，除了佛陀，世界上所有的先知都有外部的動機推動他們無私地工作。除了佛陀這個例外，世界上的先知或許可以分為兩類，一類宣稱自己是降臨大地的神的化身，另一類聲稱自己只是神的使者；不管這兩類先知使用的語言多麼神聖崇高，他們都從外部汲取自己工作的推動力，都希望從外部獲得報答。但是，佛陀是唯一這麼說的先知：「我並不在乎知道你們的關於神的各種理論。討論關於靈魂的種種精緻的教條有甚麼用？行善和成為善人吧。這將把你引向自由和真理，無論這真理是甚麼。」辨喜對佛陀給予極高的評價，認為他是理想的業瑜伽師，完全沒有動機地工作，人類的歷史證明他是最偉大的人。誰能夠沒有動機地工作，既不是為了金錢，也不是為了名聲，或其他任何東西，誰就能夠工作得最好；當一個人能夠做到這一點時，他就成佛了，他將迸

❹ 辨喜，《業瑜伽》，第八章，〈業瑜伽的理想〉，見 *C. W.*（《辨喜全集》），卷1，頁111–115。

發出能夠改變世界的工作的力量。這個人就代表業瑜伽的最高理
想。**❷**

　　辨喜自己就是以這種佛陀的精神工作的。在他的師兄弟和弟子
心中留下最深印象的事例之一是辨喜最後一次訪問喜馬拉雅山麓的
瑪亞瓦蒂的不二論道院。這所道院是在辨喜的幫助下，由他的英國
弟子塞維爾夫婦購地建造，並主持事務的。1900年辨喜第二次出國
期間，塞維爾先生不幸去世。因為惦記塞維爾先生的健康狀況而突
然決定趕回印度的辨喜在加爾各答得知塞維爾先生去世的消息後，
席不暇暖，立即決定趕到道院去，親自向塞維爾夫人表示自己的哀
思，並鼓勵弟子們堅持把這個道院辦下去。他12月29日凌晨五點乘
火車抵達喜馬拉雅山麓。辨喜不顧自己正在發燒，第二天就在嚴寒
中出發，趕山路前往瑪亞瓦蒂。次日風雪交加，未能按計劃趕到預
定的住宿地點，只得在途中的一個茅草棚裡過夜。那是一個只有破
爛的茅草屋頂、沒有四壁的草棚。一個小店鋪、灶頭、店主的臥鋪、
柴火堆全在這一間草棚裡。草棚中間的火塘裡的濕木柴冒出嗆人的
煙。由於沒有牆壁，雨和雪不斷地颳進來。睡覺是談不上的，辨喜
一行就在苦風淒雨中，忍受著煙薰，渡過了九〇年的大年夜。九一
年元旦，辨喜一行在十二英寸厚的積雪中繼續趕路。1月2日趕了廿
一英里，最後一部分路，辨喜是自己步行的。他的健康狀況極差，
雪中跋涉使他氣喘咻咻，隨時可能完全衰竭。他捨生忘死地來到不
二論道院，不僅給塞維爾夫人帶來了很大的安慰，也大大鼓舞了其
他人的精神。

　　在這次雪中跋涉、精疲力盡時，他曾對自己的弟子說：「你看，
我的孩子，現在我正在走向生命的盡頭！」他明確地意識到來日無

❷ 同**⑯**，頁116–117。

多。但是他從不二論道院回來以後，直到去世的一年多時間裡，從來沒有放棄工作，充分體現了一個業瑜伽師生命不止，奮鬥不息的精神。❹

　辨喜在《業瑜伽》的最後一章複述了他多次提到過的論題：四種瑜伽通向同一個目標：自由。他寫道：「吠檀多宗教最重要的思想是，我們可以通過不同的道路達到相同的目標；我把這些道路歸納為四條，即工作、熱愛、心理和智慧的道路。」❹下一節我們將討論熱愛的道路——信瑜伽。

第三節　信瑜伽——仁愛之道

　辨喜為信瑜伽(Bakti-Yoga)下的定義是：「一種真正的、純粹的對神的追求，這種追求從仁愛開始，在仁愛中繼續，以仁愛告終。對神極端熱愛、如癡如醉的一剎那帶給我們永恆的自由。」當一個人達到信瑜伽時，他熱愛一切，不恨任何東西；他變得永遠滿足了。

　信瑜伽的重大有利之處是，它是達到偉大而神聖的最終目標的最容易、最自然的道路；它的重大的不利之處是，它在較低的形態中常常產生醜惡的狂熱。印度教，或伊斯蘭教，或基督教的狂熱的成員總是幾乎毫無例外地來自Bakti（信仰）的較低層次的這些崇拜者。如果沒有對熱愛對象的忠貞不二，真正的愛就不可能發展，但這也常常是否認其他一切事物的根源。在每一種宗教或每一個國家裡，所有意志薄弱的、不成熟的心靈只有以一種方式去熱愛他們自己的理想，那就是仇恨其他任何理想。這一點可以解釋，為甚麼某

❹ *The life*（《辨喜回憶錄》），Calcutta，1993年，卷2，頁561–567。

❹ 同⓰，頁108。

一個那樣可愛地忠於自己的神的理想者，那樣獻身於自己的宗教理想的人，只要一看到或一聽到任何其他理想的東西，就會變成一個極端的狂熱者。❹

辨喜自己就遇到過這種信瑜伽低級階段的一個狂熱例子：他的導師羅摩克里希那終生擔任祭師的達其內斯瓦爾神廟居然不讓辨喜及其外國弟子進去慶祝羅摩克里希那的冥誕。辨喜在1897年11月15日寫給I.米特拉(Indumati Mitra)的信中說：「除此之外，今年不可能慶祝羅摩克里希那的節日，因為我是從西方回來的，拉斯馬尼(Rasmani)的花園的業主們不讓我到那裡去！」❻拉斯馬尼的花園的業主就是指神廟的業主。這個廟是拉斯馬尼夫人捐款建造的，她的女婿是這片地產的管理人。原先他們並未禁止辨喜進入神廟。根據記載，1897年3月7日，辨喜和他的外國弟子一起參加了在這個神廟裡舉行的羅摩克里希那的冥誕慶祝活動。3月21日辨喜和阿吉特・辛格大君訪問了達其內斯瓦爾的時母神廟。但是後來辨喜與神廟業主的關係似乎惡化了。因此辨喜在11月中旬的信上預料次年的慶祝活動無法在神廟中舉行。果然，1898年，達其內斯瓦爾的時母神廟的業主提出，如果辨喜的外國弟子參加這個活動，這個地方就會被污染，因此反對慶祝活動在神廟中進行。於是慶祝就改在其他地方舉行。❼這些神廟的業主典型地反映了信瑜伽較低層次的信奉者的狹隘胸襟。辨喜對這種排斥異己的盲目信仰顯然抱著嚴厲的批判態

---

❹　辨喜，《信瑜伽》，第一章，〈信的定義〉，*C. W.*（《辨喜全集》），卷3，頁31–33。

❻　Vivekananda，*C. W.*（《辨喜全集》），卷6，頁413。

❼　*The life*（《辨喜回憶錄》），1989年版，1993年首次重印，卷1，頁64；卷2，頁240、317。

度。

　　辨喜指出，信瑜伽分為兩個階段，Gauni，即初級階段，以及
Para，即最高階段。在初級階段，人們不可避免地需要許多具體的
幫助，使人能夠繼續前行；所有宗教的神話學的和象徵體系的部分
都是很自然的發展，它們為力求上進的靈魂創造了一種早期的環境，
幫助靈魂接近神。❹

　　辨喜認為，信瑜伽是一種宗教，而宗教並不是為大多數人的。
那是不可能的。一套跪拜起坐的儀式可能適合許多人，但真正的宗
教是只適合少數人的。辨喜批評了將宗教作為時尚的做法。他舉例
說，他有一個朋友，在會客室裡有許多家具。時尚是有一隻日本花
瓶，因此她得去弄一隻來，即使耗資上千美元也在所不惜。同樣的，
她也得有點宗教，並參加一個教會。信瑜伽不是為這樣的人而存在
的。

　　辨喜反對人們用享樂主義和實用主義的態度來對待宗教。許多
人上教堂，說：「神啊，賜予我這樣那樣吧。神啊，醫好我的疾病
吧。」他們想要健康的身體，因為他們聽說某個神會為他們做到這
一點，於是他們到教堂去，向神祈禱。辨喜認為，做一個無神論者，
要比抱有這樣的宗教觀念為好。信瑜伽是一種最高理想。不知道在
未來的一百萬年中我們會不會達到它，但我們必須把它作為最高理
想，使我們的心智以此為最高目標。❹

　　辨喜自己精神的成長和發展深受其上師羅摩克里希那的影響，

---

❹　辨喜，《信瑜伽》，第三章，〈精神的認知，信瑜伽的目標〉，*C. W.*
（《辨喜全集》），卷3，頁43–44。

❹　辨喜，《論信瑜伽的演說》，第二章，〈第一步〉，見*C. W.*（《辨喜全
集》），卷4，頁19–21。

因此他極其強調上師在一個人修練信瑜伽時的重要性。他相信一個人過去的所作所為決定他的現狀，而他現在的所作所為又決定他的未來。他並不排斥我們接受外來的幫助。靈魂的發展的可能性總是可以因外來的幫助而加快實現，在大多數情況下，外來的幫助幾乎是不可或缺的。這種加快精神發展的推動力不可能來自書本。靈魂只可能接受另一個靈魂的推動。不可能接受其他任何東西的推動。

　　給予這種推動力的靈魂被稱為guru，即上師，接受推動力的靈魂被稱為弟子，即學生。為了傳遞這種推動力，首先上師必須擁有傳遞它的能力。其次弟子必須適於接受它。就像種子必須是有生命力的，土地必須是精耕細作的，當兩者都符合條件時，神奇的宗教精神的成長就會發生。

　　怎樣才能辨認真正的上師呢？辨喜認為，就像我們不必點燃蠟燭去看太陽一樣。太陽昇起時，我們本能地知道旭日東昇，當一位人類的導師來幫助我們時，靈魂本能地知道自己找到了真理。這些是非常偉大的上師，但是我們也能從比較平凡的上師那兒得到幫助。我們並不總是有足夠的直覺來判斷比較平凡的上師，因此必須有一些必要的條件。

　　作為上師，首先必須知道經典的秘密。整個世界都閱讀經典——聖經、吠陀、可蘭經，以及其他經典——但是它們只是言語，外在的排列形式，句子結構學，語源學，語言學，宗教的枯燥的骨架。上師必須懂得經典的精神。

　　上師的第二個必要條件是他必須純潔無瑕。教力學或化學或任何其他物理科學的教師，可以是任何性格的人。物理科學只要求智力。在這種情況下，一個人可以有很高的智力，而靈魂仍然頑冥不靈。但是在精神科學方面，自始至終，在不純潔的靈魂裡，根本不

可能有任何精神的光明。這樣的靈魂能教導甚麼呢? 它一無所知。
精神的真理是純潔的。

　　上師的第三個必要的條件是以對弟子的熱愛為唯一的動機, 而
不是為了名聲或其他功利的動機。當精神的力量從上師傳導給弟子
時, 只能以愛作為中介。當弟子看到上師符合這些條件時, 弟子是
安全的。如果不符合這些條件, 那麼弟子以其為師是不明智的。**❺⓿**

　　關於信瑜伽的方法和手段, 辨喜引述了羅摩奴闍 (Bhagavan
Ramanuja)對《吠檀多經》的註釋:「梵我合一的境界是通過辨別鑒
識、控制熱情、實踐、犧牲、純潔、力量和克制過分的歡樂來達到
的。」 純潔絕對是基本工作, 是整個信瑜伽賴以建立的基石。羅摩
奴闍所列舉的有助於純潔的品質有: Satya, 堅持真理; Arjava, 誠
心誠意; Daya, 無私行善; Ahimsa, 不用思想、言詞或行動傷害他
人; Anabhidhya, 不貪求他人的財物, 不生妄念, 不對別人給自己
的傷害縈懷不去。辨喜認為, 這一系列品質中, 值得特別注意的是
Ahimsa, 不傷害他人。**❺❶**後來聖雄甘地進一步發揮了 Ahimsa (不
害) 的思想, 作為自己哲學的基石。**❺❷**

　　完成了初級階段, 就可以進入最高階段信瑜伽的研究。在實踐
最高階段的信瑜伽之前, 先要做準備, 使靈魂純潔。反覆念誦神的
名字、儀式、各種禮儀、象徵符號等等, 都是為了使靈魂純潔。所
有這些使靈魂純潔的事情中最重要的是克己。業瑜伽、王瑜伽、智

---

❺⓿ 辨喜,《論信瑜伽的演說》, 第三章,〈精神的導師〉, 見*C. W.* (《辨喜
全集》), 卷4, 頁21–28。

❺❶ 辨喜,《信瑜伽》, 第十章,〈方法和手段〉, 見*C. W.* (《辨喜全集》),卷
3, 頁64–69。

❺❷ Ma, Xiaohe, 馬小鶴,《甘地》, 頁50–64。

瑜伽都有自己的克己的道路。相比之下，信瑜伽師達到克己的道路是最自然的。一個人愛他自己的城市，然後他開始愛他的祖國，而對他的範圍較小的城市的強烈的愛自然地融合在對祖國的愛當中了。一個人進而學會愛整個世界，他對自己祖國的愛，他的強烈的、狂熱的愛國主義就融合在對世界的愛之中了，這並不會使他受到傷害。不開化的人熱愛感官的享受，無法熱愛智力的享受；而一個開化的人開始熱愛智力的享受，感官的享受就越來越退居次要地位。當一個人達到比智力更高的階段，達到精神的階段，他就會發現極樂狀態，與感官和智力的樂趣不可同日而語。正如月亮昇空，群星就顯得暗淡了，旭日東昇，月亮就消失了。隨著對神的愛越來越強烈，對感官和智力享樂的熱愛就漸漸淡化了。

這種對神的愛採取最高信瑜伽的形式。禮儀化為烏有，儀式隨風飄散，書本已被淘汰；偶像、廟宇、教會、宗教和教派、國家和民族——所有這些小的局限和束縛都自然而然地淡化了。❸

辨喜的這種信瑜伽兩階段理論表現在實踐中，就是一方面他親身參加許多宗教儀式，另一方面他把喜馬拉雅山麓的不二論道院作為體現最高信瑜伽之地。1900年，辨喜冒著嚴寒和大雪，長途跋涉，訪問不二論道院。儘管道院不應有偶像，但某些信徒仍在一間房間裡張貼著羅摩克里希那的像。有一天早晨，辨喜碰巧走進了這間房門。他發現這兒在用鮮花、香和其他東西進行通常的祭祀。他當時甚麼也沒有說，但是那天晚上，當所有的人都聚集在火爐邊時，他嚴辭批評了在不二論道院裡搞儀式崇拜的做法。他指出，在這兒注意力應該只用在宗教的內心方面，比如靜修、實踐和教導宗教的最

---

❸ 辨喜，《最高信瑜伽》，第一章，〈準備性的克己〉，見*C. W.*（《辨喜全集》），卷3，頁70–73。

高精神的一元論，擺脫任何二元論的弱點或依賴。他沒有命令他們撤銷這間禮拜室，以免傷害那些人的感情。但是他的不妥協的態度使那些人停止了禮拜，最後於1902年3月18日取消了這間禮拜室。❺❹

　　辨喜認為，只有修練最高信瑜伽登堂入室的人，才有權利說，作為宗教體驗的幫助的一切形式和符號對他來說都是毫無用處的。只有這樣的人才達到了通常所說的四海之內皆兄弟的愛的最高階段；其他一切只是空談而已。❺❺

　　辨喜認為，從整個歷史來看，印度人的心靈無論在科學、心理學、仁愛還是哲學方面都力圖超越個別事物而認識事物的共性。因此，信瑜伽師得出的結論是，如果你只是熱愛一個人接一個人，那麼你花無限長的時間也不能夠熱愛整個世界。只有當最後體會到，所有的愛的總和就是神，全宇宙所有的靈魂，不管他們是自由的，還是受束縛的，還是正在為解脫而鬥爭的，他們的熱望的總和就是神，只有到這時候，才可能實現普世之愛。如果我們熱愛了這個總和，我們就熱愛了每事每物。

　　辨喜問道，你能夠達到完全無我的境界嗎？這是仁愛的宗教頂峰上的令人眩暈之處，世界上只有少數人攀上過這樣的高度；但是一個人只有達到了隨時心甘情願自我犧牲的最高點，他才可能成為一個完美的信瑜伽師。我們可以在或長或短的時間內，或多或少令人滿意地讓自己的肉體活著。但是我們的肉體不可避免地要死亡；它們不是永恆的。在為他人的服務中犧牲自己的軀體者是令人肅然

---

❺❹　*The life*（《辨喜回憶錄》），1989年第六版，1993年第一次重印，卷2，頁571。

❺❺　辨喜，《最高信瑜伽》，第二章，〈信瑜伽師因愛而克己〉，見*C. W.*（《辨喜全集》），卷3，頁76。

起敬的。「聖人始終準備為他人服務而犧牲自己的財富,甚至生命本身。在這個世界上,有一件事是確定無疑的,即人皆有一死,這個軀體為善而死要比為惡而死好得多。」我們可以維持生命五十年或一百年;但是在此之後會發生甚麼呢?各種元素集合而成的萬事萬物都必然會分解和死亡。生命總有解體的一天。基督、佛陀和穆罕默德皆有一死,世界上所有偉大的先知和導師皆有一死。因此信瑜伽師說:「在這個萬事萬物皆不免解體的瞬息萬變的世界上,讓我們最大限度地利用我們所擁有的時間;而真正地最大限度地利用生命,就是用生命為億萬生靈服務。」❺❻

辨喜自己身上就貫穿著這種對億萬生靈的無私熱愛。在他離開印度,前往美國前幾天,他遇到了兩個師兄弟,他對他們說:「我走遍了整個印度。但是,上帝,這對我是極大的痛苦,我的兄弟,看到大眾的可怕的貧困,我不能忍住自己的眼淚。現在我堅定地相信,如果不努力消除他們的貧困和苦難,向他們傳播宗教是徒勞無益的。正是為了這個原因 —— 尋找解救印度貧困的方法 —— 我才準備到美國去的。」辨喜轉向圖里亞南達,帶著深沉的痛苦和強烈的感情說:「兄弟,我仍然完全不能理解你所謂的宗教。但是我的心擴大了許多,我學會了感覺。相信我,我確實感同身受。」他的聲音因感情激動而哽咽;他說不下去了。經過一段時間的沉默,眼淚從他的面頰上滾落下來。圖里亞南達覺得「這些不就是佛陀的話語和感覺嗎?」他清楚地感覺到,人類的苦難正在辨喜的心頭悸動。❺❼

---

❺❻　同上,第五章,〈普世之愛和它怎樣導向自我犧牲〉,見*C. W.*(《辨喜全集》),卷3,頁83–84。

❺❼　*The life*(《辨喜回憶錄》),1989年第六版,1993年第一次重印,卷1,頁388。

　　在美國期間，辨喜從來沒有因為自己的成功而忘記苦難的印度人民，忘記自己為他們謀福利的心願。他不僅始終熱愛自己的同胞，而且也把自己的愛擴大到美國大眾身上。他在美國，曾經有人建議他不要在某一個貧困地區開設講習班，因為「正派人」不會到這個地段來。辨喜不為所動，堅持為貧困的下層民眾提供免費的講習。❺❽

　　辨喜從美國回到印度，重新訪問五年以前漫遊全印度時造訪過的拉梅斯瓦蘭的濕婆神廟，並發表了演說。他指出：保持純潔和與人為善是所有的崇拜的要旨。在窮人、弱者和病人身上看到濕婆的人是真正地崇拜濕婆；如果他只在偶像中看到濕婆，那麼他的崇拜只是初步的。❺❾

　　在辨喜建立傳教會之前，就有一些師兄弟們在個人修行的同時投身社會工作。早有此意的阿汗達南達前往孟加拉的穆爾希達巴德地區進行救濟饑荒的工作。辨喜聽到這個消息，立即派自己的兩個弟子去幫助阿汗達南達，並建立了一筆基金支持他的工作。當阿汗達南達在羅摩克里希那冥誕之日回到加爾各答時，辨喜說：「毫無畏懼，置生死於度外，為了許多人的福利，為了許多人的幸福，他正在以何等的獻身精神忘我工作！」❻⓪

　　有一個小插曲相當突出地反映了辨喜對大眾的深沉的熱愛。有一天，辨喜正在向弟子講授吠陀，孟加拉著名劇作家、羅摩克里希

---

❺❽　辨喜，1895 年 4 月 11 日致布爾夫人的信，見 *C. W.*（《辨喜全集》），卷6，頁303。又 *Facets of Vivekananda*（《辨喜的各個側面》），馬德拉斯，羅摩克里希那教會，1987年，頁17。

❺❾　辨喜，〈在拉梅斯瓦蘭神廟關於真正的崇拜的演說〉，見 *C. W.*（《辨喜全集》），卷3，頁141–142。

❻⓪　*The life*（《辨喜回憶錄》），第六版，頁 237、276、316；*Facets of Vivekananda*（《辨喜的各個側面》），頁16。

那的私淑弟子 G. C. 戈什正好來到。因為戈什寫的有些劇本中黑天神、毗濕奴和其他印度神話人物起了很大作用，而他對經典所知不多，辨喜順便開玩笑說：「好，G. C.，你一輩子與黑天神和毗濕奴一起。但是你對吠陀和其他經典卻一無所知。」戈什承認自己對經典所知不多。但他深知辨喜儘管弘揚嚴肅的吠檀多哲學，實際上有一顆極其溫柔的心。他為了在弟子面前揭示辨喜性格的這個側面，開始用他通常富有感染力的語言描繪印度人民苦難的令人心碎的景象——大眾的饑荒，印度教婦女的屈辱，各地人民的體弱多病和普遍困苦。突然他對辨喜說：「現在請告訴我，你的吠陀教導我們怎樣救治這種狀況嗎？」辨喜傾聽朋友的講話時，已經很難抑制自己的感情。最後終於無法控制而熱淚盈眶。戈什請弟子們看看辨喜，說：「你們可能一直讚美你們導師的智力。現在你們看到了他的偉大的心靈。」**❻❶**

他的師兄弟阿汗達南達記敘了另一個動人的事例。當時辨喜身體不好，正在大吉嶺休養。突然一整天他不吃一點兒東西，也沒和任何人講一句話。醫生立刻被請來了，但也診斷不出原因。然後阿汗達南達聽說加爾各答爆發了瘟疫。這就是辨喜病情突然嚴重的原因。辨喜隨即不顧自己的病情，趕到加爾各答，組織救災工作。當一個師兄弟問他，救災的錢從何而來時，他突然作出決定說：「如果必要的話，我們將出售剛買來準備建新寺院的土地！我們是出家人；我們必須隨時準備像從前一樣，睡在樹下，每天靠施捨度日。啊！如果我們放棄寺院和財產，能夠拯救成千上萬在我們眼前受難的人，我們會在乎寺院和財產嗎！」所幸不久收到了足夠的基金，不必真的採取這個極端的步驟。**❻❷**

---

❻❶ Nikhilananda, *Vivekananda: a biography*（《辨喜：傳記》），頁239–240。

辨喜的信瑜伽精神不僅體現在對災民的同情上，而且體現在對下層人民的熱愛上。

在辨喜的生命的最後一年，1901年的下半年，有一些桑塔爾人的勞工到寺院工地上來清理和平整土地。辨喜與他們成了好朋友。有一天辨喜特別為他們舉行宴會。他親自主持和安排一切，並為客人上菜。桑塔爾人不時說：「噢，斯哇密！你從哪兒弄到這些好東西的？我們以前從來沒有嚐過這樣的菜。」宴會結束後，辨喜對他們說：「你們就是那羅延天(Narayanas)；今天我為你們提供食物，就是招待上帝本身！」後來他對一個弟子說：「我確實在他們身上看到了上帝本身！他們是多麼天真無邪，心地純潔！」

宴會後不久，辨喜對寺院中的出家人說：「看看這些貧窮的文盲的人是多麼心地純潔！你們能減輕一點他們的苦難嗎？如果不能，那麼你們穿著這身赭色的僧袍有甚麼用呢？為了使他人不挨餓而犧牲一切——這才是真正的出家人。有時候我暗自思忖，『建設寺廟之類有甚麼好處！為甚麼不把它們賣掉，把錢分給窮人？我們這些習以為常在大樹下過夜的人何必在乎有沒有房屋呢？上帝啊，當我們的同胞尚未溫飽之時，我們怎麼忍心把美味小吃放進自己的口中呢！』讓我們把學問和研究經典的全部驕傲，把獲得個人解脫的精神修練拋開，從一個村莊走到另一個村莊，把我們的生命奉獻給為窮人服務。」❸

---

❸ *The life*（《辨喜回憶錄》），第六版，卷2，頁328。

❸ 同上，卷2，頁616-617。桑塔爾人是印度的一個民族，居住在比哈爾邦、西孟加拉邦和奧里薩邦。1978年有四百四十萬人口，語言屬押達語族。那羅延天起源未定，此名意指人類的始祖Nara之子。此神與毗濕奴視為一體，在梵書時代已出現。佛典上指擁有大力者的那羅延天。

辨喜的信瑜伽中對神的愛，實質上就是對人類，特別對下層人
民的愛。神是所有靈魂總體的象徵。辨喜認為，要培養一個完美的
人格，僅有信瑜伽是不夠的。知識、仁愛和王瑜伽必須相輔相成。
一隻鳥要飛翔，必須有三樣東西——兩翼和像舵一樣控制方向的尾
巴。Jnana（知識）是一個翅膀，Bhakti（仁愛）是另一個翅膀，王
瑜伽是保持平衡的尾巴。**❻❹**下一節我們將討論冥想之道——王瑜伽。

第四節　王瑜伽——冥想之道

辨喜大約在1895年6月完成了他的主要著作之一《王瑜伽》。據
說這部著作引起了美國哈佛大學教授、哲學家詹姆士（William
James，1842–1910年）的注意，後來還引起了托爾斯泰（Lev Tolstoy,
1828–1910 年）的熱衷。這本書是鉢顛闍梨的《瑜伽經》的翻譯，
加上辨喜自己的解釋；辨喜寫的導言特別有啟發性。**❻❺**

在導言中，辨喜首先指出，所謂精密科學，皆以經驗為基礎，
而現行的宗教似以信仰為基礎，互相爭論不休。因此現時宗教和形
而上學哲學的名聲很壞。但辨喜認為，真正深入探索宗教的基礎，
我們可以發現，它們也是建立在普遍經驗之上的。

首先，現行的各種宗教，分析到底，是以某些個人的經驗為基
礎的。基督教是以基督的經驗為基礎的。佛教是以佛陀的經驗為基
礎的。印度教也是這樣。在他們的書裡，古代聖賢弘揚自己經歷過

---

❻❹ 辨喜，《信瑜伽》，第一章，〈信瑜伽的定義〉，見*C. W.*《辨喜全集》），
　　卷3，頁33。

❻❺ Nikhilananda, *Vivekananda: a biography*（《辨喜：傳記》），印度第四
　　版，1982年6月，頁152。

的某些真理。但是這些宗教都宣稱，只有宗教的創建者才能有這種非凡的經驗，現代人不可能再有這種經驗了。辨喜堅決否定這種說法。如果世界上某個知識領域裡有過一次經驗，那麼此後就可能有千百次這種經驗，而且將會永遠重複下去。

因此，瑜伽科學的導師宣稱，宗教不僅以古代的經驗為基礎，而且只有當一個人自己有了同樣的領悟，他才能成為一個虔誠的人。瑜伽就是教我們怎樣獲得這種領悟的科學。在一個人感覺到宗教之前，談論宗教沒有多少用處。為甚麼打著上帝的名義，會有那麼多動亂，那麼多鬥爭和爭論？以上帝的名義流的血比以其他任何原因流的血更多，因為人們從來不走到信仰的源頭；他們只滿足於理智上贊成自己祖先的習俗，而且要求其他人也這樣做。辨喜認為，做一個直言不諱的無神論者要比做一個偽君子好。

人類需要真理，需要親自體驗真理。吠陀說，只有當人掌握了真理，體會到真理，從心底裡感覺到真理，所有的懷疑才會消除，所有的黑暗才會被驅散，所有的曲折小徑才會變成坦直的大道。

王瑜伽的科學就是向人類提供一種達到真理的科學地探索出來的實際方法。首先，每一種科學都有自己的調查研究的方法。如果你要做一個化學家，你必須走進實驗室，做各種化學試驗。如果你想做一個天文學家，你必須走進天文臺，觀察天象。聖賢宣稱他們發現了比感官能夠感知的更高的真理，並請後人給予證實。他們要求我們接受他們的方法，誠實地加以實踐，然後如果我們找不到更高的真理，我們才有權利說，並沒有那種真理。在此之前就否定這種真理是不合乎理性的。

為了獲得知識，我們使用歸納法，而歸納是以觀察為基礎的。只有當我們有能力觀察自己內心世界的活動時，才能具備關於心靈

的知識。觀察外部世界的事實比較容易，因為為此發明過許多工具，但我們沒有工具能夠幫助自己觀察內部世界。

王瑜伽的科學首先就給我們這樣一種觀察內部世界的方法。這工具就是心靈本身。當觀察的能力得到合適的引導和轉向內部世界時，將為我們分析心靈和闡明事實。心靈的力量就像散射的光線。當它們被集中起來時，就能照亮事物。心靈的力量越是集中，就越是能洞察事物的秘密。把心靈的力量集中在外部事物上比較容易，而集中在心靈內部比較難。

王瑜伽的所有教導的目標就是怎樣集中心靈；然後怎樣揭示我們自己心靈的最內在的奧密；然後怎樣概括它們的內容和形成我們自己的結論。它從來不問我們的宗教是甚麼——我們是自然神論，還是無神論，是基督教徒、猶太教徒還是佛教徒，那並不重要。只要我們是人類，這就足夠了。每一個人都有權利和力量探索宗教。每人都有權利向理性問一個為甚麼，並且自己回答這個問題——只要他肯費神這樣做。

研究王瑜伽並不需要任何信仰。不必信仰任何東西，直到你自己發現信仰的東西。這就是王瑜伽教導我們的。研究王瑜伽需要長時期的持續的實踐。一部分實踐是軀體的，但主要是精神的。 **❻❻**

王瑜伽分為八個步驟：一、制戒（自我控制，Yama）；二、內制（心靈的自制，Niyama）；三、坐法（姿勢，Asana）；四、調息（控制生命力，Pranayama）；五、制感（超然物外，Pratya-hara）；六、執持（聚精會神，Dharana）；七、靜慮（玄思冥想，禪，Dhyana）；八、三昧（定意，Samadhi）。 **❻❼**

---

❻❻ 辨喜，《王瑜伽》，第一章，〈導言〉，見*C. W.*（《辨喜全集》），卷1，頁127–132。

　　第一步制戒（自我控制）包括五個方面：一、不殺生（不害，Ahimsa），即不以思想、言辭和行動傷害任何生物，這是最高的道德。二、真實（真理，Satya），通過真理，我們完成工作的果實。通過真理完成每一樣東西。實事求是就是真理。三、不盜（不貪婪，Asteya），不用偷竊或暴力攫取他人的財富。四、不淫（禁欲，Brahmacharya），在任何情況下，在思想、言辭和行動上都要禁欲。五、無所有（不接受任何禮物，Aparigraha），即使受苦受難也不接受饋贈，因為受禮的人心靈變得不純潔，變得低下，失去獨立性，受到束縛和限制。這五種道德都是鉢顛闍梨的《瑜伽經》中原有的。**⑱**

　　在西方文化背景中成長起來的羅曼·羅蘭對辨喜所說的王瑜伽的巨大力量持保留態度，但認為這第一步的五條中的每一條都足以使人成為聖人。羅曼·羅蘭寫道：「對於心靈，這位印度瑜伽師理解為既是認識的工具，也是認識的對象，在把心靈作為認識的對象方面，他走得這樣遠，比我能夠追隨的更遠。這並不是說，我從原則上否認他所說的，王瑜伽這門科學不僅對靈魂，而且對整個自然有無限的力量（在印度人的信念裡，靈魂與自然是不可分割的）。真正科學的態度是對心靈的未來的可能性持謹慎的態度，因為它的範圍和限度，我是指它的極限，都沒有被科學地確定過。但是我可以批評這位瑜伽師把至今無人能夠用經驗證實的東西，當做已經證實的東西。因為如果存在這種異常力量的話，似乎沒有理由說明，

----

⑰　辨喜，《王瑜伽》，第二章，〈最初的幾步〉，第八章，〈王瑜伽述略〉，第二部分〈鉢顛闍梨的瑜伽經〉；見*C. W.*《辨喜全集》），卷1，頁137、189、260。

⑱　同上，頁137、189–190、260–264。

為甚麼古代的聖賢沒有運用這種力量重新改造世界⋯⋯。但是辨喜
一直小心地像保衛布倫希爾特的岩石一樣，用五層火圈圍繞著這個
令人渴望的目標。除了英雄，沒有人能贏得這無價之寶。即使第一
步——Yama即制戒（自我控制），就有五個缺一不可的條件，其中
每一個條件都足以使人成為聖人，如果不能完成這五個條件，第一
步就達不到。」**❻❾**

這五個條件對甘地有很大的影響。甘地以真理(Satya)作為他的
整個哲學的基礎，以非暴力(Ahimsa)作為達到真理的手段，他領導
的爭取印度獨立的民族解放運動就稱為堅持真理運動。他為培養民
族解放鬥士設立的真理耕讀新村制訂的六條守則是：真理、非暴力、
節欲(Brahmacharya)、不偷竊(Asteya)和不私蓄(Aparigraha)。顯然
看得出他研讀辨喜的《王瑜伽》以後所受的影響。**❼⓿**

王瑜伽的第二步是內制（心靈的自制，Niyama）。有五點要求：
一、清淨（純潔，Shaucha），通過沐浴等來達到外部的清潔；通過
堅持真理和其他德行來達到心靈內部的純潔。二、滿足（知足常
樂，Santosha），因為人的內外都純潔，心靈充滿了歡樂。三、苦行
(Tapas)，絕食或其他控制身體的方式叫肉體上的苦行。四、修學
（學習，Svadhyaya），反復誦讀吠陀和各種曼特羅（諺語、詩歌、
信條）。五、歸依最高神（崇拜神，Ishvara-pranidhana），通過讚頌、
思想和虔誠來崇拜神。**❼❶**

甘地在這五點中比較重視的是苦行。他相信禁欲苦行能夠使他

---

❻❾　Rolland, Romain, *The life of Vivekananda and the universal gospel*
（《辨喜的生平及其普世福音》），1988年版，頁222–224。

❼⓿　Ma, Xiaohe，馬小鶴，《甘地》，頁37、50、66、68、70、165。

❼❶　同❻❼，頁137、190、261、264–265。

獲得巨大的精神力量，動天地而泣鬼神，感動全體人民追隨他前進。但是我們沒有發現他要求自己或弟子對王瑜伽進行更深入的修練。

王瑜伽的第三步是坐法（姿勢，Asana）。修習王瑜伽每天都要做一系列練習，因此必須要找到能持久的姿勢。每個人應該選擇最容易的姿勢。不過必須使胸、頸和頭保持一條直線，因為修習瑜伽功，活動的主要部分是沿著脊柱進行的。❼

第四步是調息（控制生命力，Pranayama）。Prana意為生命力，Ayama意為控制它們。這是通過調理呼吸來控制生命力的修習步驟。Prana通常被譯作呼吸，實際上是指宇宙能量的總和，這是體現在每一個人身上的能量，它最明顯的表現就是肺的運動。修習瑜伽的人從調理呼吸開始，作為控制生命力的最容易的途徑。辨喜用了不少篇幅來描寫調理呼吸的具體做法。❼

第五步是制感（超然物外，Pratyahara）。感覺器官是向外起作用的，是與外界事物接觸的。把它們置於意志的控制之下，就是制感，即集中心神。怎樣逐步做到這一點呢？辨喜認為，人生來心猿意馬，很難控制自己的心靈。天生像猴子一樣動個不停的心靈，加上像酒一樣的慾望，就變得沉醉了，從而增加了它的騷動不安。然後再加上對別人的成功妒忌的毒刺，最後驕傲之魔進入了心靈，使它認為自己無比重要。這樣的心靈是多麼難以控制！

辨喜建議的王瑜伽修行辦法是：首先，靜坐一段時間，讓心靈

---

❼　同❼，頁137、189–191、260、272。

❼　辨喜，《王瑜伽》，第三章，〈生命力〉，第四章，〈心靈生命力〉，第五章，〈控制心靈生命力〉，第八章，〈王瑜伽述略〉，第二部分〈鉢顛闍梨的瑜伽經〉，見C. W.（《辨喜全集》），卷1，頁147–170、191、266–269。

像猴子一樣亂蹦亂跳。修行者只是靜坐和觀察自己心靈的活動。俗
語說，知識就是力量。只有當你知道心靈在做些甚麼時，你才可能
控制它。但是你會發現心靈的奇想會變得越來越不那麼狂烈，越來
越安靜。頭幾個月你會發現，心靈有許多想法，後來你發現它們減
少了，再過幾個月它們越來越少了。最後心靈就會置於完全的控制
之下；但是我們必須耐心地每天修習。**⓻**

辨喜認為信仰治療法和催眠術都是利用了一部分Pratya-
hara（制感）。接受信仰治療的病人否定外在的苦難、痛苦和罪惡。
接受催眠術的人的心靈有一段時間進入消極的病態的狀態。但是，
病人都不是用自己的意志控制心靈，而是由信仰治療師或催眠師來
控制病人的心靈。在每一個療程中，病人都失去一部分精神力量，
直到最後，心靈不是獲得完美控制的力量，而是成為理智沒有一定
形態、精神軟弱無力的一團亂麻，病人唯一的歸宿是精神病院。

辨喜認為，任何人要求別人盲目服從，或用自己的優越的意志
控制力吸引人們追隨他，都是傷害人類，儘管他可能並非存心傷害
他人。每個人應該運用自己的心靈，自己來控制身體和心靈；避免
盲目服從任何人，不管他多麼偉大和善良。**⓼**

辨喜自己在修習王瑜伽的早期，就曾用類似氣功的特異功能影
響一個師兄弟，結果遭到導師的批評。那是1886年3月的一個晚上，
他讓師兄弟迦梨（Kali，後來稱阿貝達南達）用右手放在他的右腿
上，然後入定。迦梨的手開始顫抖；他感到像強大的電池的電擊一

⓻ 辨喜，《王瑜伽》，第六章，〈超然物外和聚精會神〉，第八章，〈王瑜
伽述略〉，見*C. W.*（《辨喜全集》），卷1，頁170–175、191。

⓼ 辨喜，《王瑜伽》，第六章，〈超然物外和聚精會神〉，見*C. W.*（《辨喜
全集》），卷1，頁171–173。

樣。事後，羅摩克里希那批評辨喜，不該在精神力量還沒有積累到足夠的時候，就浪費它。而且批評辨喜傷害了迦梨的精神成長。迦梨到此時為止，正遵循著一條道路前進，這種進步現在被破壞了，就像懷孕六個月而流產了。不過生米已經煮成熟飯。從此以後不可如此粗心大意地行事。好在迦梨沒有遭到更大的傷害。**⑦**或許是這次教訓，使辨喜特別強調每個人必須自己修習，而不可盲從他人的精神力量。

　　王瑜伽的第六個步驟是執持（聚精會神，Dharana），就是把心思集中在某幾個點上，強迫心靈只感覺到身體的某些部分，而不再感覺到其他部分。例如，只感覺到手，而不感覺到身體的其他部分。執持有許多種類，在修練時，最好讓想像力發揮作用。比如，把心靈集中在心臟上這比較難，一個比較容易的辦法是想像那兒有一朵蓮花。那朵蓮花光芒四射，輝煌燦爛。把心靈集中在那兒。或想像在腦子裡有一朵燦爛的蓮花。**⑦**

　　王瑜伽的第七步是靜慮(Dhyana)。梵文 Dhyana，巴利文作 jhana，音譯為禪，又作禪那、馱衍那、持阿那，意譯作靜慮（止他想，繫念專注一境，正審思慮）、思維修習、棄惡（捨欲界五蓋等一切諸惡）、功德叢林（以禪為因，能生智慧、神通、四無量等功德）。禪為印度教瑜伽等派、佛教大乘、小乘和凡人所共修。中國佛教各宗派均各依其教理而修禪定。另也有行菩提達摩所傳之禪，

⑦　*The life*（《辨喜回憶錄》），第六版，頁 166–167；Nikhilananda, *Vivekananda: a biography*（《辨喜：傳記》），1982年印度第四版，頁 63。

⑦　辨喜，《王瑜伽》，第六章，〈超然物外和聚精會神〉，見*C. W.*（《辨喜全集》），卷1，頁175。

此即禪傳入中國後所成立的禪宗。**⑱**

　　心靈被訓練得能夠專注於內部或外部的某一對象，而達於不散亂的狀態，就叫做靜慮。以數量來計算，心靈專注於某一點達十二秒即為執持(Dharana)，十二個執持即為靜慮(Dhyana)，而十二個靜慮則為三昧(Samadhi)。**⑲**

　　據說辨喜還是一個孩子的時候，就與一個朋友一起在濕婆像前面修習靜慮。他曾經聽說，古印度的聖人是如此全神貫注地冥想神，頭髮越長越長，就像榕樹的樹枝向地下生長而形成新樹根一樣，長到土裡去了。因此，他在參禪時，有時睜開眼睛來看看，自己的頭髮是否長到地裡去了。即使如此孩子氣，他仍然常在參禪時失去對外部世界的知覺。**⑳**

　　辨喜師從羅摩克里希那後，要求導師教他靜慮。他逐漸加強修習，開始在靜慮時失去對自己的身體的意識，感受到一種內在的和平，這種和平即使在修習靜慮之後，也仍然保持不變。他常常感到身軀和靈魂的分離。**㉑**有一天，在科西波爾，辨喜和師兄弟吉里什(Girish)一起在一棵樹下修習靜慮。這個地方蚊子成群。吉里什企圖使心靈專注起來，但是勞而無功。他看了一眼辨喜，發現辨喜完全沉浸在靜慮裡，儘管身上就像蓋了一層毯子一樣，密密麻麻叮滿了蚊子。**㉒**可見辨喜修習靜慮的認真和投入。

⑱　《佛光大辭典》，頁6451。

⑲　辨喜，《王瑜伽》，第七章，〈靜慮和三昧〉，第八章，〈王瑜伽述略〉，見*C. W.*（《辨喜全集》），卷1，頁186，192。

⑳　Nikhilananda, *Vivekananda: a biography*（《辨喜：傳記》），1982年印度第四版，頁5。

㉑　同上，頁39–40。

㉒　同上，頁59–60。

　　辨喜最突出的一次靜慮，可能是1892年末他在印度最南端科摩林角附近的一個小島上進行的。後來這個小島就被命名為「辨喜石」。有兩個目擊者證實，辨喜來到坎亞庫馬里，游泳到這個小島上。在那兒靜慮了三天。❸

　　1894年2月19日，辨喜從芝加哥給羅摩克里希南達的信中回憶當時的情形說：在雲遊全印度時看到的一切，特別是人民的貧窮和愚昧，使他夜不能寐。他寫道：「在科摩林角，在聖母庫馬里的神廟中，坐在印度最南端的一塊岩石上時，我想到一個計劃：我們有這麼多出家人，雲遊四方，教導人民形而上學——這簡直是發瘋。我們的導師不是常說，『腹中空空的人不適於接受宗教』？那些窮人過著連牲畜都不如的生活，就是因為愚昧。我們世世代代以來吸他們的血，把他們踩在腳下……如果某些無私的出家人下決心對他人行善，從一個村莊走到另一個村莊，通過口頭教導，使用地圖、照相機、地球儀和諸如此類的教具，向低至章達拉（Chandala，賤民）的所有的人進行教育，千方百計改善他們的生活狀況，到時候這難道不能帶來福利嗎？我不可能在這封短信裡寫下所有這些計劃。」❹可以說辨喜後半生的大部分行動都是按這三天靜慮中所形成的計劃去做的。從這個突出事例可以看出，靜慮（禪定）在辨喜的生活和事業中具有多麼重要的地位。

　　王瑜伽的第八步是三昧。辨喜指出，當一個人加強靜慮（禪定）的力度，能夠擯棄外部感覺，完全專注於內在境界，就是三昧。❺

---

❸　*The life*（《辨喜回憶錄》），1989年第六版，頁344–345。

❹　Vivekananda, *C. W.*（《辨喜全集》），卷6，頁254。

❺　辨喜，《王瑜伽》，第七章，〈靜慮和三昧〉，見*C. W.*（《辨喜全集》），卷1，頁186。

三昧，samadhi，是個巴利語詞，又譯作三摩地、三摩提、三摩帝。意譯為等持、定、正定、定意、調直定、正心行處等。即將心定於一處（或一境）的一種安定狀態。「等持」的「等」乃指離開心之浮沉，而得平等安祥。「持」指將心專注於一境之意，此即為將心止於一境而不散亂之狀態。❻

　　這種王瑜伽的最高境界，對包括筆者在內的沒有實際修習的人來說，頗為抽象。或許辨喜自己經歷過的三昧狀態是最形象的說明。

　　辨喜第一次經歷三昧的最高境界(nirvikalpa samdhi)是1896年3月，他在加爾各答郊區的科西波爾，與師兄弟們一起服侍病中的羅摩克里希那時。辨喜一直希望親身經歷這種三昧的最高境界，體會「梵我一如」的狀態，能夠通過自己的經驗說：「我就是梵」。他把這種希望告訴羅摩克里希那，但導師保持沉默，沒有回答。一天晚上，這種經驗出人意料地降臨在他身上。

　　當他像平時一樣靜慮時，突然感到腦後有一道光，就像那兒有一支火炬在燃燒一樣。這團光變得越來越亮，越來越大。最後它好像爆炸了。他的心靈與這團光融為一體。他的體驗幾乎不可描述。不過在這次經歷後過了一段時間，他寫了一首〈三昧之歌〉，用詩來傳達當時的意境。❼

　　辨喜經歷三昧的最高境界時，他正在與老戈帕爾一起禪定。❽

❻　《佛光大辭典》，580下、670下、4503上、6454上。

❼　辨喜，〈三昧之歌〉，見*C. W.*（《辨喜全集》），卷4，頁498。

❽　羅摩克里希那周圍有兩個戈帕爾(Gopal)，因此分別被稱為老戈帕爾和小戈帕爾。老戈帕爾比羅摩克里希那還年長幾歲，是他的弟子中最年長的。後來起法號 Advaitananda，是與辨喜一起出家的最初十五個師兄弟之一。後來出任羅摩克里希那傳教會董事。1909年12月28日去世，享年八十一歲。參閱 Gambhirananda, *The apostles of Shri Rama-*

突然戈帕爾聽到他大叫，「戈帕爾兄，戈帕爾兄，我的身體在哪裡?」因為辨喜只能意識到自己的頭腦，他的身體好像失去了。吃驚的戈帕爾看著辨喜僵硬的身體，回答說：「怎麼啦，挪倫（辨喜的俗名的簡稱），它在那兒。你感覺不到它嗎?」戈帕爾生怕辨喜會死去，奔到羅摩克里希那的房間裡去求助。羅摩克里希那很平靜，但是很嚴肅，似乎已經知道樓下房間裡發生的一切。導師聽了戈帕爾描述的情況，說道：「讓他在這種狀況下待一會兒；他為了這個嘲笑我夠久了。」這是指辨喜受過現代西方教育，長時期來一直不怎麼相信導師所說的三昧境界。❽

　　大約晚上九點，辨喜逐漸恢復了知覺，他覺得自己沐浴在不可言喻的和平之中。當他走進羅摩克里希那的房間時，導師對他說：「現在時母女神已經向你顯示了一切。但是就像珠寶被鎖在盒子裡一樣，你的這次經驗也將被鎖起來，而鑰匙將留在我手裡。你有工作要做。當你完成了我的工作之後，這個珠寶盒將會再次打開，那時侯你就會像剛才一樣，無所不知。」

　　後來導師對其他弟子說：「挪倫特拉（辨喜的俗名的簡稱）只有根據他自己的意志才會離開人世。當他知道自己是什麼時，他將拒絕在軀體裡多逗留片刻。他用自己的智慧和精神力量震撼世界的時刻將會來臨。我祈禱時母女神不讓他知道關於絕對之神的知識，用摩耶（幻）的帷幕把他的眼睛遮起來。有許多工作要他去做。但是，我明白，這帷幕是那樣薄，非常非常薄，它在任何時候都可能

　　krishna（《羅摩克里希那的使徒們》），頁297－302。

❽　一說與辨喜一起禪定的是另一個弟子 Niranjan，法號 Niranjanananda。他也是後來與辨喜一起出家的十五個師兄弟之一。1904年5月9日去世。參閱*The life*（《辨喜回憶錄》），1989年第六版，卷1，頁178。

破裂。」　羅摩克里希那希望辨喜去完成大量世俗的工作，因此不想讓他沉浸在三昧的最高境界中。

辨喜在經歷最後的三昧最高境界之前，至少有三次類似的經驗。一次是在美國芝加哥附近的密西根湖畔。❾⓪

第二次是在新罕布什爾州的柏西。辨喜在紐約不停地授課、演講和寫作，幾乎精疲力竭。1895 年 6 月初接受弗朗西斯‧萊格特(Francis Leggett)先生的邀請，到他柏西的釣魚別墅去休息一陣。辨喜在那兒休養了將近兩個星期。在此期間辨喜讀讀《薄伽梵歌》，有時一個人在森林裡禪定數小時。關於辨喜曾進入三昧最高境界的事，是後來約瑟芬‧麥克勞德(Josephine MacLeod)小姐講述的。她和守寡的姐妹威廉姆‧斯特奇斯(William Sturges)也在這兒作客。有一天一個工人發現辨喜躺在湖邊，看來已經死了。萊格特先生和兩個女客人奔到湖畔，千方百計想叫醒辨喜，但徒勞無功。直到他們幾乎要放棄時，辨喜才表現出一些生命的跡象，逐漸恢復正常。❾①

第三次是在千島公園。1895 年辨喜在柏西休息了近兩個星期後，到千島公園去舉行一個暑期班。暑期班參加者之一的瑪麗‧芬克夫人 (Mrs. Mary Funke) 在信中寫到最後一天和辨喜一起散步時發生的事：

> 他請C〔克里斯廷(Christine)〕和我一起散步，因為他希望單獨和我們在一起。（其他人整個夏天與他在一起，他覺得我們應該最後談一次。）我們往一座山上爬了大約半英里。到處是森林，一片寂靜。最後他選了一棵樹枝長得低低的樹，

---

❾⓪　*The life*（《辨喜回憶錄》），1989年第六版，卷1，頁179。

❾①　同上，卷2，頁20。

我們在低低伸展的樹枝下坐了下來。但是他沒有進行原來打算進行的談話，而突然說，「現在我們將禪定。我們將像菩提樹下的佛陀一樣。」他好像變成了青銅像，文風不動。然後下起雷陣雨來了，大雨傾盆而下。他一點也沒有注意下雨。我打開我的傘，盡量遮住他。他完全沉浸在禪定裡，對任何事情都毫不在意。不久我們聽到遠方的喊叫聲。其他人帶著雨衣和傘來找我們了。斯哇密遺憾地往四下裡環顧，因為我們不得不走了，他說：「我似乎又一次在加爾各答的雨中。」❷

辨喜從美國回到印度後，繼續不斷地忘我工作。直到他生命的終結。

1902年辨喜生命的最後二個月，他越來越沉浸在禪定裡。他的師兄弟和弟子常常記起羅摩克里希那的預言：挪倫在他工作結束時，當他知道自己實際上是誰，並且拒絕留在軀體裡時，他將會沉入三昧的最高境界(nirvikalpa samadhi)。尼維迪塔修女寫道：「在他去世前不久，有一天他的師兄弟談到過去，其中一個人非常偶然地問他，『斯哇密佶，你知道自己是誰嗎?』他出乎意料的回答，『是的，我現在知道了!』這個回答使他們震驚得啞口無言，沒有人敢再問他任何問題。」❸

薩拉達南達在7月24日向美國的教徒報告辨喜禪定去世的情況：

7月4日晚上七點，辨喜回到自己的房間裡，入定約一小時，祈禱，然後把照料他的弟子叫來，請他打開所有的窗戶，用扇子扇他

❷ 同上，卷2，頁38-39。
❸ 同上，卷2，頁646。

的頭。他安靜地躺在床上，照料他的弟子認為他睡著了或正在入定。一小時以後，他的手微微顫抖，他非常深地呼吸了一次。沉默了一、兩分鐘，他以同樣的方式又呼吸了一次。他的眼睛凝視著眉毛的中間，臉上有一種神聖的表情，永遠安息了。

一個師兄弟在《覺醒》上寫道，那個弟子以為他入定了，到樓下去叫來另一個出家人，他經過檢查，發現辨喜既沒有呼吸，也沒有脈搏。同時有另一個出家人進來，認為辨喜入定了，開始不斷吟唱導師的名字，希望使他恢復意識，但是沒能打破三昧。然後請來了醫生，經過長時間檢查，說生命已經終止。第二天早晨發現，辨喜的眼睛充血，嘴巴和鼻尖有一點血跡。這很清楚地導致一個結論，在Japa（反復念誦神的名字）和入定的過程中，當他離開軀體時，他的 Brahmarandhra（頭頂上的骨頭之間的隙縫）必然會被穿透！醫生事實上無法發現他真正的死亡原因。實際上他是根據自己的意志去世的。他像一個瑜伽師那樣生，也像瑜伽師那樣死！ ❹

《王瑜伽》的第二部分是鉢顛闍利的《瑜伽經》的意譯和評註。在評註中，辨喜寫道：「每一個靈魂都是潛在地神聖的。目標是通過控制外部的和內部的自然，來展現這種內在的神性。或是通過工作，或是通過崇拜，或是通過心理控制，或是通過哲學——通過其中一樣，或幾樣，或全部來做到這一點——從而取得自由。這就是整個宗教。」❺我們至此已闡述了通過工作、崇拜、和心理控制來達到自由的道路，下一節將討論通過智瑜伽來達到自由的道路。

---

❹　同上，卷2，頁655–657。

❺　辨喜，《王瑜伽》，見C. W.（《辨喜全集》），卷1，頁257。

第五節 智瑜伽——智慧之道

在四瑜伽中，辨喜的天性最接近智瑜伽。他的導師羅摩克里希那從一開始就知道這一點，並以吠檀多不二論哲學教育他。❾辨喜在智瑜伽的研究方面花了大量精力和時間，作了許多演講。可能因為內容太豐富了，他生前沒有來得及把它們整理成書。因此我們今天看到的智瑜伽，並不是像《業瑜伽》和《王瑜伽》一樣比較完整的由辨喜口授而成的著作，而是許多演講的匯編。❾這些演講的內容，有重複之處，並不形成一個嚴密的體系。

辨喜在《普世宗教的理想》一文裡，打了一個生動的比喻來描繪智瑜伽，他寫道：

> 在同一棵樹上棲息著兩隻鳥，一隻在上，一隻在下。在上的那隻，平靜、沉默而莊重，沉浸在它自己的榮耀裡；在下面的那隻鳥，輪流地吃著甜蜜的和苦澀的果子，從一根樹枝跳到另一根樹枝，一會兒覺得幸福，一會兒覺得痛苦。過了一段時間，下面的這隻鳥吃了一顆特別苦澀的果子，令它作嘔，於是抬頭看看另一隻鳥，那隻金色羽毛的神奇的鳥，它既不

---

❾ *The life*（《辨喜回憶錄》），第6版，卷1，頁95–96。

❾ 這主要包括《辨喜全集》卷2中，頁57–288的15篇演講，大部分是在英國倫敦發表的。另外的片斷至少還應包括卷6，頁41–45的《智瑜伽導言》；頁91–92的《論智瑜伽》；卷1，頁405–416的《領悟的步驟》。參閱 Rolland, Romain, *The life of Vivekananda and the universal gospael*（《辨喜的生平及其普世福音》），1988年版，頁235。

吃甜蜜的果子，也不吃苦澀的果子，既不幸福，也不痛苦，而是平靜的，不受外力影響，在自身之外一無所見。下面這隻鳥很渴望達到這種境界，但不久就忘了，又開始吃起果子來。過了一會兒，它又吃了一顆非常苦的果子，使它覺得痛苦不堪，它再次向上仰望，試圖靠近上面那隻鳥。但是它又忘了，過了一段時間，它又向上仰望，如此反覆不已，直到它非常接近那隻美麗的鳥，看到金色羽毛上的反光在它自己身上閃耀，它感覺到一種變化，好像融化了；當它更靠近時，它周圍的一切都融化了，最後它明白了這種神奇的變化。可以說，下面這隻鳥只是上面這隻鳥反映的影像，貌似真實的影子而已；從本質上來說，它自己始終就是上面這隻鳥。這隻吃過甜的和苦的果子，一會兒悲泣，一會兒歡樂的，在下面的小鳥，是幻是夢：自始至終，真正的鳥是在上面，平靜而沉默，榮耀而莊重，超越悲傷、愁苦。上面這隻鳥就是神，這個宇宙的主宰；下面這隻鳥就是人類，吃著世俗的甜蜜的和苦澀的果子。❾

　　人就像這隻下面的鳥一樣，遭到命運一次又一次沉重的打擊，最終認識到自己就是神反映的影像。更正確地說，自己就是神。智瑜伽就是教導人通過思辨，較早較快地達到這種認識。而不一定要經歷無數磨難才有此覺悟。

　　智瑜伽師固然被稱為哲學家和思想家，但他的修習方法還是與一般的哲學思考有所不同，而比較接近王瑜伽。辨喜在美國有一次專門講修習智瑜伽的步驟。

---

❾　辨喜，《普世宗教的理想》，見 C. W.（《辨喜全集》），卷2，頁394–395。

　　希望修習智瑜伽的人首先應該具備的素質是沙瑪（Shama）和達瑪（Dama），這兩者可以放在一起討論。它們的意思是使感覺器官以自己為中心，不讓它們逸離出去。辨喜所說的感覺器官不同於我們一般理解的五官。他是這樣解釋的：眼睛並不是視覺的器官，只是視覺的工具。視覺的器官是大腦的視覺神經中樞，即使有眼睛，但如果器官不在那裏，仍然看不到東西，但是即使有眼睛和器官，除非心與二者聯在一起，仍然沒有視覺，因此在每一次感知中，必須要有三樣東西：首先是外部工具，然後是內部器官，最後是心，如果缺少其中任何一個，就沒有感知，心是通過兩個中介活動的——一個是內在的，另一個是外在的，當人看東西的時候，他的心是向外的，外化了，但是如果他閉上眼睛，開始思考，心就不是向外的，而是向內活動的，但是在兩種情況下，都有器官的活動，因此為了控制心，首先就得控制這些器官，使心不向外或向內胡思亂想，使器官各安其位，就是Shama和Dama。Shama是不讓心外化，Dama是控制外部感覺工具。辨喜的智瑜伽的修習方法是以他的哲學的認識論為基礎的。

　　下一步是尤帕拉蒂（uparati），即不想感官的事物，不想我們看到的、聽到的、吃的東西和我們住的地方等等。

　　再下一步是最困難的蒂蒂克沙（titiksha），即極度的寬容——「不抗惡。」不僅不在行動上抵抗罪惡，而且忍受一切苦難，沒有抵抗的念頭，在心裡沒有痛苦的感覺或悲哀。

　　下一步是捨擺馱（shraddha），即「信」，信仰。辨喜相信，只有當一個人對宗教和神具有極大的信仰時，他才有希望成為一個智瑜伽師。

　　然後是薩瑪達納（samadhana），即持續地練習使心靈專注於神。

下一步是穆穆克舒特瓦 (mumukshutva)，即獲得自由的強烈願望。人們每天追逐歡樂。但痛苦與歡樂如影隨形。當人們受到鞭打時，痛哭流涕，這時大自然給人們一塊錢，人就破涕為笑。人們再次遭到鞭打，當人們哭泣時，大自然給他一塊薑餅，他們再次笑逐顏開。人是一片麵包的奴隸，一口空氣的奴隸——服飾的奴隸，愛國主義的、或國家的、或名譽和聲望的奴隸。當一個人體會到這一切都是奴役時，他就會產生追求自由的強烈渴望。

下一個修練也是非常困難的：尼蒂亞尼蒂亞維韋卡 (nityan-ityaviveka)——辨別甚麼是真實的，甚麼是不真實的，甚麼是永恆的，甚麼是過眼煙雲。只有神是永恆的，其他一切都是過眼煙雲。任何事物都有終結。天使會死，人會死，動物會死，地球會滅亡，太陽、月亮和星星都會滅亡；每一樣事物都在不斷地變化。滄海桑田反覆變更。只有神永不改變。我們越接近神，就越少變化，自然就越不能影響我們，當我們達到神，和神站在一起時，我們將征服自然。我們將成為這些自然現象的主人，它們將不再影響我們。

辨喜認為，如果我們真正經受了上述修練，我們就會真正對這個世界一無所求。所有的知識都在我們心中。❾❾

智瑜伽首先提出的中心問題是：我們的感官所感知的世界是不是真實的？辨喜承認，人對於感官世界的執著是很頑強的。但是不管人類認為自己生活於其中的外部世界是多麼實實在在，他總有一天會發出疑問：「這是真實的嗎?」有些人從來沒有時間質疑自己的

---

❾❾ 辨喜，《領悟的步驟》，見 *C. W.*（《辨喜全集》），卷1，頁405-408，410-412。這些步驟，一般不見於佛教經典。只有捨攞馱 (shraddha)，中文譯成「信」，是佛教中的一個重要概念。參閱《佛光大辭典》，頁3715上。

感官的可靠性，每時每刻都沉溺在感官的享受中，即使這樣的人，死神臨近時，也不得不自問：「這是真實的嗎?」宗教以這個問題開始，也以這個問題終結。

最富詩意的《奧義書》之一——《迦塔奧義書》以這樣的問題開頭：「一個人死了，發生了一場爭論。一派說，他永遠消失了；另一派堅持認為他仍然活著。哪一個回答是真的?」人們作出了多種回答。形而上學、哲學和宗教的整個領域充滿了對這個問題的各種回答。同時，有人想壓制這個問題，終止心靈的不安。但是只要人固有一死，壓制這個問題的努力就不會成功。只要每個人都得死，這個問題就會一而再，再而三地出現：「儘管我們所執著的一切東西是那樣真實，那樣實在，死亡是這一切的終結嗎?」對一個個人來說，世界在死亡的一瞬那消失了，一去不復返了。一個人用所有的精力，一點兒一點兒建立起來的畢生的希望在死亡的片刻煙消雲散。這些希望是真實的嗎?這個問題必須得到回答。時間的流逝並不能減輕它的份量；相反，使它越發沉重。

對這個問題，有兩種立場。一種立場是虛無主義的立場，即一切都是虛無，我們一無所知，對未來、過去、甚至現在都一無所知。另一種立場是尋求解釋，尋求真實，在這個變動不定和轉眼即逝的世界裡發現真實的東西。這種追尋貫穿了整個人類心靈的歷史。❿

辨喜雖然在哲學上深刻認識人生的虛幻，但是他在感情上仍然常常為師兄弟和朋友的去世所震撼。1890年，辨喜在瓦拉納西得到了在俗的師兄弟鮑斯去世的消息，悲痛欲絕。當地著名的梵文學者P. 米特拉看到一個出家人，一個徹底的不二論者這樣為朋友的死亡

---

❿　辨喜，《智瑜伽》：〈人的真正的性質〉，見 C. W.《辨喜全集》，卷2，頁70–72。

而痛苦，大為震驚。辨喜說：「請不要這樣說。我們不是冷漠無情的僧侶。甚麼！難道你認為，因為一個人做了出家人，他就沒有心肝了！」❿

　　辨喜不僅對師兄弟的去世非常悲痛，而且對他們的病痛也極其關心。1890年2月他在加濟普爾得到消息，師兄弟阿貝達南達在赫里希凱希得了瘧疾，於是發了一個電報，詢問是否需要他去幫忙照料。2月19日他寫信給P. 米拉特拉說：「好，先生，你可能微笑地看著我在編織這個摩耶的羅網，……毫無疑問，這是事實。但是有鐵的鎖鏈，也有黃金的鎖鏈。後者要好得多，善有善報之時，它就會自行解脫。」❷

　　辨喜指出，摩耶的概念是吠檀多哲學賴以建立的臺柱之一。摩耶通常的意思是指幻覺或幻想，但與吠檀多哲學的解釋不甚吻合。在吠陀文獻中，摩耶意為幻。比如，「因陀羅以其魔力，將其一身，分為種種而遊行。」❸這兒摩耶確實意味著某種類似魔術的東西。後來摩耶這個詞從文獻中完全消失了。不過人們覺察到，在自己和真理之間有一層迷霧，儘管並沒有把它稱為摩耶。在晚得多的時代，在《白騾奧義書》(Shvetashvatara)中講到：「我們應該知道，自然是摩耶，這個摩耶的統治者就是上帝本身。」這時摩耶這個詞的含意已經轉變了。

　　後來的哲學家們，包括商羯羅，以各種不同的方式使用摩耶這

❿　*The life*（《辨喜回憶錄》），第6版，頁237。

❷　同上，頁232–233。

❸　*Rgveda*（《梨俱吠陀》），第六卷，第四七首頌詩第十八節，見*The hymns of the Rigveda*, translated with a popular commentary by R. T. H. Griffith, Benares, 1896–1897，卷1，頁611。

個詞。在佛教徒手裡，摩耶的理論很像唯心主義，也就是今天一般人所理解成的「幻」的意思。但是在吠檀多哲學中，摩耶的最終定義既不是唯心論的，也不是唯實論的，也不是一種理論。它是事實的一種簡單的陳述……摩耶就是我們自己和我們所看到的周圍的一切。

「這個世界並不存在。」意思是它並不是一種絕對的存在。只是在與我的心、你的心、每一個人的心相聯繫的形式中存在。我們用五官感知這個世界，如果有第六感官，對這個世界就會感知得更多。如果我們有第七種感官，它又會有所不同。因此它並不是不變的、固定的、無限的存在。但也不能把它稱為不存在，它是確實存在的，我們必須通過它去工作。它是存在與不存在的一種混合。❿

辨喜列舉了許多摩耶的例子。每一樣事物都有終結。所有我們的進步，我們的虛榮，我們的改革，我們的奢華，我們的財富，我們的知識都有一個歸宿——死亡。這是確切無疑的。城市出現和消失，帝國興起和衰亡，行星分裂成碎片，化為宇宙塵埃，被其他行星的大氣圈所捲走。自太古以來就是如此。死亡是每一樣事物的終結。死亡是美貌、富有、權力和道德的終結。聖人和罪人一樣會死亡，國王和乞丐一樣會死亡。他們都會走向死亡。但是人們仍然對生命無限執著。我們不知道為甚麼，我們執著於生命。我們不能放棄生命。這就是摩耶。

吠檀多哲學既不是悲觀的，也不是樂觀的。它並不說這個世界一切皆惡或一切皆善。善與惡是同時並存的。這個世界就是這樣，

---

❿　辨喜，《智瑜伽》:〈摩耶和幻〉，見*C. W.*（《辨喜全集》），卷2，頁88-89、91。關於佛教對摩耶的看法，參閱《放光般若三問幻品》，《大智度論》卷55等處，見《佛光大辭典》，卷2，頁1390下。

你得知道這一點而耐心地工作。

　　這個摩耶無所不在。它是可怕的。但是我們不得不通過它去工作。有人說，當這個世界變得一切皆善的時候，他將去工作，他將享受幸福，這個人不會成功，就像一個人坐在恆河岸邊說：「當所有的水流入海洋以後，我將渡河。」 這種方式不是順應摩耶，而是違背它。❶⓪⑤

```
┌─────────────────────────────────────┐
│         a.梵（宇宙理性）              │
├───┬───┬─────────────────┬───┬───────┤
│   │   │       c.        │   │       │
│   │   │    時    間     │   │       │
│   │   │    空    間     │   │       │
│   │   │    因    果     │   │       │
│   │   │                 │   │       │
├───┴───┴─────────────────┴───┴───────┤
│            b.宇宙{物質              │
│                  精神              │
└─────────────────────────────────────┘
```

　　根據辨喜的觀點，摩耶就是宇宙，就是時間、空間和因果的總和。他是這樣解釋梵和宇宙的關係的：如圖所示，梵（絕對）是(a)，宇宙是(b)。絕對變成宇宙。宇宙不僅意味著物質世界，也意味著心理世界和精神世界──天和地，事實上意味著存在的萬事萬物。心靈是一種變化不停的事物的名稱，軀體是另一種變化不停的事物的名稱，等等，所有這些變化不停的事物組成了我們的宇宙。絕對(a)通過時間、空間和因果(c)變成了宇宙(b)。這是不二論的中心思想。時間、空間和因果就像透鏡，絕對是通過這個透鏡被看到的，當人們從下面去看絕對時，它就顯現為宇宙。

<hr>

❶⓪⑤　同上，頁92–93；102、104。

從上述理論中我們立即可以推斷，絕對是既沒有時間、空間，也沒有因果的。那兒不可能有時間的觀念，因為那兒沒有心靈，沒有思想。那兒也沒有空間的觀念，因為那兒沒有外部的變化。人們稱之為運動和因果的東西不可能存在於唯一的絕對裡。

不二論意味著只有一元，沒有二元。但表面上看來有二元：絕對和摩耶。辨喜認為，只有絕對才是不變的、獨立的存在。他作了一個生動的比喻：絕對是海洋，你和我、日月星辰和萬事萬物是海洋上的各種波浪。甚麼使這些波浪互不相同呢？只有形式使它們互不相同，形式就是時間、空間和因果，而它們都有賴於波浪。當波浪消失時，它們也消失了。個體一旦放棄摩耶，對他來說摩耶就消失了，他就自由了。⑯

從一元論的角度來說，辨喜的不二論和唯物主義都是一元論。辨喜說：「從某種意義上說，我是一個唯物主義者，因為我相信一元論。那就是唯物主義者希望你相信的；只是他們把它稱為物質，而我把它稱為神。唯物主義者認為所有的希望、宗教和萬事萬物都出自物質，我說，一切都出自梵。」⑰

吠檀多哲學的目的在於看破摩耶，而達到梵我一如的境界。人們曾經向外尋求真理，但他們最後發現，真理並不在外部世界，而在人自己的靈魂中。辨喜自己也經歷過向外和向內探索真理的過程。他寫道：「就像一個人在鏡子裡能夠看到他自己的完整的、清晰的、分明的臉一樣，真理在人類的靈魂中閃耀。因此，最高的天堂在我們自己的靈魂中；吠檀多說，崇拜神的最偉大的廟堂是人類的靈魂，

---

⑯　辨喜，《智瑜伽》：〈絕對和表現形式〉，見C. W.（《辨喜全集》），卷2，頁130、135–136。

⑰　同上，頁138。

它比所有的天堂都偉大；我們在此世，在我們自己的靈魂中能夠比
在任何天堂中都更清晰和分明地認識實體。改變修練的地方並不能
給人多大的幫助。當我在印度時，我曾認為在山洞中修練會獲得更
清晰的認識。但是我發現並非如此。我又認為在森林中可以做到這
一點，在瓦拉納西可以做到這一點。但是每一處地方存在著同樣的
困難，因為是我們自己塑造出周圍的世界的。如果我是一個罪人，
對我來說這整個世界都是罪惡的。《奧義書》就是這麼說的。這放
諸四海而皆準。如果我死了，上了天堂，我將發現依然故我，因為
除非我變得純潔無瑕，到山洞裡去，森林裡去，瓦拉納西去，天堂
上去都無濟於事，如果我使自己的靈魂這面鏡子完美無缺，我就能
不折不扣地認識最高實體，我在哪裡根本無關緊要。」❿

1890 年，辨喜聽說師兄弟阿貝達南達在瓦拉納西病了，就在 4
月初趕到那裡去照顧他。這也符合他自己的計劃，因為他一段時間
以來有個秘密的願望，想在這座聖城進行精神的修練。在把阿貝達
南達安頓好以後，他就在P. 米特拉家裡住下來，全心全意投入精神
修練。但是不久他自己也生病了。4 月的第二個星期，辨喜為了安
慰去世的師兄弟鮑斯的家屬，離開瓦拉納西，前往加爾各答。在瓦
拉納西的修練並未取得甚麼明顯的成果。

7 月的第三個星期，辨喜與阿汗達南達一起出發前往喜馬拉雅
山，希望尋找一個隱居修行的地方。8 月底，兩人來到阿爾莫拉，
辨喜在一個山村裡找到一個人跡罕至的山洞，住進去日夜進行最嚴
格的精神修練。他決心找到真理。但是在他精神修練的頂峰，他不
能獨享個人解脫的幸福，而感到一種工作的渴望，迫使他中止精神
修練。關於辨喜的這段令人費解的時期，阿汗達南達後來說道：「似

❿ 辨喜，《智瑜伽》：〈異中有同〉，見*C. W.*（《辨喜全集》），卷2，頁184。

乎每一次辨喜想隱居去過寧靜純潔的修道生活，他都被環境的壓力所迫而放棄這種生活。他有使命要完成，他的本性驅使他去完成這種工作。」

情況確實如此。他們得到某個土邦首相的幫助，在恆河邊建造了一座隱居的小屋，供他們居住。但是阿汗達南達得了重病，他們只得下山求醫。

辨喜把阿汗達南達安頓好以後，前往赫里希凱希，在恆河岸邊，喜馬拉雅山腳下找到了一處風景如畫的聖地。辨喜與其他師兄弟一起建造了小屋，再次準備進行修練。但辨喜突然得了重病，脈搏似已停止，人也涼了。幸虧一個過路的沙陀用秘方救了他一命。他後來告訴師兄弟，在失去知覺時，他明白了自己在這個世界上有特殊的使命要完成，在完成這個使命之前，他不可能隱居。❿

辨喜起先在聖地、山洞或森林中，後來在工作中尋求的最高境界是梵我一如。根據不二論哲學，在宇宙中只有一樣東西是真實的，那就是梵；其他任何東西都是不真實的，都是梵通過摩耶的力量顯示和產生出來的。回到梵是我們的目標。我們當中的每一個人都是梵，即實體，加上這個摩耶。如果我們能擺脫這個摩耶，即擺脫無知，我們就能返璞歸真。根據這種哲學，每一個人是由三個部分組成的——身體，內部器官即心靈，以及心靈後面的阿特曼（Atman），即真我。身體是真我的外部軀殼，心靈是真我的內部軀殼，真我才是真正的感知者、真正的享受者，通過內部器官即心靈來駕馭身體的主人。

辨喜用旋風作為比喻來描繪真我與輪迴的關係。來自不同方向

---

❿　*The life*（《辨喜回憶錄》），第6版，卷1，頁237、241、252、254、256。

的氣流匯聚在一起，開始旋轉；當它們旋轉的時候，在一個地方捲
起一些紙屑、稻草之類的東西，形成一股旋轉的塵土，到了另一個
地方，把這股塵土拋下，又重新捲起另一股，就這樣不斷把它們面
前的物質捲起來，形成某種形體。梵文裡稱之為Prana的能量像旋風
一樣匯聚在一起，吸引物質，形成軀體和心靈，繼續活動，直到軀
體死亡，Prana就吸引其他的物質，形成另一個軀體，當它死亡時，
又形成另一個，如此繼續下去。能量不能夠沒有物質地活動。這股
能量就這樣從一個地方旋轉到另一個地方，直到它完全被耗盡。因
此當心靈完全分崩離析時，我們就自由了，這之前我們是一直受束
縛的；真我一直被心靈的旋風所包裹，從一個地方旋轉到另一地方。
當心靈的旋風終止時，真我發現自己無所不在。它可以到任何想去
的地方去，是完全自由的，可以產生它想產生的任何數量的心靈或
軀體；但在這之前它只能隨著心靈的旋風而活動。這種真我的自由
就是我們奮鬥的目標。⓾

　　辨喜作為一個吠檀多學派的不二論哲學的信奉者，用了許多篇
幅闡述梵與真我的理論。但是他也清楚地意識到這種理論所遇到的
強大挑戰。佛教徒就完全否定他所闡述的靈魂的理論。佛教徒質疑
道：「假設有某種東西是這個軀體和心靈的基礎和背景，有甚麼用
呢？為甚麼要承認，由心靈和軀體組成的這個有機體之外，還存在
第三種物質，即被稱為靈魂的東西？有甚麼用？這個有機體不是足
夠解釋它自身的存在了嗎？為甚麼要假設有第三種實體？」辨喜承
認，這些推理是非常強大有力的。根據至今為止的外部研究，我們

⓾　辨喜，《智瑜伽》：〈真我：它的束縛和自由〉，見*C. W.*（《辨喜全集》），
　　卷2，頁255–256。佛教關於Atman的理論見《大智度論》卷35等，參
　　閱《佛光大辭典》，頁2937中。

看到，這個有機體足以解釋它自身的存在——至少我們中的許多人是從這個角度看它的。為甚麼需要心靈和軀體之外的第三種實體呢？只有心靈和軀體好了。軀體是繼續不斷變化的物質之流的名稱。心靈是不斷變化的意識或思想之流的名稱。兩者之間並不存在真正的統一。並不需要假設存在第三種物質。這個軀體和心靈的現象世界就是一切，不必在它後面再放上甚麼東西了。辨喜認為，現代的一些教派和學派與這種佛教思想是一脈相承的——不過它們都宣稱是新的，是他們自己的發明。這其實是大部分佛教哲學的中心思想，即你完全不需要為這個世界尋求背景。辨喜承認，這些觀點是非常奇妙的，它們很容易投合人類的日常經驗——事實上，只有不到百萬分之一的人能夠思考現象世界之外的東西。對絕大多數人來說，自然只是一個不斷變化、活動、結合和混合的現象世界。我們當中幾乎沒有人瞥見過現象世界背後的平靜的大海。對我們來說它一直是以各種波濤的形式出現的。⓫

吠檀多哲學認為，在我們能感知的世界背後還有一種無法用通常的意識去理解的宇宙理性（梵）。辨喜完全承認，這只是一種哲學、一種理論。關鍵在於能否領悟？他說道：「宗教是能夠被領悟的。你是否準備好了？你是否希望領悟？如果你努力去做，你將領悟，然後你將成為真正虔誠的人。在你領悟之前，你和無神論者沒有甚麼不同。無神論者是真誠的，但是那些口稱相信宗教，卻從不領悟宗教的人是不真誠的。」⓬與其做一個口是心非的教徒，不如做一個真誠的無神論者。真正能領悟智瑜伽的人是少之又少的。

⓫　辨喜，《智瑜伽》：〈真正的人和表面的人〉，見*C. W.*（《辨喜全集》），卷2，頁271–273。

⓬　同上，頁285。

辨喜的哲學由業瑜伽、信瑜伽、王瑜伽、智瑜伽四個主要部分
組成，力求在四者之間保持平衡。不過在他的一些師兄弟看來，羅
摩克里希那比較側重信瑜伽，而辨喜比較側重業瑜伽和智瑜伽。辨
喜1897年從西方回國，組織了羅摩克里希那傳教會後，曾發生過一
場頗為激烈的爭辯，就反應出辨喜對業瑜伽和智瑜伽的側重要超過
他的導師。辨喜爭論的主要對手是阿德布塔南達（Adbhutananda），
他出生於比哈爾農村，家中貧困，五歲時父母雙亡，由親戚帶到加
爾各答當男僕，主人正巧是羅摩克里希那的一個學生。後來他辭去
工作，專心照顧羅摩克里希那的生活。他沒有上過學，羅摩克里希
那曾試圖教他讀書寫字，但沒有成功。辨喜曾說，他「是羅摩克里
希那創造的最大的奇蹟。他目不識丁，僅僅因為與導師的接觸，就
獲得了最高的智慧。」⓫

在那次爭論中，阿德布塔南達認為，羅摩克里希那堅持信瑜伽，
而辨喜要師兄弟們傳教，為窮人和病人服務，使心靈向外，和導師
的思想不一致。辨喜起先以開玩笑的口氣說：「你是信瑜伽師，換
句話說，多愁善感的傻瓜！……根據你的觀點，學習、傳教、做慈
善工作都是摩耶，因為羅摩克里希那自己沒有做這些工作，因為他
對某人說過，『首先要探索和發現神；對這個世界行善是自以為
是！』」

後來辨喜變得越來越認真，惱怒起來，他說道：「你認為智瑜
伽是泯滅心靈的最溫柔的部分，通過一條荒漠的道路所獲得的枯燥
的知識。你的信瑜伽是使人無所作為的多愁善感的胡說八道……誰
在乎你的信愛（bhakti）和解脫（mukti）？誰在乎經典說些甚麼？如果我

⓫　Gambhirananda, *The apostles of Shri Ramakrishna*（《羅摩克里希那的
　　使徒》），頁271–291。

能夠使我的麻木不仁的同胞們奮起，使他們受到業瑜伽精神的鼓舞，獨立自主，陽剛雄健，我將興高采烈地入地獄幾千次。」

　　辨喜由於太激動而離開了起居室，回到自己的臥室裡禪定了約一小時，才重新回到起居室。那兒氣氛仍很緊張。最後辨喜打破沉默說道：「當一個人達到信愛(Bakti)時，他的心和神經會變得如此溫柔和敏感，它們甚至不能讓一朵花碰一下！……因此我一再試圖克制油然而生的信愛之情。我一再試圖用智瑜伽(Jnana)的鐵鏈把自己束縛起來，因為我對祖國的工作尚未完成，我對世界的福音還沒有充分傳播開去。因此，只要我一發現信愛之情油然而生，使我狂熱時，我就給它們一記重擊，通過喚起嚴格的智瑜伽，使自己堅韌不拔。」⑭

　　這場爭論的一個焦點是，阿德布塔南達認為，辨喜為了公眾利益舉辦傳教會和服務之家的想法，關於組織起來和愛國主義的想法，毫無疑問是西方式的觀念，他努力塑造一種新的出家人，顯然不合乎羅摩克里希那的出家人的理想。要深入理解辨喜哲學到底在多大程度上受到西方的影響，多大程度上繼承了印度傳統哲學，多大程度上繼承並發展了羅摩克里希那的哲學，需要進行一番分析。

---

⑭　*The life*（《辨喜回憶錄》），卷2，頁251–253。

第三章　行動的吠檀多

第一節　精神的民族主義

辨喜的時代，印度處於英國的殖民統治之下。1899年，辨喜第二次訪問美國，住在紐約州的朋友的里吉利莊園裡，10月30日寫信給芝加哥的朋友瑪麗・赫爾小姐，坦率地講了自己對英國統治的看法。他寫道：

> 英國在現代印度的統治只有一點可以將功補過，儘管這是英國人無意識之中所做的；這一點就是使印度再一次登上了世界舞臺；英國迫使印度與外部世界接觸。如果這是為了有關人民的福利而做的，就像處於有利地位的日本的情況，那麼結果對印度來說會好得多。但是（英國人的）主要念頭是吸血時，不可能作什麼好事……幾百個現代化的、半受教育的、喪失民族性的人是現代英屬印度供人欣賞的作秀——僅此而已……儘管在英國人為征服而進行鬥爭時期有過長達幾世紀的到處盛行的無政府狀態，儘管英國人在1857和1858年進行了可怕的大屠殺，儘管更可怕的饑荒成了英國人統治的不可

避免的結果（在土邦裡從來沒有饑荒）， 奪走了成百萬人的
生命，（印度）人口仍然有了相當的增長，但是人口還是及
不上我國完全獨立時期——即伊斯蘭統治以前。如果全部東
西沒有（被英國人）從印度人那兒奪走，印度的勞動力和生
產能夠使相當於現在印度五倍的人口生活得很舒服。事情就
是這樣——甚至教育也不再准許擴展了；出版自由已經停止
了（當然我們很久以前就被解除武裝了）， 在某些年內給他
們（印度人）的一點兒自治正在被很快地剝奪。我們正在瞧
著下一步是什麼！因為寫了幾句並不觸犯法律的批評，人們
正在被押去終生流放，其他的人未經審判就被關了起來，人
們不知道什麼時候會人頭落地。一種恐怖統治在印度已經有
些年頭了。正在殺害我們的男子和強暴我們的婦女的英國士
兵還得由我們（印度人）出錢支付路費和年金送回英國去。
我們處於可怕的黑暗之中——上帝在哪裡？瑪麗，你能夠保
持樂觀主義的看法，我能夠嗎？你只要公布這封信——在印
度剛剛通過的法律將允許印度的英國人政府把我從這裡弄回
去，不加審判就殺掉我。❶

從這封私人信件中，我們可以清楚地了解辨喜對英國人在印度
的統治的真實想法。他對這種統治極為憤怒，根本不能容忍。

他對用政治鬥爭來爭取民族解放抱什麼態度呢？我們從各種不

---

❶ Vivekananda, *Letters of Swami Vivekananda*（《辨喜書信集》），頁469-
471。辨喜引用穆斯林史學家費里希塔（Ferishta，約 1570–1611）的
觀點，認為印度人在12世紀有6億，而他認為19世紀不到2億，因此英
國統治下的印度人口還不及穆斯林統治之前的人口眾多。

同的史料中似乎可以概括出辨喜的兩個側面。

第一個側面是他曾有通過政治活動推翻英國統治的想法。

根據辨喜的弟弟布彭德拉那思・達泰說，在辨喜去世前一年，他的兩個外國敬慕者（其中一個是他的弟子）與加爾各答某些知名人士合作，開始組織一個民族主義的團體（這個團體後來成了孟加拉革命運動的核心），辨喜要求他的弟子別參加它。克里斯丁娜修女（Sister Christine）問辨喜，為什麼他要求另一個敬慕者遠離印度政治，他回答說：「尼維迪塔對印度的情況和政治知道些什麼呢？我在自己的一生中從事過比她更多的政治活動！我曾有組織一個印度王公聯盟，擺脫外國的統治枷鎖的想法。為了這個原因，從喜馬拉雅山到科摩林角，我徒步走遍了祖國各地。為了這個原因，我與槍枝製造家海勒姆・馬克沁姆爵士交上了朋友。但是我從這個國家裡沒有得到任何回應。這個國家死了。」

B. 達泰還說，孟加拉革命者杜斯卡爾（Sakharam Ganesh Deuskar）曾到貝盧爾去拜訪辨喜，詢問辨喜關於祖國的未來的看法，辨喜回答說：「這個國家成了一個火藥庫。一個火星就會把它點燃，我將在有生之年看到革命。」當被問及這場革命的性質，以及印度是否尋求外國的幫助時，他回答：「不，印度人不會第四次犯錯誤。我知道幾個能夠成功地進行這場革命的王公。」後來在1904年前後，杜斯卡爾把這次談話透露給了孟加拉的革命領袖，使他們受到鼓舞。❷

1901年，辨喜訪問東孟加拉時，希姆章特拉・高士（Hemchandra Ghose）等青年秘密會見了辨喜。這些青年中有些人後來成

❷　Datta, *Swami Vivekananda–patriot-prophet*《辨喜——愛國的預言者》，頁viii-ix。

了用包括政治暗殺在內的秘密的、陰謀的方法來推翻外國統治的無
政府主義或恐怖主義運動的領導人。H. 高士在1954年5月18日應
B. 達泰的要求寫了一個書面的回憶錄，全文轉引在B. 達泰的《辨喜
——愛國的預言者》一書中。H. 高士回憶，辨喜當時曾說過：「為
了與世界上其他物質方面先進的國家以同樣的速度並肩前進——你
們，年輕的孟加拉人，向那位豪俠勇敢得到英國指揮官承認的占西
女王拉克什米・巴伊 (Lakshmi Bai, the Rani of Jhansi) 的英雄氣概
效法吧。」辨喜以溫柔的目光祝福H. 高士，說：「造就大丈夫是我的
使命。希姆章特拉！你與你的同志們努力把我的這個使命轉化為行
動和現實吧……你們的責任應該是為祖國服務。印度應該首先從政
治上得到解放。」H. 高士覺得辨喜對於他們與其說是一個宗教導師，
不如說是一個政治的預言者。❸

　　辨喜給赫爾小姐的信只是私人信件，而他對克里斯丁娜、杜斯
卡爾和H. 高士等人的談話都是私人談話，直到1954年才見諸文字。
他對民族主義運動產生更重大影響的是他關於業瑜伽的哲學思辨。

　　他在自己的主要哲學著作《業瑜伽》中寫道：

> 所有偉大的導師都教導，「不要反抗罪惡」，不反抗 (non-
> resistance)是最高的道德理想。但是我們也知道，即使我們當
> 中少數人試圖去把它最大限度地付諸實踐，那麼，整個社會
> 結構就會土崩瓦解，惡人將會霸占我們的財產和我們的生命，
> 將會對我們為所欲為。即使只有一天實行這種不反抗，它將
> 導致災難。然而從直覺上來說，從我們的心底裡，我們感受

---

❸　同上，頁331–335。占西女王是1857–1858年印度民族大起義中獻身的
　　女英雄。

到「不反抗罪惡」的教導的真理。這對我們來說似乎是最高
理想；但是僅僅教導這個原則就等於譴責人類當中的很大一
部分人……有一個重要的教訓值得我們大家學習——那就是
在所有的事物中，兩個極端看上去很類似。極端積極和極端
消極常常很相似……一個人不抵抗，因為他是虛弱和懶惰
的，他不反抗是因為他不能反抗；另一個人知道，如果他想
幹的話，他能夠給以不可抵抗的一擊；但是他不僅不打擊他
的敵人，而且為他的敵人祝福。弱者進行抵抗並不犯下罪惡，
而且不可能從不反抗得到任何好處；同時另一個（強者）進
行抵抗就會犯下罪惡……因此我們必須小心注意，當我們講
到不反抗和理想的愛的時候，我們真正的意思是什麼。我們
首先必須搞清楚，我們是不是有反抗的力量。如果有這個力
量，而我們不用它，而且不反抗，那麼我們就是在採取一種
仁愛的高貴的行動；但是如果我們不能反抗，而同時企圖欺
騙我們自己，相信我們是被最高的仁愛動機所鼓舞的，那麼
我們是反其道而行之……這就是業瑜伽的中心思想。業瑜伽
師(kamayogi)是這樣一種人，他懂得最高的理想是不反抗，
他也知道這種不反抗是力量的最高表現；但是他也知道，所
謂抵抗罪惡是朝著這種最高力量的表現，即不反抗的道路走
的一個步驟。在達到這個最高理想之前，人的責任是反抗罪
惡。讓他工作，讓他戰鬥，讓他勇往直前。只有當他獲得反
抗的力量時，不反抗才是一種美德。❹

---

❹ Vivekananda, *Vivekananda: the yogas and other works*（《辨喜：瑜伽
及其他著作》），頁463–464。

辨喜把擁有反抗的力量而不反抗作為最高道德，而把反抗罪惡作為達到這種最高道德之前的責任。辨喜主要是一個哲學家，而不是具體實踐的革命家。他只是從哲學的高度上論證了反抗罪惡，包括用暴力手段反抗罪惡，有其合理性；他沒有具體規劃怎樣反抗罪惡。因此，在以後的實踐中，一方面，國大黨裡的極端派和主張用有組織的暴力鬥爭推翻英國人統治的革命者都從辨喜的哲學中汲取力量，另一方面，主張進行秘密的陰謀活動（包括暗殺）的無政府主義者和恐怖分子也同樣從他的哲學中得到鼓舞。❺

聖雄甘地比辨喜更透徹地研究和闡述了非暴力反抗與暴力反抗的哲學。首先，甘地對印度古典哲學的最高道德之一——ahimsa作了與辨喜不同的解釋，他並不把它解釋為「不反抗」(non-resistance)，而是解釋為「非暴力反抗」(non-violent resistance)。他說，「我接受對ahimsa的這樣一種解釋，即，它不僅是一種『不害』的消極狀態，而且是一種仁愛，一種甚至對作惡者行善的積極狀態。但是，這並不意味著助紂為虐或袖手旁觀，容忍罪惡。與此相反，仁愛，即ahimsa的積極狀態要求你通過與作惡者劃清界線來對他進行抵制，即使這樣做會冒犯他或對他造成物質上的損害，也在所不惜。」❻如果不能達到這種ahimsa（仁愛）的最高境界，那麼，用暴力來反抗罪惡要勝過因為怯懦而不反抗罪惡，在這一點上，甘地

---

❺ 參閱本書第5章，篳路藍縷，第3節，印度民族解放運動的先驅。

❻ *Young India*（《少年印度》周刊），1921年1月19日，轉引自Pavesh Chander編，*Teachings of Mahatma Gandhi*（《聖雄甘地的教導》），Lahor: The Indian Printing Works，1945年，頁412。關於甘地的非暴力理論，參閱馬小鶴著，《甘地》（《世界哲學家叢書》），第2章，甘地哲學，第2節，ahimsa（非暴力）。

與辨喜是一致的。甘地說：「我的非暴力信條是極其積極的力量。它容不得怯懦或虛弱。我們有希望使一個訴諸暴力的人有朝一日改造成一個非暴力的人，但是，沒有希望使一個懦夫成為非暴力的鬥士。因此，我曾經說過，如果我們不知道怎樣用忍受苦難的力量，即非暴力來保衛我們自己，我們的婦女，我們的社稷，那麼，如果我們是大丈夫的話，我們必須至少能夠用戰鬥來保衛這一切。」 ❼
甘地不僅是一個哲學家，更主要的是一個身體力行的政治家。他把自己的哲學應用於爭取印度獨立的波瀾壯闊的鬥爭之中。他領導的非暴力鬥爭並沒有使惡人為所欲為，相反，使英國在印度的統治陷入了前所未有的困境，最終不得不和平地把政權移交給印度人民。他的非暴力鬥爭團結了最廣大的民族解放的力量，不僅包括農民、工人，也包括知識分子和資產階級，只要同意以非暴力鬥爭為手段，以爭取印度獨立為目標的人都可以追隨甘地。同時，他並不是無原則的和稀泥，他一方面與消極投降、藉口非暴力而放棄鬥爭的親英派劃清界線，另一方面，他也與訴諸暗殺的恐怖分子劃清界線。他的非暴力哲學既不可能被親英派所利用，也不可能被恐怖分子所利用。歷史事實證明，甘地的非暴力哲學要比辨喜的業瑜伽哲學更好地引導了印度民族解放鬥爭。

辨喜雖然從哲學的高度鼓舞同胞用政治鬥爭推翻英國人的殖民統治，但他的另一個側面是始終把宗教置於政治之上。

辨喜在世界宗教會議上震動西方後一年，加爾各答舉行了盛大的慶祝會。有些政黨企圖利用辨喜的工作，但是當辨喜警覺到這種情況時，作出了強烈的抗議。任何運動如果不是公正無私的，他就

---

❼ M. K. Gandhi, *My philosophy of life*（《我的生活哲學》）, Bombay: Pearl Publications, 1961年，頁60。

拒絕介入。他在1894年9月說:「不要張冠李戴地把政治意義附加在我的任何著作和講話上。什麼樣的胡說八道!」次年9月9日他從巴黎寫給馬德拉斯的弟子阿拉辛格的信中說:「我恨懦怯;我與懦怯以及政治胡說毫無關係。我不相信任何政治。神和真理是這個世界上唯一的主宰。其他一切都是垃圾。」❽1897年,辨喜回到印度加爾各答,在接待政治活動家、《印度鏡報》(*The Indian Mirror*)的主編挪倫特拉那特・森時,他講到,印度人通過向西方人弘揚吠檀多,將永遠保持他們的精神導師的地位,而西方人將保持印度人的物質方面的導師的地位。如果印度人在精神方面拜倒在西方人腳下,那麼印度人作為一個民族就死亡了。這顯然是批評神智學社的活動。如果印度人日夜在英國人面前痛哭流涕,是一事無成的。這顯然是暗示政治領袖們採取的在國大黨會議和其他會議上通過決議,乞求憲政改革的政策。辨喜的結論是:「對我來說,政治的追求與這(弘揚吠檀多)比起來是第二位的手段……如果你相信有任何其他方法可以為印度謀福利,你可以繼續以你的方式工作。」❾1897年5月成立羅摩克里希那傳教會時,在決議中明確規定,教會的目的和理想純然是精神的和慈善性質的,它和政治無關。❿就以上述他與克里斯丁娜的談話而論,他一方面坦率承認自己有過聯合王公,推翻英國殖民統治的想法,但是根本沒有條件付諸實施,另一方面,那段

---

❽ Rolland, *Prophets of the new India* (《新印度的先知》), 頁386–387; Vivekananda, *Letters of Swami Vivekananda* (《辨喜書信集》),頁306。

❾ Dhar, *A comprehensive biography of Swami Vivekananda* (《辨喜全傳》), 頁916–917。

❿ *The life* (《辨喜回憶錄》), 頁502。

話的目的正是為了要求尼維迪塔別介入政治活動。他預料印度會發生革命，鼓勵孟加拉青年革命者用他們自己的方式去鬥爭。這是與他的業瑜伽的哲學完全一致的。但他認為傳教會（包括尼維迪塔）有更崇高的使命、非政治的使命、宗教的使命，不能因為輕易介入政治革命而犧牲宗教追求。在他去世的那天，他與身邊的人談話時講到，「印度是不朽的，如果她堅持她對神的追求。但是如果她陷入政治和社會衝突，她將死亡。」⓫

　　他創建的羅摩克里希那傳教會是堅持他宗教第一，政治第二的教導的。儘管他的師兄弟們與他一樣抱著強烈的愛國熱情，對民族解放運動不可能不寄予極大的同情，出版和傳播辨喜的著作本身就為革命打下了思想基礎，作好了輿論準備，修道會與革命者有過千絲萬縷的關係，遭到英國警方的嚴重懷疑，但是修道會畢竟始終是一個宗教組織，並沒有演變為一個以宗教為外衣的恐怖組織，從而總算避免了被印度英政府取締的厄運，得以長期從事精神啟蒙工作。⓬

　　辨喜儘管對印度的政治上的民族主義的發展有很大貢獻，但他更大的貢獻是對精神上的民族主義的形成。

　　1897年，辨喜從西方回到印度，2月14日他作了第四次也是最後一次在馬德拉斯的公開演講，題目是〈印度的將來〉。⓭到會聽眾

⓫　Vivekananda, *Vivekananda:Yoga and other works*（《辨喜：瑜伽及其他著作》），頁178。

⓬　參閱本書第5章，篳路藍縷，第1節，印度的羅摩克里希那運動，第3節，印度民族解放運動的先驅。

⓭　Vivekananda, *Selections from Swami Vivekananda*（《辨喜選集》），頁205-206。

有三千多人。辨喜的雄辯登峰造極。他像一頭雄獅，在講臺上來回走動。他的雄渾的聲音響徹大廳，打動人心。❹他首先描述了印度的燦爛的過去，然後指出印度的衰敗和退化。未來的印度正在從這種衰敗中誕生。他接著說道：

> 印度的問題比任何其他國家更為複雜，更為重大。種族、宗教、語言、政府——所有這些造成一個國家。以種族而言，與我國比較起來，構成世界上其他國家的因素實在非常少。這裡卻有雅利安人、達羅毗荼人、韃靼人、突厥人、蒙古人、歐洲人——好像世界上所有的民族都把他們的血統傾注到這片土地上來了。各種語言的最神奇的聚集就發生在這裡；兩個印度的種族之間的風俗習慣要比歐洲和東方的種族之間的風俗習慣還要大相逕庭。
>
> 我們所擁有的一個共同之處是我們的神聖的經典，我們的宗教。這是唯一的共同之處，我們必須在這上面進行建設。在歐洲，政治思想造成國家的統一。在亞洲，宗教思想造成國家的統一。因此，宗教的統一是印度的未來的絕對必要的第一個條件。

　　辨喜認為，在亞洲，特別在印度，所有種族的差異，語言的差異，社會的差異，民族的差異都在宗教的統一的力量面前融合了。所有的印度教徒——二元論者，有條件的一元論者，或一元論（不二論）者，濕婆教徒，毗濕奴教徒，或塗灰教徒(Pashupatas)——都有某些共同的思想，應該放棄各種小的爭論和分歧。辨喜說：「我

---

❹ 根據Iyer教授的回憶，見*Reminiscence*《辨喜的往事》），頁106。

並不是說，政治或社會的改良是不必要的，我的意思是，它們在這裡是第二位的，宗教是主要的，我希望你們把這一點記在心裡。印度人的心靈首先是相信宗教的，然後才是其他東西。因此這將得到加強，怎樣做？我將在你們面前提出我的想法。這些想法已經在我心裡存在了很長時間了，甚至在我離開馬德拉斯到美國去之前若干年，已經有這些想法了，我到美國和英國去就是為了弘揚那些想法。我完全不在乎世界宗教會議或其他任何東西；那只是一次機會；事實上正是我的那些想法使我走遍全世界。」

辨喜的想法首先是普及梵文教育，使大眾都能夠掌握梵文經典裡隱藏的精神財富，而不是相反的去摧毀掌握梵文經典的婆羅門種姓。打破種姓藩籬，使大眾都能夠掌握經典，就能形成統一的意志，而意志就是力量。辨喜問道：

為什麼組織有這樣強大的力量？不要說組織只是物質的東西。舉個例子，為什麼四千萬英國人統治這裡的三億人口呢？怎樣進行心理學上的解釋呢？這四千萬人把他們的意志擰成一股繩，而你們三億人卻各有各的意志。因此為了締造一個偉大的將來的印度，全部的秘密就在於組織，力量的積聚，意志的協調……請注意，未來的印度完全靠這一點。這就是秘密，意志——力量的積聚、協調，把它們都凝聚到一個焦點上來，就像從前那樣。每一個中國人以他自己的路子思考，而一小撮日本人卻以同樣的路子思考，而你們已經知道這所造成的結果。**⓯**……如果我們同胞中的一個人挺身而起，努力成為偉人，我們就全都企圖把他拉下來，但是如果一個外國

⓯　這肯定是指1895年中日甲午戰爭中，日本打敗中國的結果。

人來了，並且打算踢我們一頓，我們都逆來順受。我們已經習慣於如此，不是這樣嗎？但是，奴隸必須成為偉大的主人！因此放棄做奴隸吧。今後五十年只有一樣東西將是我們的主旋律──那就是我們偉大的母親印度⋯⋯首先應該崇拜的是崇拜維拉特(Virat)──我們周圍的那些人。Worship（崇拜）是那個梵文詞兒的精確的同義詞，沒有其他的英文詞兒具有同樣的意義。人和動物都是我們的神，我們必須崇拜的神首先是我們的同胞。這就是我們應該崇拜的，而不是互相妒忌和互相鬥爭。嫉妒和內耗是我們受苦受難的最可怕的業，而這種業並沒有使我們睜開眼睛！

辨喜把大眾的文化教育、大眾的溫飽和大眾的福利看成常規政治活動的前提。下面這段話是值得我們深思的：

我覺得國家的重大罪過是對大眾的忽視，這是我們衰落的原因之一。在印度的大眾重新得到良好的教育、良好的飲食、良好的照料之前，任何政治活動都是白費勁。大眾支付了我們的教育費用，他們建造了我們的寺廟，但是反過來他們得到的只是虐待。他們實際上是我們的奴隸。如果我們要使印度復興的話，我們必須為他們工作。 ⓰

納拉瓦恩博士(Dr. Naravane)對辨喜作了這樣的評價：「19世紀末許多開明的、愛國的人逐漸相信宗教作為社會進步的槓桿已經沒有什麼用了，印度文化需要給予新的方向。辨喜，像甘地一樣，不

⓰　Vivekananda, *C. W.*（《辨喜全集》），卷5，頁152。

同意這種觀點。他認為宗教是與印度的命運緊密聯繫在一起的。」**⑰**
辨喜的精神的民族主義具有高度的預見性。後來在甘地的領導下，
印度人民達到了空前的精神上的統一，組織起來，產生了巨大的力
量，兵不血刃，用和平的方式結束了英國在印度的殖民統治，可謂
世界史上罕見的成就。但是，民主政體和市場經濟的建立並不能自
動帶來新印度的繁榮富強。印度教雖然經過印度文藝復興，經過拉
姆莫漢·羅伊、蓋沙布·金德拉·森、達亞南達·薩拉斯瓦蒂、羅
摩克里希那、辨喜、奧羅賓多·高士、甘地等人的改革，仍然還沒
有起到基督教新教在西方所起的作用。傳統文化的精華還沒有與西
方的民主精神和市場經濟結合為一個有機的整體，大眾還沒有得到
良好的教育、飲食和照料，無論是國大黨幾十年執政過程中的政治
活動，還是人民黨1977年到1979年短暫的取代國大黨的政治活動，
都沒有取得很大的成效。

　　辨喜設想的宗教的統一不僅指印度教各教派的和諧共存，而且
擴展到印度教和伊斯蘭教的取長補短。他對伊斯蘭教作過很高的評
價，尤其欣賞伊斯蘭教的平等精神。他在《智瑜伽》中說：

> 基督教徒在這個世界上沒有像仇恨伊斯蘭教這樣仇恨其他宗
> 教的。他們認為它是古往今來最壞的宗教形式。但是當一個
> 人成為穆斯林時，整個伊斯蘭世界伸開雙臂，像歡迎兄弟一
> 樣歡迎他，沒有任何歧視，這是沒有任何其他宗教做得到的。
> 如果你們美國印地安人中有一個人成了穆斯林，土耳其的素
> 丹不會反對和他一起吃飯。如果他有頭腦，他不會被禁止擔

---

⑰ Naravane, V. S., *Modern Indian Thought*（《近代印度思想》），Bombay，
1964年，頁98。

任任何職位。在這個國家（美國）我還沒有看見過任何一個
教堂裡白人和黑人能夠跪在一起祈禱。只要想想這一點：伊
斯蘭教使它的信徒一律平等。因此，你看，那是伊斯蘭教的
特別優秀之處。❸

　　辨喜在1898年6月10日從阿爾莫拉寄給奈尼塔爾的一位穆斯林
紳士M. S. 侯賽因(Mohammed Sarfaraz Hussain)的信中寫道：

　　不管我們把它稱為吠檀多主義或任何主義，真正的事實是：
不二論是宗教和思想的最後的定論，人們只有從這個立場才
能懷著仁愛看待所有的宗教和教派。我相信這是未來開明人
類的宗教。印度人可能獲得比其他種族早到達這一境界的榮
耀，他們是比希伯來人或阿拉伯人都古老的民族；但是像對
自己的靈魂一樣看待和對待所有的人類實踐的不二論在印度
人當中從來沒有發展起來。
　　另一方面，我的體驗是：如果有什麼宗教多少有一點接近這
種平等的話，那就是伊斯蘭教，而且只有伊斯蘭教。
　　因此，我堅定地相信，沒有實踐的伊斯蘭教的幫助，不管吠
檀多的理論多麼精緻和奇妙，它們對人類的廣大民眾是毫無
價值的。我們要把人類引向既沒有《吠陀經》，也沒有《聖
經》，也沒有《古蘭經》的境界；這只有通過把《吠陀經》、
《聖經》和《古蘭經》融合起來才能做得到。人類必須得到
教導，各種宗教只是一種大寫的宗教的不同表現形式，這種

---

❸　Vivekananda, *Swami Vivekananda: Yoga and other works* (《辨喜：瑜
　　伽及其他著作》)，頁385。

大寫的宗教就是神、自然和人的一致性（不二），因此每個人都可以選擇最適合他的道路。

對我們自己的祖國來說，兩個偉大的體系，印度教和伊斯蘭教的結合——吠檀多的頭腦和伊斯蘭教的身體——是唯一的希望。

我通過心靈的眼睛看到，未來的完美的印度正在從混亂和鬥爭中崛起，光輝燦爛而不可戰勝，以吠檀多為頭腦而以伊斯蘭教為身體。❶

辨喜這種把印度教和伊斯蘭教融合起來的崇高理想為聖雄甘地所繼承，並且在哈里發運動和不合作運動的結合中得到了比較充分的體現，寫下了印度民族解放鬥爭中燦爛的一頁。❷但是，正如辨喜經常指出的，宗教既有異常崇高的一面，具有哲學或其他學科所難以具備的號召群眾的巨大力量，但如果落在狂熱分子的手中也可能成為巨大的破壞性力量。南亞次大陸上並沒有崛起一個以吠檀多為頭腦，以伊斯蘭教為身體的新印度，相反，英屬印度被活活肢解，分割成以印度教徒為主的印度和以穆斯林為主的巴基斯坦，後來巴基斯坦又分裂出孟加拉國。今天，印度國內的印度教的狂熱派有可能煽動新的針對低種姓和穆斯林的攻擊，破壞民主政體，把印度拖進波斯尼亞式的血腥深淵。面對這種嚴峻的局勢，唯一的治本辦法是繼承辨喜和甘地融合印度教和伊斯蘭教的理想，做更系統、

---

❶ Vivekananda, *Letters of Swami Vivekananda*（《辨喜書信集》），頁451-452。

❷ 參見馬小鶴著，《甘地》（《世界哲學家叢書》），第4章，東方傳統思想與甘地哲學，第2節，拜火教，伊斯蘭教和錫克教。

紮實、深入的理論工作，在廣大民眾中真正形成這兩大宗教和諧相
處的共識，南亞次大陸才可能有一個光明的未來。

第二節　民主主義和造就新人

　　辨喜從吠檀多哲學出發，認為自由之聲對每一個人都有極大的
吸引力，不管他主觀上意識到還是不意識到。他在《智瑜伽》的〈摩
耶與自由〉中寫道：

> 　　不僅宗教（你必須從廣義上去理解這個詞），而且整個社會
> 生活都是那個自由的原理的展現。所有的運動都是那個自由
> 的原理的展現。那個自由的聲音是每一個人都聽到的，不管
> 他理解還是不理解，自由之聲宣稱，「到我這裡來，所有你
> 們這些吃辛吃苦、負擔沉重的人。」這個號召自由的聲音可
> 能不是用同一種語言說出來的，可能不是用同一種語句說出
> 來的，但是，不管用這種語句，還是用那種語句，自由之聲
> 總是與我們同在。是的，正是為了響應自由的召喚，我們才
> 降生人間；我們的每一個活動都指向那個目標。我們都正在
> 奔向自由，我們都正在追隨那個聲音，不管我們理解它，還
> 是不理解它；就像鄉村裡的孩子們被笛子吹奏出來的音樂所
> 吸引一樣，我們都在不知不覺之中追隨著自由之聲的樂
> 曲。㉑

㉑　Vivekananda, *Swami Vivekananda: yogas and other works*（《辨喜：瑜
　　伽及其他著作》），頁241。

「自由」是辨喜哲學中的一個中心範疇，無怪乎1986年在紐約出版的一本辨喜選集以《吠檀多：自由之聲》為書名。❷辨喜這種崇尚自由的哲學表現在政治思想上，就是不僅對君主制、寡頭制進行猛烈的抨擊，而且對當時的西方民主政體也進行了尖銳的批判。

辨喜不喜歡君主政體。他認為君主政體與個人自由不相匹配。在大部分君主政體下，統治者在保衛國家的名義下，實際上是為了滿足他個人的舒適和奢侈，「吮吸民脂民膏，就像太陽曬乾大地上的潮氣一樣。」這種政體最糟的地方在於普通臣民沒有機會在國家事務方面表達他們的意見。甚至在阿瑜陀的室利·羅姆金德拉(Shri Ramchandra)時代，人民在最高政府機構裡也沒有發言權。人民只能勉強間接地、無秩序地、不講方式方法地表達自己的意見。他們既沒有意識到他們的權力，也沒有把這種權力組織成統一的行動。「在這種情況下，人民不可能得到必要的教育，通過這種教育學會團結起來，聯合起來，去實現有助於人民的共同福利的目標，通過這種教育獲得理解力，產生大眾權力的概念，去監督國王從臣民那裡徵收來的財富，或者通過這種教育激發出雄心，去爭取權力，建立控制國家收支的代議制。」在君主制下，一切法律都是書面上的。形諸筆墨的法律和實際生活中法律的實施是大相逕庭的。即使國王是賢明聖君，在他的統治下人民安居樂業，得到慈父般的照料，對人民來說也不是真正的福祉。「一直被人家餵養的人的手會逐漸失去自己取食的能力。在各方面一直受別人保護的人的自我保護能力永遠不可能充分展現。」在一個保護和治理人民的責任完全由統治者掌握的國家裡，人民永遠不可能得到機會，去理解自治的原則。❷

---

❷　Vivekananda, *Vedanta: a voice of freedom.*

❷　Vivekananda, *C. W.* (《辨喜全集》)，卷4（1966年版），頁439–441。

辨喜也不喜歡貴族政體。他說：「少數人的暴政是世界上最壞的暴政。認為某些事情是罪惡的少數人不會使一個國家前進。」❷

羅曼‧羅蘭認為，辨喜初到美國和歐洲時，對於西方民主比較讚賞，第二次到西方時則更多地看到了陰暗面。羅曼‧羅蘭寫道：「他體會到，在他第一次出國期間他被美國和歐洲的力量、組織和明顯的民主所吸引。現在他覺察到利慾熏心、貪婪、崇拜財神的心態，及其龐大的組織結構和爭奪霸權的殘忍鬥爭。」❷辨喜是把美國看作民主的代表的。據尼維迪塔說，辨喜抱有這樣的觀點：「就像有四個大種姓——婆羅門、剎帝利、吠舍、首陀羅一樣——有四種主要的國家職能，宗教的或祭司的職能是由印度人來體現的；軍事的職能是由羅馬帝國來體現的；商人的職能是由今天的英國人來體現的；而民主的職能是由未來的美國來體現的。」❷其實辨喜即使在第一次出國時，也並沒有迷惑於西方的強大繁榮而失去了對西方民主的判斷力。就在他從第一次出國回來後不久，1897年2月1日在馬德拉斯附近的一次演講中批判了西方民主：

> 物質的暴君是非常可怕的。一個國家的財富和權力掌握在少數人手裡，他們不勞而獲，控制著成百萬人的勞動。他們通過這種力量可以把整個地球淹沒在血海之中。宗教和一切東

❷ Vivekananda, *To the youths of India*（《致印度青年》），頁61，轉引自 Mital, *The social and political ideas of Swami Vivekananda*（《辨喜的社會和政治思想》），頁222。

❷ Rolland, *Prophets of the new India*（《新印度的先知》），頁433。

❷ Sister Nivedita, *Notes of some wanderings with Swami Vivekananda*（《有關與辨喜一起漫遊的筆記》），Calcutta: Udhodhan Office, 1977年，頁21。

西都被他們踩在腳下；他們高高在上地進行統治。西方世界
是由少數夏洛克所統治的。你們聽說的種種東西——立憲政
府、民權、自由和議會——都僅僅是笑話而已。**❼**

　　他預言，如果不健全精神基礎的話，整個西方文明會在五十年
之內土崩瓦解。《奧義書》的宗教將拯救歐洲。他在《東方與西方》
裡以同樣的語氣批判西方民主：「我領教過你們的議會，你們的參議
院，你們的投票、多數、選票：到處都是那麼回事兒。每一個國家
裡的強人正在為所欲為地把社會引向他們喜歡的方向，其他人就像
羊群一樣任人驅使。」**❽**他在寫給美國的赫爾姐妹的信中說：「我從
來沒有在其他任何地方像在這個國家裡一樣聽到過那麼多關於愛、
生命和自由的談論，但是沒有什麼地方比這裡的人更不懂得這些東
西了。」**❾**

　　辨喜對西方民主政治的批評是辛辣的。辨喜的時代已經過去將
近一個世紀了，在這一個世紀中，西方發動了兩次世界大戰，名副
其實地把整個地球淹沒在血海之中。當然，在這一個世紀中，西方
也取得了一些進步。辨喜時代盛行的殖民統治已經衰落，但是前殖
民地國家大多數仍然落後貧困，與前帝國主義國家之間的差距並未
縮小多少。隨著蘇聯的解體，人類陷入第三次世界大戰的危險是暫
時減小了，但是兩個超級大國爭霸局面的結束並沒有給世界帶來永

❼ Vivekananda, *C. W.* (《辨喜全集》)，卷3（1964年版），頁158。夏洛
　　克(Shylocks)是莎士比亞的戲劇《威尼斯商人》中的貪婪的猶太放高
　　利貸者，泛指貪婪的富人。

❽ Vivekananda, *C. W.* (《辨喜全集》)，卷5（1964年版），頁461。

❾ Vivekananda, *C. W.* (《辨喜全集》)，卷6，頁261。

久和平。美國經過民權運動，赤裸裸的種族歧視已經有所收斂，但是洛杉磯暴動的規模恐怕是辨喜所難以想像的。總之，辨喜的批評大致來說並未過時。西方民主國家還有許多地方有待改革。

辨喜對現存的民主社會進行改革的中心觀念是平等。他說：「我通過經驗發現，就像我們的經典所說的，所有的惡都是由於利用差異，而所有的善都來自對平等的信念，對萬事萬物本質上的一致性的信念。這就是偉大的吠檀多的理想……我的教導的基礎是偉大的吠檀多關於宇宙靈魂一致性的真理。」❸對辨喜來說，平等是通向自由之路，而不平等是通向奴役之路。沒有一個人，沒有一個國家能夠在沒有物質平等的情況下獲得物質方面的自由，或在沒有精神平等的情況下獲得精神方面的自由。無知、不平等和欲望是人類苦難的三個根源，如影隨形，不可避免地聯繫在一起。不平等是人性的大患，落在人類頭上的詛咒，一切苦難的根子。這是物質的、心理的和精神的奴役的根源。❸與此同時，辨喜完全清楚，絕對的平等意味著在所有的水平上一切互相鬥爭的力量都取得完美的平衡，這在世界上是永遠不可能實現的。在你達到這種境地之前，這個世界就已經變得不適合任何生物生活下去，變得毫無生氣。因此，我們發現，關於絕對平等的這些觀念不僅是不可能的，而且如果我們試圖去實現它們，它們肯定將把我們導向毀滅。❸

辨喜從哲學的高度上認識到，只要這個世界存在一天，差異(不平等)就將存在一天，同時只要存在不平等，人類為了更美好的生活就必然與不平等鬥爭。這是一場永無止息的鬥爭。他覺得，兩種

---

❸ Vivekananda, *C. W.* (《辨喜全集》)，卷1 (1965年版)，頁429。

❸ Vivekananda, *C. W.* (《辨喜全集》)，卷4 (1966年版)，頁328–329。

❸ Vivekananda, *C. W.* (《辨喜全集》)，同上，頁356。

力量似乎永遠在自然界中發揮作用。一種力量是繼續不斷地使事物分化，另一種力量是繼續不斷地使事物統一。這兩種力量的作用似乎滲透到了自然與人類生活的每一個方面。整個宇宙似乎就是這兩種力量的戰場。❸

　　因為差異（不平等）是普遍現象，絕對平等是不可能的，所以企圖消除自然形成的不平等幾乎是徒勞無功的。辨喜堅持要消除的不平等主要是由於政治權力、財富、教育等人為因素所造成的特權。他指出，「一個人天生比另一個人高等的觀念在吠檀多裡是毫無意義的；在兩個國家之間，一個高等、另一個低等的觀念也是沒有任何意義的。把它們放在同樣的環境中，看看它們是否產生同樣的聰明才智。在這之前，你沒有權利說一個國家比另一個國家高等。就精神方面而言，不應該承認任何特權。」「一個人不能夠既是一個吠檀多的信徒，同時又承認任何人擁有智力、物質或精神方面的特權。」❹辨喜認為，在一個社會裡，任何天才都不應該因為缺乏鼓勵而被浪費。這意味著一個窮人的兒子如果具有某種才能可以對社會的發展作出貢獻，那麼他不應該由於他父母的地位或由於缺少錢財而受到阻礙。國家的責任正是不顧種姓或階級，幫助他實現他的潛在的才能，或充分資助他面對生活的鬥爭。每個人都應該得到他想得到的最大限度的教育，國家必須對特權階級的權利加以限制。如果社會有權要求一個人的服務和從他的貢獻中獲得好處，這個人就同樣有權利向社會要求某些不可或缺的基本的東西，沒有這些東西他的生活就會變得毫無意義。平等並不意味著對一切人同樣對待。它並不意味著所有的人領取同樣的工資。它意味著國家的法律不應

---

❸　Vivekananda，*C. W.*（《辨喜全集》），卷1（1965年版），頁430。

❹　同上，頁423–424。

該由於人們的地位不同而區別對待，不應該向社會上擁有特權的人
讓步。㉟

今天與辨喜的時代比較起來，西方國家在實現平等原則方面有
所進步，但仍然難以令人完全滿意。要使西方式的民主制度加強平
等因素，還有一段漫長的道路要走。前蘇聯和東歐各國放棄共產主
義的事實說明，以暴力的方式強制實行絕對平等的道路是走不通的。
一個可供選擇的替代辦法是以非暴力的方式逐漸推進平等原則的實
現。平等的實現當然不可能完全寄希望於個人品質的提高。如果沒
有一個民主的政治制度，奢談個人修養，是不可能建立一個比較理
想的民主社會的。但是，在重視建立民主制度的同時，不可不考慮
提高個人的素質。僅僅有一個民主的制度，沒有足夠的品質高尚的
國民和政治家，仍然難以實現民主的理想。辨喜對政治理論的一個
重要貢獻就是強調造就一代代新人。

辨喜指出，「你只能得到你配得到的政府、宗教和祭司，不可
能得到更好的。」㊱我們可以從大量的事實中看到，政府是從人民中
間產生出來的，因此整個國民的素質決定了政府的質量。我們可以
從歷史和現實中看到，如果整個國民富裕、文明、民主意識強，那
麼他們就配得到一個民主的政府。相反，如果整個國民貧困、愚昧、
文盲和半文盲的比例高，缺乏民主意識，那麼他們只配得到一個專
制的政府，不配得到一個更好的政府。辨喜希望通過傳播造就一代
代新人的理論和教育來改進民主政府的質量。造就一代代新人就是
在人民中間進行民主教育，使他們個別地或集體地對國家事務進行

㉟ Mital, *The social and political ideas of Swami Vivekananda*（《辨喜的
社會和政治思想》），頁208。

㊱ Vivekananda, *C. W.*（《辨喜全集》），卷1（1962年版），頁455。

獨立的思考和採取獨立的行動。個人不應該只是政府活動的消極的
旁觀者。他應該是積極的和具有創造性的，當政府不能完全履行它
的職責時，他應該自己起來履行政府的部分職能。辨喜相信，「只
有當所有的責任都落在我們自己肩上時，我們才工作得最好，效率
最高，沒有任何其他東西能使我們工作得更好了。」❸他希望每一件
事情都以人民的主動進取精神為基礎。民主政府應該不是以個人的
消極默認為基礎的，而是以個人的積極參與為基礎的。他希望人民
成為政府的設計師和立法的作者。造就一代代新人就是提高人民的
自信和自立。它強調個人的道德，社會和精神的成長，重視個人在
社區的社會和政治生活中的作用。它的目標是個人的積極活動、自
由和成長發展。民主的價值有賴於個人的自信和自治精神的發展。

　　辨喜渴望造就一代代新人，這使他對人民高度自治的政府比對
家長式的政府更欣賞。一個家長式的政府，不管它是君主制的還是
民主制的，會有效地維持法律和秩序，滿足人民的社會和經濟需要。
但是它忽視人民參與政府活動的機會，使他們事事依靠政府，從而
限制了他們的成長。它不利於人民的個性的發展。辨喜指出：「如
果保護和供養人民的全部責任都落在像神一樣的國王身上，而人民
永遠被這樣的國王所統治，那麼他們永遠不可能得到機會去理解自
治的原理。這樣事事依靠國王，從來不關心為公共福利或自我防禦
而努力的民族，會逐漸喪失內在的精力和力量。如果這種依賴和受
庇護的狀況長時間繼續下去，它會成為這個民族毀滅的根源，它的
滅亡是指日可待的。」❸辨喜強調，造就一代新人的過程主要靠自助
而不是靠政府的幫助。他指出：「感到絕望無助是極其錯誤的。不

---

❸　Vivekananda, *C. W.*（《辨喜全集》），卷2（1962年版），頁201。

❸　Vivekananda, *C. W.*（《辨喜全集》），卷4（1962年版），頁441。

要從任何人那裡尋求幫助。我們是我們自己的幫助者。如果我們不能幫助我們自己，沒有人能夠幫助我們。」❸真正的成長發展必須出自人民自己。

造就一代代新人使個人能夠決定什麼時候應該與政府合作，或者，什麼時候不應該與政府合作。辨喜指出，當政府毀滅個人自由時，當它的機構損害個人的成長發展時，這種機構就應該被取消。只要政府鼓勵個人自由，人民就應該與政府合作，當政府偏離自由時，人民就應該停止與它合作。個人應該隨時對政府的活動保持警覺。造就一代代新人的過程就是對濫用權力的一種限制。對於濫用權力的政府，個人直截了當地無視它的存在，停止承認它，而不是訴諸暴力去推翻它。辨喜對敗壞的政府採取不承認態度的主張是甘地的不合作運動的理論先驅。辨喜的造就一代代新人的理論意味著對政府進行和平的、建設性的改造。這是社會和政治動亂的解毒劑。通過造就一代代新人來締造一個新社會就可以避免暴力性質的革命所造成的巨大破壞和後遺症。即使民主政體失敗了，或成了個人成長發展的障礙，造就一代代新人的過程所培養的自治能力也可以使人民找到締造一種新型政體的道路和方法。

辨喜認為，人從本質上來說是精神性的生物。個人的社會和政治生活只是他的整個生活的一個組成部分或階段，他的更高的理想是追求精神生活。政府只是為精神生活還未得到充分發展的個人和社區所設置的。當個人超越了社會和政治生活的階段，他必然追求生活的更崇高的理想。

造就一代代新人的過程是一個長期的、緩慢的過程，與激烈的政治革命或改革比起來，不那麼立竿見影。但從長遠看來，要比政

---

❸　Vivekananda, *C. W.*（《辨喜全集》），卷1（1962年版），頁478。

治革命更為深刻。我們可以從三個方面來觀察。

　　首先，以歐洲和美國而言，它們固然是至今為止世界上最成功的民主社會，但是它們的民主也遇到過重大危機，今天也仍然有許多弊病。人們不會忘記，德國和義大利曾經走上法西斯道路，對歐洲，乃至世界造成過嚴重危害。今天德國又出現了新納粹，儘管目前只是一些愚昧瘋狂的青年人，但仍然是一個危險的徵兆。義大利則內閣更迭頻繁，政壇醜聞頻傳，民主政體的弊病暴露得比較多。就是民主政體比較鞏固的美國，也有不少問題。選民投票率不高，表明民眾的參與的積極性比較低。不少民眾感到政治仍然是由富豪所操縱的，自己的一票無足輕重。布希總統任職期間，國會遲遲無法通過預算，暴露出立法機構與行政機構之間的不協調。1992年的大選則集中暴露出民眾對兩黨政治的失望，因此出現了不屬於兩黨的總統候選人裴洛的崛起。面對歐美民主的種種弊病，矯正的方式無非是兩大類型。一種類型是革命，徹底否定歐美的民主政體，用暴力手段推翻現存政府，建立一個新型的政體。前蘇聯和東歐各國放棄共產主義本身意味著此路不通。另一種類型是改革，通過非暴力的手段，循序漸進，逐步改善民主政體，使其更接近理想。這種改革的過程，實質上就是一個不斷造就新人的過程。只有當歐美的民眾在經濟狀況、教育水平、民主意識方面都上了一個新臺階，目前的這套民主政體才可能更完美地運作。這種改革過程所能依靠的主要力量，必然是傳統文化。首先是歐美固有的傳統文化，即經過文藝復興以來改造的古希臘—羅馬文化遺產，經過宗教改革以來不斷變化的基督教文化，以及啟蒙運動以來的世俗文化。但是，由於歐美對非西方文化的研究水平的提高，文化交流的迅速發展，今天西方可以利用的文化資源已經幾乎包括整個人類的文化遺產。比如，

辨喜的著作絕大部分是用英文寫的，他開創的羅摩克里希那運動在美國和歐洲有不少中心，在他之後又有許多印度教聖人到西方傳教，西方有不少學者研究印度教，許多民眾信仰印度教，實際上，這已經成為西方文化傳統的一個有機的組成部分。西方民主社會如果能夠不斷吸收各種文化的精華，還是有很大發展前途的。

其次，今天並不存在一個完全理想的民主社會，今後恐怕也不會出現一個完全理想的民主社會。就歷史與現實來說，至今為止比較差強人意的民主社會還是歐美的發達國家。我們如果深入研究歐美的歷史，就會發現，政治革命固然曾經起過相當大的作用，但更重要的是，他們經過文藝復興、宗教改革、啟蒙運動等一系列文化運動，造就了一代又一代的新人。這是他們的民主政治比較成功的根本原因。第三世界許多國家一再通過政治革命或改革，嘗試建立民主政體，但是至今收效並不顯著。這些國家維持了民主政體的上層建築——普選、多黨制、議會、新聞自由等等，但是仍然沒有能有效地推動社會經濟和文化的發展，這種民主政體猶如築室沙上，搖搖欲墜。其根本原因，就是引進歐美的民主政體的形式相對比較容易，要培養類似歐美的人民的民主素養要困難得多。主要由歐洲移民組成的國家，比如美國、加拿大、澳大利亞、紐西蘭，可以基本上隨著移民，引進歐洲文化。至於主要由當地居民組成的大部分亞洲國家，就很難全面引進歐洲文化。主要的途徑只有以歐洲的民主精神來改造傳統文化。在這個艱巨的任務基本完成以前，歐洲民主政體是很難在亞洲生根的。以印度為例，儘管有過在第三世界中顯得相當輝煌的文藝復興，有過包括辨喜和甘地在內的許多優秀人物致力於改革自己的傳統文化，而且取得了舉世矚目的成就，但是還遠遠沒有完成創造一種新文化，造就無數新人的基本任務。印度

要使今天的民主政體鞏固和壯大，根本的出路就在於提高人的素質。

　　第三，在第三世界中，還有許多國家沒有印度式的民主政體。有的國家從來沒有建立過民主政體，有的國家建立過民主政體，但是無法解決艱巨的社會經濟問題，又回到專制政體的老路上去了。我們不應該把主要希望寄托在個別的仁慈的統治者身上，寄托在家長式的仁政上。個別的仁慈的統治者會去世或喪失權力，家長式的仁政也可能會隨之而蛻化為暴政。我們的主要希望是建立民主制度和提高人民的民主素養。這兩者是相輔相成的。只有民主制度，沒有相應的人民的民主素養，民主制度就沒有牢固的根基。反過來，不建立民主制度，就很難造成一個提高人民民主素養的外部條件。因此在時機到來，有可能通過奮不顧身的鬥爭建立民主制度時，應該毫不猶豫地建立民主政體，從而為提高人民的民主素養創造比較好的條件。但是，對於這一步不可寄予太多的不切實際的幻想。即使完成了這一步，如果沒有其他條件的配合，民主政體可能只有短暫的壽命。另一方面，完成這一步的時機是很難捕捉的，民主運動的高潮是歷史發展的產物，並不是個別人或組織所能夠決定的。在時機到來之前，必須利用非民主政體下一切可能的條件和機會，提高人民的民主素養，造就一代新人，為民主政體的建立打好基礎。這種工作的主要方向是儘量擴大人民的各種經濟、文化、社會和政治組織的活動空間，儘量使人民在政府的控制之外，養成自信、自強、自立、自治的精神，用民主的方式管理自己的事情。只有在非民主政體下，先造成大量的基層民主的事實，才有可能為整個國家的民主化創造條件。也只有這樣，民主改革的過程才可能比較平穩，不至於帶來大的社會動亂，民主政體建立起來以後也比較鞏固，不至於夭折在襁褓之中。

第三節　新婆羅門社會

　　辨喜並不把西方的民主社會作為他心目中的理想社會，他認為比較理想的社會是新婆羅門社會。他關於新婆羅門社會的設想是以他的整個歷史進化理論為框架的。他對歷史的解釋受數論派的宇宙進化論和波顛闍利的「自然的填充」論的影響。他是這樣解釋波顛闍利的理論的：「在動物身上，人性是處於潛在狀態；但是一旦條件成熟，他就展現為人了。同樣的，一旦出現合適的環境，人身上的神性就展現出來了。」❹ 他相信人類的精神上的進化，而不承認社會達爾文主義。他認為生存競爭理論只適用於動物界，而不適用於人類社會。他指出：

　　　　有的人說，如果人不與人鬥爭，他就不會進步。我以前也這樣想，但是我現在發現每一場戰爭都使人類往後倒退了五十年，而不是促使人類前進。那樣的一天將會來到，即人們將從不同的角度研究歷史，發現生存競爭既不是進化的原因，也不是進化的後果，只是伴隨進化過程的一種現象，對進化來說是完全不必要的。❺

　　辨喜相信在人類社會的進步過程中，各種事物互為因果，警告說，統治者和被統治者都必須為他們的所作所為付出代價。例如，印度應該譴責它自己，由於許多世紀以來剝削和奴役大眾才落到今

---

❹　Vivekananda, *C. W.* (《辨喜全集》)，卷5（1963年版），頁298。

❺　同上，頁278。

天這種悲慘的、受奴役的境地。印度否認大眾的平等的權利和機會，結果整個國家受人奴役。他也警告英國人，人們無法否認歷史的復仇，「這將落在英國人頭上；他們把自己的鐵蹄踩在我們的脖子上，他們為了自己的歡樂吸乾了我們的最後一滴血，他們拿走了我們成百萬的錢財，而我們一個個村莊、一個個省份的人民正在忍飢挨餓。現在中國人將是落在他們頭上的復仇者；如果中國人今天揭竿而起，把罪有應得的英國人全都掃進海裡去，那是完全正義的。」❷

辨喜關於社會進化的理論是四大種姓相繼占主導地位的理論。他寫道：「……通過對世界歷史的仔細的研究，（我們發現）與自然規律相吻合，在每一個社會裡，四大種姓，即婆羅門、剎帝利、吠舍和首陀羅都相繼統治世界。」❸

婆羅門種姓，即祭司的統治是最早的政府形式。它在所有的原始社會裡都曾盛行一時。祭司是精神導師和社會的自然的領袖。祭司統治的秩序是以知識就是權力的原則為基礎的。他們的出世精神促進了社會的向善與和諧。這種統治的優越是：在這個時期奠定了科學的基礎，祭司們陶鑄了人們的精神，因為他們是通過精神來統治的。但是隨著時間的推移，祭司統治的秩序變得退化了。祭司階層沉溺於感官享受，開始為自己建立排他性的特權，使自己與社會的主體疏遠起來。當它阻礙社會進步時，它就被剎帝利，即武士種姓的統治所取代了。

繼承祭司進行統治的武士發展了城市文明，促進了藝術和科學，以家長式的仁慈來統治人民。辨喜覺得，在古代印度歷史上，「在婆羅門與剎帝利之間有一種辯證的鬥爭。婆羅門代表保守的復

---

❷　Vivekananda, *C. W.*（《辨喜全集》），卷7（1964年版），頁280。

❸　Vivekananda, *C. W.*（《辨喜全集》），卷4（1962年版），頁449。

古主義，是風俗、傳統、習慣和習以為常的行為方式的代言人。另一方面，剎帝利代表一種激進的自由主義。羅摩和黑天神（克利希那）也屬於剎帝利貴族。佛陀是剎帝利奮起反擊的鬥士。另一方面，庫馬利拉、商羯羅和羅摩努闍曾試圖重建祭司的權力，但是失敗了。」 ❹撇開剎帝利種姓出身的佛陀、大雄等人在精神上的追求不談，作為統治階級的武士隨著時間的推移也變得自私和忽視社會的利益。而社會發展到一定的階段就會拒絕在王權的威懾下俯首貼耳。辨喜認為，「在社會健康而強壯的地方，國王與他的臣民之間不久就會發生激烈的鬥爭，通過反擊和動盪，權杖和王冠被扔掉了；國王的寶座和王室的儀仗變得就像博物館大廳裡保存的古董。」 ❺

國王與人民之間的鬥爭的結果是建立吠舍的統治。英國的工業革命預示了吠舍的至高無上的權力，國王成了它的傀儡。「吠舍的權力在於擁有金錢，金錢叮噹作響的美妙聲音對四大種姓的心靈發揮了不可抵抗的誘惑力。」 ❻吠舍的權力促進了國際聯繫，加快了知識的傳播。但是吠舍的權力像它的先驅者一樣，逐漸與社會發生異化，將會被首陀羅，即勞動者所取代。

辨喜在1896年11月1日從倫敦寫給美國的瑪麗・赫爾的信中坦率地講了自己對首陀羅統治的看法。他寫道：

---

❹ Vivekananda, *C. W.*（《辨喜全集》），卷4（1966年版），頁380。庫馬利拉（Kumarila，一譯童中尊，約八世紀），商羯羅（Samkara，約788–820），羅摩努闍（Ramanuja，約1017–1127），參見Majumdar, *An advanced history of India*（《高級印度史》），頁198、196；Chatterjee原著，李志夫翻譯，《印度哲學導論》，頁350、403–444、445–459；任繼禹主編，《宗教詞典》，頁968、668。

❺ Vivekananda, *C. W.*（《辨喜全集》），卷4（1962年版），頁665。

❻ 同上，頁466。

最後將有勞動者（首陀羅）的統治。它的有利之處是物質的舒適的普及——它的不利之處，（可能）是文化的降低。將會出現常規教育的廣泛普及，但是出類拔萃的天才將會越來越少。

如果有可能形成這樣一個國家，在這個國家裡，祭司時代的知識，武士時代的文化，商人時代的傳播精神，和最後時代的平等理想都能原封不動地保存下來，而除去它們的弊病，那將是一個理想的國家。但這是可能的嗎？

前三種統治已經有過它們的全盛時代。現在是最後一種統治的時代了——他們必定要實現這種統治——沒有人能抵抗它……我是一個社會主義者，不是因為我認為它是一個完美的制度，而是因為半片麵包比沒有麵包好。

其他制度都被試驗過了，並且發現都達不到理想。讓這種制度被試驗一下吧——即使不為別的，就為它的新鮮吧。痛苦和歡樂的重新分擔比總是讓同一些人吃苦和享樂要好一些。世界上事物的善與惡的總和還是同樣的。新制度將使枷鎖從一些人的肩膀上轉到另一些人的肩膀上去，事情不過如此而已。

讓這個悲慘的世界上的每一條狗都有出頭之日吧，這樣在這種所謂幸福的經驗以後，他們都會皈依上帝，放棄世俗的虛榮、政府和一切其他煩惱。❹

---

❹ Vivekananda, *Letters of Swami Vivekananda*, 《辨喜書信集》，頁 377–378。

　　辨喜像釋迦牟尼、耶穌、穆罕默德、聖雄甘地等慈悲為懷的聖人一樣，對勞苦大眾滿懷同情。他認為勞苦大眾是一切社會的基礎，但是從來沒有受到應有的關懷和照顧。他寫道：「唉！沒有人想到這個國家的窮人。他們是這個國家的脊樑骨，他們是正在用自己的勞動生產食物的人——這些窮人、清道夫和工人，如果他們停止工作一天，就將在城鎮中引起恐慌。但是沒有人同情他們，沒有人在他們痛苦時安慰他們。」[48] 他指出，歷代各個強國的霸權是以勞動者的血汗為基礎的，印度的文化成就也是建築在勞動者的心血之上的，但是勞動者歷來受人忽視。他寫道：

　　　在你心裡掂掂這個問題的分量吧。印度的那些遭到忽視的下
　　層階級——農民、紡織工人和其他人，已經被外國人征服，
　　被自己人所瞧不起——正是他們，自古以來一直沒沒無聞地
　　勞動著，甚至沒有得到他們勞動的報酬！但是，在實現自然
　　的規律方面，全世界正在慢慢地發生多麼巨大的變化！國家、
　　文明和最高權力都在經受革命。你們，印度的勞動階級，作
　　為你們的沉默的、持久的勞動的結果，巴比倫、波斯、亞歷
　　山大城、希臘、羅馬、威尼斯、熱那亞、巴格達、撒馬爾罕、
　　西班牙、葡萄牙、法國、丹麥、荷蘭和英國相繼稱霸和揚名！
　　你們呢？——是的，誰在乎想到你們！我親愛的大德，你的
　　祖先寫過一些哲學著作，創作了十來種史詩，或者建築了一
　　些神廟——就這些，你就將勝利的凱歌高唱入雲；但是那些
　　把自己的心血貢獻給這個世界所取得的全部進步的人呢，誰
　　在乎去讚美他們？……你們，永遠被踐踏的印度勞工階級！

[48]　Vivekananda, *C. W.* (《辨喜全集》)，卷7 (1947–1951年版)，頁244。

我向你們致敬。❹

　　辨喜看到發達國家的人民大眾已經開始鬥爭，也看到了印度民眾覺醒的跡象。他對上層階級指出下層階級正在崛起，他說：「他們不久就會居於你們之上……你們這樣長時期地壓迫這些忍聲吞氣的大眾；現在是他們以其人之道還治其人之身的時候了。」他指出，在每一個國家裡，「下層階級對實際情況正在逐漸覺醒，並且正在形成聯合戰線反對這種情況，決心獲得他們合法的、應該得到的東西。歐洲和美國的大眾首先覺醒，已經開始鬥爭。這種覺醒的徵兆也已經在印度出現，從今天下層階級罷工的數量當中就可以看得很清楚。上層階級不管怎樣竭盡全力，他們將會無法壓迫下層階級。」❺

　　辨喜認為：

　　　　不管社會的領導權是在壟斷知識的那些人手裡，還是在控制財富或武裝力量的那些人手裡，它的力量的源泉總是庶民大眾。他們是國家的脊樑骨，因為他們生產了所有的財富和食物。他們肯定將會希望得到自己的物質需求的滿足，減輕勞動，消滅壓迫，永無戰爭，更多的食物。現在的分配財富的制度使得窮者更窮，富者更富。❺

　　辨喜的這些主張今天看來都已經是老生常談了。但是他是遠遠走在時代前面的人，正是他第一個想到印度的大眾，體會到他們在

---

❹　同上，頁340–341。

❺　Vivekananda, *C. W.* (《辨喜全集》)，卷7，頁148–149。

❺　Vivekananda, *C. W.* (《辨喜全集》)，卷5 (1964年版)，頁45。

建設新印度方面的關鍵作用，使其他人意識到自己對印度的衰落所應負的責任，樹立自己的理想。他自鑄新詞 "Daridra Narayan"，意即為窮人服務就是為神服務。聖雄甘地繼承並發展了辨喜的這個思想，在空前廣闊的規模上運用於實踐之中。由辨喜所提出、由甘地所繼承的這個為大眾服務的方向無疑是正確的。任何鄙視人民大眾，以精神貴族自居的心態遲早會被歷史所唾棄。從辨喜的時代以來，大眾的狀況也有了很大的改善。今天在西方發達國家裡，工農大眾已經享有當時無法設想的福利和權益。但是，即使在這些國家裡，仍然存在著嚴重的貧富差距，還有許多人，特別是少數民族中的許多人，生活在貧困線以下，常常晚上餓著肚子上床睡覺，有的人甚至無家可歸，許多人忍受著失業的煎熬，更多的人沒有健康保險。下層勞動人民教育程度較低，工資菲薄，往往只得居住在比較貧困破落的社區裡，那裡社會治安惡化，謀殺搶劫時有所聞，教育質量下降，輟學率上升，社會風氣敗壞，毒品和愛滋病流行，並持續影響下一代。實際上階級分野仍然繼續存在。至於前蘇聯和東歐各國，以及包括中國大陸在內的第三世界諸國，勞動人民，特別是廣大農民，生活還比較貧困，文盲率比較高，離開發達國家的生活水平還有一段比較大的距離。因此，辨喜對廣大勞動人民的同情和重視是他的思想的最可貴之處，這種思想並不會隨著時代的推移而過時。

辨喜儘管對勞動人民抱著真誠的同情，對他們在歷史上的作用非常重視，但是他也看到了首陀羅的嚴重弱點。他寫道：

> 婆羅門的影響、剎帝利的威武和吠舍的財富只有通過人民的體力勞動才有可能實現，那些勞動者在哪裡呢？身為社會的真正主體，但在一切時代、一切國家裡都被稱為「出生低賤

者」的人民的歷史是什麼呢？如果他們試圖分享上層階級
——那些印度的「行屍走肉」所壟斷的知識和智慧，就會被
當做彌天大罪，仁慈的印度為他們規定了「割掉他的舌頭，
砍掉他的肉」之類溫和的懲罰，他們和其他國家的「載重牲
口」——首陀羅在生活中的命運是什麼呢？對於印度我將說
些什麼呢？印度的首陀羅階級不必說了，印度的婆羅門過去
是擁有經典知識的人，現在外國教授取代了婆羅門，統治的
英國人成了印度的剎帝利，英國人也成了印度的吠舍，英國
人在骨髓裡就有作生意的本能，因此，現在只有首陀羅性
——載重牲口性留給印度人自己了。

現在一片漆黑的烏雲不分青紅皂白地包圍了我們所有的人。
現在既沒有目標的堅定，也沒有創業的進取心，既沒有良心
的勇氣，也沒有靈魂的力量，既沒有對異族虐待的反感，也
沒有對奴役的厭惡，既沒有心中的仁愛，也沒有希望，沒有
大丈夫氣概；在印度我們只有根深蒂固的妒忌和相互之間的
強烈的惡感，只有用種種手段去毀滅弱者的病態欲望，只有
像狗一樣舔強人的腳跟的奴顏婢膝。現在最高的滿足就是炫
耀財富和權力，熱中於自我享樂，耍盡聰明去聚斂過眼煙雲
一般的榮華富貴；把一些駭人聽聞、稀奇古怪的法術當做瑜
伽，把奴役別人當做工作；把卑躬屈節地模仿外國當做文化，
把使用謾罵的語言當做雄辯，把阿諛奉承富人或誨淫誨盜當
做文學成就！在所有的人實際上都降低到首陀羅水平的土地
上，對真正的首陀羅階級還能單獨說些什麼呢？在印度之外，
其他國家的首陀羅似乎稍微覺悟一些；但是他們缺乏適當的

教育，對自己階級裡的人只有互相仇恨——首陀羅的一種共性。即使他們的人數大大超過其他階級，又有什麼用呢？十個人團結一致可以獲得一百萬人的力量，這種團結一致離開首陀羅還很遠；因此，根據自然規律，首陀羅總是構成被統治的種族。❷

辨喜也並沒有盲目美化未來可能出現的首陀羅的統治，並沒有把首陀羅的統治當做一種理想社會。他清醒地意識到首陀羅統治的短處。他承認，「這個新的力量的第一道曙光已經開始在西方世界的地平線上慢慢地展現」，與此同時，他也體會到，「有思想的人對這個新現象的最後的結果感到不知所措。」 為什麼？因為「從遠古以來，首陀羅就一直處於深重壓迫和專制暴政之下，結果他們通常或是卑賤，奴顏婢膝，像狗一樣舔上層階級的腳，或是相反，像粗魯的野獸一樣殘暴不仁。」

「他們的希望和雄心也總是遭到挫折；因此目標堅定、鍥而不捨這些品質，他們是沒有的。」❸

《馬克思與辨喜：比較研究》的作者P.帕拉梅斯瓦蘭認為，「所謂『首陀羅統治』的那些國家的經驗顯示，辨喜的預言似乎成了現實。所謂的社會主義或共產主義國家並沒有證明比其他制度下的國家少一點殘酷或壓迫。在社會主義或共產主義統治下的人民一般也並不更勇敢或自尊。大德指出的首陀羅的劣根性在他們身上是顯而易見的。」❹

---

❷ Vivekananda, *C. W.* (《辨喜全集》)，卷4，頁399–401。

❸ Vivekananda, *Modern India* (《現代印度》)，頁59。

❹ Parameswaran, *Marx and Vivekananda* (《馬克思與辨喜》)，頁44。

　　根據辨喜的社會進化的觀點，在首陀羅統治之後，應該是新婆
羅門社會。儘管他非常同情首陀羅從遠古以來就受壓迫和剝削，預
見到他們必然的崛起，但是他也預見到他們的統治將意味著文化的
降低，預見新婆羅門文化的復興將會取代衰敗的首陀羅文化。辨喜
指出：「我們在《真理瑜伽》中讀到，曾經只有一個種姓，那就是
婆羅門種姓。我們在《摩訶婆羅多》中讀到，整個世界在開始的時
候是由婆羅門所居住的，當他們開始退化的時候，他們分化為不同
的種姓，當循環了一圈，一切周而復始的時候，他們將回到婆羅門
的起源。現在一切正在周而復始……」❺❺用 S. L. 穆克吉的話來說，
辨喜清楚地指出「這一次婆羅門將是新婆羅門——首陀羅即大眾本
身。」❺❻他希望建立一個注重精神，而不是注重物質的社會，一個注
重個人的內在法律和道德法律的社會，而不是一個注重社會法律的
社會，一個新婆羅門社會以代替首陀羅統治的社會。他寫道：

> 如果婆羅門是消除自私自利之心的人，如果他為獲得和弘揚
> 智慧和仁愛的力量而生活和工作——如果一個國家完全由這
> 樣的婆羅門所居住，由崇尚精神生活、道德高尚、善良的男
> 男女女所居住，那麼我們想像這個國家是高於所有的法律的，
> 超越所有的法律的，這又有什麼可奇怪的呢？有什麼必要設

---

❺❺ Vivekananda, *C. W.* （《辨喜全集》），卷3（1964年版），頁197–198。
*Satya Yoga*可音譯為《撒塔瑜伽》，此處意譯為《真理瑜伽》。

❺❻ Mukherjee, S. L., *The philosophy of man-making, a study in social and political ideals of Swami Vivekananda* （《造就新人的哲學，辨喜社會和政治思想研究》），Calcutta: New Central Book Agency, 1971年，頁249。

置警察和軍隊來統治他們呢?為什麼需要任何人來統治他們?
為什麼他們應該在一個政府的統治下生活?他們是善良而高
尚的,他們是上帝的人。**❺⑦**

在這樣一個社會裡,「社會的所有的成員都必須有同樣的機會
獲得財富、教育或知識。」

為了趨近一個這樣比較理想的社會,辨喜並不把暴力革命放在
第一位,而是把精神方面的進步放在第一位。他1897年2月9日在馬
德拉斯所作的演講〈我的行動計劃〉中說:「在用社會主義或政治
思想的洪流淹沒印度之前,先用精神的思想灌溉這片大地。要求我
們給予注意的第一樣工作是我們的奧義書,我們的經典,我們的《往
事書》中所包含的最神奇的真理必須從書本裡解放出來,從寺院裡
解放出來……散布和傳播到這片大地上去。」**❺⑧**這種觀點在當時激進
的社會革命家或改革家看來,未免迂腐保守。但是,後人回顧辨喜
的思想時,反而會更深地體會到他的前瞻性。1974年出版的《大德
辨喜》一書的作者V. K. R. V. 拉奧認為,毫無疑問,辨喜在對社會
變化的關心、對一個返老還童的新印度社會的關心方面,是遠遠走
在他的時代的前頭的。根據辨喜的觀點,社會變化的發動機必須有
其合適的動力,這種動力只能來自精神和吠檀多,因為吠檀多肯定
人類天生的神聖性和一致性,從而為所有的人提供了反對剝削和尋
求普遍福利的社會道德的基礎。在弘揚精神知識以後,世俗知識和
其他人類所需要的各種知識都會隨之而來。因此辨喜並不太關心為
新社會描繪藍圖或為這個新社會所必需的制度和其他方法勾勒輪

❺⑦　Vivekananda, *C. W.* (《辨喜全集》),卷3 (1964年版),頁197。
❺⑧　Vivekananda, *C. W.* (《辨喜全集》),卷3 (1964年版),頁221。

廓，而更關心為社會和經濟變化提供智力的和感情的動力。❺❾拉奧
認為,「不管多少制度方面的改變或者立法方面的改革或者無產階級
專政都不可能實現社會主義者和共產主義者所夢想的新社會。過去
五十年以來，人民資本主義、民主社會主義、以及蘇聯、中國和東
歐的共產黨政權的傳統社會主義的經驗都顯示: 不管是締造還是保
持一個持久的、更好的社會，我們都需要一種必不可少的精神的和
感情的力量作為任何努力的基礎，這種力量將成為社會變化的動
力。」而辨喜給予社會變化的動力就是吠檀多。❻⓿

　　辨喜實現理想社會的方法與一般革命家的明顯不同之處在於:
一般革命家企圖把上層階級拉下來，拉平他們與下層階級的差距，
從而實現平等的目標。辨喜則相反，他主張提高下層階級的水平，
把他們提高到上層階級的水平，從而實現平等。他說: 解決問題的
辦法「不在於把高的拉低，而在於把低的提高到比較高的水平。理
想的一端是婆羅門，理想的另一端是旃茶羅種姓，整個的工作就是
把旃茶羅種姓提高到婆羅門種姓的水平。你會慢慢地發現，旃茶羅
種姓得到了越來越多的權利。」❻❶雖然辨喜通過提高下層階級來實現
理想社會的道路至今為止並沒有一個完全成功的例子，但是，像中
國的所謂「無產階級文化大革命」的失敗和蘇聯、東歐的和平演變
至少從反面說明，企圖把社會上層拉下來，拉得與下層一樣低，是
根本不可能趨近比較理想的社會的。文化大革命期間，不是使全民
共同富裕起來，而是把資產階級等比較富裕的人的財富予以剝奪，

---

❺❾　Rao, V. K. R. V., *Swami Vivekananda*（《大德辨喜》）, Publications
　　 Division, Ministry of I & B, Govt. of India, June 1974年，頁198–199。

❻⓿　同上，頁200。

❻❶　Vivekananda, *C. W.*（《辨喜全集》）, 卷3（1965年版），頁295。

造成普遍貧困；不是讓全民共同享有更多的民主權利，而是使本來
享有較多政治權利的幹部，包括國家主席、元帥、政治局委員等等
在內的高級幹部都喪失了最起碼的人權和民主權利，造成普遍的無
權狀態；不是發展農村教育，讓全民獲得更高的教育水平，而是停
辦大學，連中小學教育也一度陷於停頓，造成普遍的愚昧。在這種
情況下，使最起碼的正常的社會生活都破壞無遺，還說什麼建設一
個理想的新社會？蘇聯和東歐的共產黨專政雖然沒有走得像中國的
文化大革命這樣遠，但是其基本方法仍然是把高的拉下來，拉得與
低的一樣平。儘管沒有造成像文革那樣巨大的社會混亂，但是長期
以來同樣造成了普遍貧困、普遍無權、普遍愚昧的結局。當然同樣
談不上趨近一個理想的新社會。提高下層的水平，當然不是一個輕
而易舉的工作，見效不那麼快，可能在很長時期內並不能實現人們
期望的理想社會，但至少可以使社會在原來的基礎上有所前進，聚
沙成塔，集腋成裘，積以時日，可以慢慢趨近比較理想的社會狀況。

　　辨喜與首陀羅統治理論的另一個不同之處是關於個人自由的
看法。根據辨喜的觀點，個人自由是社會發展的首要條件；去除這
個條件，結果就是退化。他強調個人的成長發展，而首陀羅統治理
論則把整個重點放在中央集權的社會。但是，如果犧牲了個人的靈
魂或個人的存在，一種理想的社會生活是不可能達到的。❷辨喜指
出：「在所有問題上的自由，即走向Mukti（解脫）是人類最有價值
的收獲……阻礙這種自由的展開的那些社會統治是有害的。」❸《辨

---

❷　參閱 Dutta, T.S., *A study of the philosophy of Swami Vivekananda*
　　（《辨喜哲學研究》），Calcutta: Sri Bhumi Publishing Company, 1982
　　年，頁204。

❸　Vivekananda, *C. W.*（《辨喜全集》），卷6（1963年版），頁147。

喜的社會和政治思想》的作者S. S.米泰爾認為，「在聲稱社會主義的
社會秩序的國家裡，收入方面的懸殊、物質和精神方面的不平等和
貧困仍然存在。例如，在俄國，國家社會主義把個人降低為機器上
的一顆螺絲釘。個人被剝奪了所有的進取精神。這是在國家社會主
義外衣下為所欲為的資本主義。與此相反，辨喜強調自由對人的發
展來說是最必不可少的。」❻❹辨喜這種高度珍視個人自由的思想也為
聖雄甘地所繼承。甘地在談到斯大林政權時曾說過：「我懷著最大
的恐懼看著國家權力的增長，因為，它把剝削減少到最低限度固然
是好事，但它摧毀個人的人格，對人類貽害無窮，正是個人的人格
才是一切進步的源泉。」❻❺辨喜與甘地的這種思想，可以說已經由歷
史事實給以肯定了。以俄羅斯為例，1917年的革命有合理性的一面，
它確實大大減輕了勞動人民所遭受的剝削，繼而實現了工業化，提
高了俄國的國力，使俄國從一個比較貧窮落後的歐洲國家變成了世
界上兩個超級大國之一。但是，這場革命的致命弱點就是摧毀個人
自由。與俄國相比，歐美資本主義國家保留了較多的個人自由，在
第一次世界大戰以來的近一個世紀中，雖然也多次面臨危機，還是
贏得了比較大的進步。而俄羅斯卻在經濟與文化的發展方面顯得比
較停滯。今天人類的希望就在於建設一個既能夠把剝削減低到最低
限度，又能夠把個人自由提高到最大限度的社會。這樣的社會能夠
實現嗎？當然沒有人能夠打包票。但是從以往的歷史來看，人類永
遠不會滿足於某一種現成的社會狀態，它總是不斷地企圖變革。如

---

❻❹　Mital, S. S., *The social and political ideas of Swami Vivekananda*
　　《辨喜的社會和政治思想》），頁245–246。

❻❺　Bose, N. K., "An interview with Mahatma Gandhi"（〈會見聖雄甘
　　地〉），載*The modern review*（《現代評論》），第58期，1935年10月。

果人類滿足於漁獵採集的原始社會，它就不會進步到農業社會，如果它滿足於耕耘土地的農耕社會，就不會進步到工業社會。如果它滿足於中世紀的農奴制，就不會進步到近代資本主義。我們沒有理由相信，時至二十世紀末，人類改變了它的本性，就此滿足於今天的資本主義社會。相反，從歷史發展的加速度規律來看，今後人類的進步要比以前快得多。它追求一個比今天更合理的社會形態的努力，很可能比人們預料為早地取得成效。

第四節　東西方文化的融合

辨喜心目中比較理想的社會，從精神的民族主義的角度來講，是「吠檀多的頭腦和伊斯蘭的身體」，從社會進化的角度來講，是「祭司時代的知識，武士時代的文化，商人時代的傳播精神和最後時代的平等理想」的結合，而從東方文化和西方文化的角度來講，則是「用印度的宗教來建造一個歐洲式的社會」。

辨喜既反對全盤西化，盲目模仿西方的一切，否認印度的傳統文化，也反對保守主義，故步自封，排斥一切外來的東西。

辨喜從小學習英語，接受英國式的教育，後來又在美國和歐洲生活和工作多年，他對西方的認識在同時代人當中是比較深刻的。他第一次訪問西方的時候，比較多地看到了西方文化光明的一面。但是他也並沒有看花眼，以至於不能對整個西方文明作出比較客觀的評價。他在美國早期的書信和演講都說明，他確實發現西方有許多值得贊美的東西，與此同時，他也發現貪婪和罪惡的潰瘍正在侵蝕它的肺腑心肝。他第一次訪問西方後剛回到印度，在馬德拉斯作的一些演講中，就對西方文明作了相當嚴厲的批判。但是他第二次

訪問西方時，卻正是西方歷史上的一個生死關頭，他對西方文明的批評就更為嚴厲了。

　　1898年美國在美西戰爭中打敗了西班牙，立即并吞了波多黎各和地球另一面的菲律賓。辨喜1900年1月28日在加利福尼亞的一次演講中，強烈譴責了為帝國主義戰爭辯護的傳教士。他說：「聽聽紐約的最著名的傳教士之一是怎麼說的吧。他鼓吹，菲律賓人應該被征服，因為這是向他們傳播基督教的唯一的辦法！他們已經是天主教徒了，但是他要把他們變成長老會教徒，而為了這一點他情願讓自己的民族犯下血流成河的滔天之罪。多麼可怕！而這個人是這個國家地位最高的傳教士之一，是信息最靈通的人士之一。想一想這個世界已經到了什麼地步，那樣一個人竟然不知羞恥，起而發表如此荒謬的胡說八道；想一想這個世界已經到了什麼地步，聽眾居然向他歡呼。這是文明嗎？這是在新的環境下以新的名字出現的猛虎，食人生番，野蠻人的古老的嗜血成性。它還能是什麼其他東西呢？」❻❻

　　而辨喜在歐洲所訪問過的每一個國家裡都聞到了濃烈的火藥味。按照政治家甘必大的告誡，法國從來不談論，而總是在考慮revanche（復仇），❻❼施行了兵役法，而德國就像被激怒的獅子，對此感到恐懼，也施行了兵役法。辨喜注意到，即使歐洲最小的國家也武裝到牙齒，結果士兵軍裝筆挺，而大眾衣衫襤褸。辨喜講到塞爾維亞和保加利亞人通過血流成河的鬥爭才從土耳其統治下掙脫出來，他們極其貧窮，儘管如此他們還是要負擔沉重的軍備開支，因

---

❻❻　Vivekananda, *Yoga and other works*（《瑜伽及其他著作》），頁381。

❻❼　甘必大(Leon Gambetta，1838–1882)，法國政治家。revanche，法文，意為復仇，尤指1870年普法戰爭法國戰敗後的復仇政策。

為沒有軍備他們一天也不能保持自己的獨立。

很自然，在有了這些經歷之後，他更清醒地看到了不少事物的消極面。比如，他曾經高度贊美美國人的組織能力，他曾經告訴萊昂夫人(Mrs. Lyon)，他熱愛這種組織能力，但是他從第二次出訪回到貝盧爾之後，告訴師兄弟們，他可以對強大組織的雄偉氣勢表示敬意，「但是置於一群豺狼當中有什麼美好呢？」

辨喜承認西方物質文明背後的巨大精力的長處，但是他也指出這種精力的消極作用。他並沒有回到盧梭所描繪的「高貴的野人」時代去的返祖衝動，他並不反對使用機器，但是他覺得太多的機器泯滅了人的創造性，使人也變成了沒有生命的機器。工廠裡的一個工人日復一日，年復一年，夜復一夜地做著相同的單調的工作——每一批人都只會做自己受過專門訓練的那一部分工作——本身也成了毫無生氣的機器。❸不僅工人發現工作使人畸形發展，缺少興趣，成為負擔。即使富裕的資本家也並沒有擺脫這種不愉快的感覺。不管你是剝削別人，還是被人剝削，都同樣感到內心的不快。這就是人的異化。辨喜非常深切的關注人的異化問題。他認為人的本質是神聖的，但是由於無知和虛偽，導致了他的異化。宗教的本質就是以各種方法幫助人克服異化，重新恢復神聖的本性。辨喜除了強調異化問題的宗教方面之外，他也沒有忽視這個問題的社會和物質方面。他完全理解人必須同時克服這兩個方面的異化。如果連飯也吃不飽，任何精神追求從何談起？另一方面，西方物質文明主要致力於發展生產力，在滿足人們的需求的同時，進一步刺激人們的更大的物質欲望，而人的欲望是沒有止境的，因此並不能減輕人們內心的不快。對西方物質文明僅僅進行社會革命，並不能解決人的異化

---

❸ Vivekananda, *C. W.*（《辨喜全集》），卷7，頁317。

問題。《馬克思與辨喜：比較研究》的作者P. 帕拉梅斯瓦蘭指出：
「僅僅取消勞動分工或私有財產並不能解決這個問題。這些做法可
能提供一個比較好的氣氛，使人能夠獲得一種比較容易達到自我實
現的心境，但是它本身並不能使人自我實現。社會主義各國的經驗
證實了這一點。它們在竭盡全力之後發現，既不可能沒有勞動分工，
也不可能沒有私有財產、沒有貨幣而生活下去。與此同時，在減輕
經濟地位不平等方面作了許多工作；失業實際上已經消滅了。但是，
異化的問題仍然沒有解決。許多困擾資本主義社會的弊病，比如酗
酒，仍然盛行，這只是有力地說明，除了改造社會狀況之外，還有
某種東西是必不可少的。這種需要就是辨喜所強調的，可以稱之為
『精神要素』的東西。」⓺時至今日的前蘇聯、東歐和中國的經驗證
明帕拉梅斯瓦蘭的估計還嫌過於樂觀。這些國家確實曾經在減輕經
濟地位的不平等方面作了許多工作，但是至少在中國並沒有真正消
滅失業，城市人口是力求普遍就業的，但是廣大的農業人口是被束
縛在土地上，實際上是一種隱性失業。所謂知識青年上山下鄉只是
安置失業人口的一種手段而已。這些國家確實一度力求縮小勞動分
工、私有財產和貨幣的作用，但是不僅沒有更接近理想社會，而且
事實證明經濟發展的速度不如充分利用市場經濟的作用的發達國
家。這些國家目前都在這樣那樣的程度上重新發展市場經濟。問題
在於，不管竭力縮小還是擴大市場經濟的作用，比較慢還是比較快
的促進經濟發展的速度，都沒有從根本上解決人的異化問題。市場
經濟如果成功地刺激經濟的發展，為人民帶來比較富裕的生活，可
以從社會和經濟層面上緩解人的異化，但是要從精神的層面上緩解
人的異化，還得從精神本身著手。

⓺　Parameswaran, *Marx and Vivekananda*（《馬克思與辨喜》），頁69。

在英國的全盛時代，甚至一些最開明的思想家也為殖民主義辯護，認為它至少使比較落後的民族得到了與文明國家接觸的機會，使他們在文明的階梯上爬上了一個新的臺階。辨喜完全承認，英國打破了印度長期以來的孤立狀態，重新把印度拉回世界文明的主流之中，從而為印度的進步帶來了新的機會。但是，他也堅定地指出，不能用這種進步作用來為各種卑鄙的手段辯護。他在〈東方與西方〉中寫道：

> 「文明的進步」意味著什麼呢？它的意思是，用成功地完成所嚮往的目標來為錯誤的手段辯護，即用目的來為手段辯護。它使盜竊、撒謊和執行絞刑等行動在某種情況下顯得合情合理；它證明斯坦萊鞭打那些偷了幾片麵包的饑腸碌碌的穆斯林保鏢是有道理的；它為「鳩占雀巢」這條著名的道德標準鋪平道路和進行辯護，──歷史事實證明了對歐洲人的這種批評是準確的，凡是歐洲人所到之處總是隨之以土著民族的滅絕。在倫敦，這種「文明的進步」把婚姻生活中的不忠實行為當做錯誤而不是罪惡，在巴黎，一個男子溜走了，留下他的妻子和孩子無依無靠，被迫自殺，也被認為只是錯誤而不是罪惡。❼

辨喜指出不可否認的歷史事實是：他那個時代某些西方國家所建立的霸權是依靠寶劍來維持的。軍國主義力量越強，就越是想控制更大的範圍，越是控制更大的範圍，力量就越大，它不可能為自

---

❼ Vivekananda, *C. W.*（《辨喜全集》），卷6（1959年版），頁531。斯坦萊（Sir Henry Morton Stanley, 1841–1904），英國非洲探險家。

已設置限度；它或遲或早會導致毀滅。

> 精力旺盛的年輕的國家認為它們能夠為所欲為……它們認為神給了它們統治整個世界的特許狀……它們擁有搶劫、謀殺和屠殺的特許狀……就這樣，帝國一個接一個地興起——輝煌燦爛，華麗顯赫——如今都消失了——俱往矣，沒有人知道它們到哪裡去了……古希臘在哪裡？古羅馬在哪裡？當年強大的西班牙在哪裡？它們就是這樣產生，又這樣死亡；這樣興起，又這樣衰落。**⓻**

我們縱覽整個世界歷史，可以發現，能夠居於世界前列的民族為數不多。有許多民族從來沒有能夠在這場競賽中獲得冠軍。但是，也從來沒有一個民族能夠永遠壟斷冠軍的寶座。古希臘和古羅馬相繼興起，也相繼衰落。時至近代，西班牙、葡萄牙、荷蘭依次稱霸，但後來不得不讓位給英國。辨喜從來不相信英國的霸權是永恆的。從辨喜出席世界宗教會議至今不過一百年，曾經號稱「日不落」帝國的英國早已度過了它的全盛時期，已經日薄西山。當年血氣方剛的美國今天也露出了疲憊的跡象。辨喜曾經預言過俄國的興起，這個預言可以說已經應驗。只是俄國在一度成為兩個超級大國之一以後，今天也陷入了嚴重的麻煩之中。古老的亞洲有沒有什麼國家會重新興起，居於世界前列呢？這是一個只有今後的歷史發展才能回答的問題。

辨喜指出：「亞洲文明是從靠近大河的平原上開始的。因此所有亞洲文明的原來的基礎是農業，在所有的亞洲文明中，神聖的性

⓻ Vivekananda, *C. W.*（《辨喜全集》），卷8，頁71。

質居於主導地位。另一方面，大部分歐洲文明或是起源於丘陵地帶，或是起源於沿海地帶——海盜和劫掠行徑構成了這種文明的基礎；非神聖的性質居於主導地位。」他把兩種文明加以對照：「歐洲文明可以比喻為一塊布……造就這塊布的織布機是海岸邊的氣候溫和的丘陵國家；它的原料是由各個民族混合而成的強大好戰的混血種族，它的經線是保衛自我和自己的宗教的戰爭……它的緯線是商業。這種文明的手段是寶劍，它的左右手是勇敢和力量，它的目標是享受今世和來世。」另一方面，「雅利安文明這塊布匹的織布機是奔流著可以通航的寬廣河流的廣闊而溫暖的平原。這塊布匹的原料是以雅利安人為主的高度文明的、半文明的和野蠻的部落。它的經線是四大種姓制度，它的緯線是克制鬥爭和競爭的本性。」❼❷

　　辨喜清醒地意識到西方文明的弱點，因此他堅決反對全盤西化而主張保持印度傳統文化的精華。早在他第一次去西方傳教之前，在他漫遊全印度期間，他就致力於傳播這樣的觀點。1890年初他在加濟普爾時，受到當地孟加拉籍居民的熱情歡迎。儘管他對他們充滿熱愛，但是他毫不留情地批評他們對西方生活方式的迷戀。他在1890年1月24日寫給一個朋友的信中說：「外國人帶到這裡來的是一種多麼輕佻的文化！他們創造了一種什麼樣的物質的幻象！」❼❸他告訴經常來往的孟加拉人和其他居民：

　　　改革不一定要伴隨著粗暴嚴厲的指責和橫掃一切的批評來進
　　行，相反，必須抱著無限的熱愛與無限的耐心，必須通過教

---

❼❷　Vivekananda, *Caste, culture and socialism*（《種姓、文化和社會主義》）, Calcutta: Advaita Ashrama, 1955年，頁3-4。

❼❸　Vivekananda, *C. W.*（《辨喜全集》），卷6，頁219。

育的傳播來進行，教育將會從內部帶來成長發展。而且教育
必須出自印度教的立場，教育必須由對印度教的理想的合理
讚美、弘揚和自覺理解所組成，因為，請記住，印度教不是
一種錯誤！潛心研究你就會徹底明白它的偉大！不要輕而易
舉就被外國文化和習慣的魔力所迷惑。研究自己的祖國！為
你們自己找到你們的民族的根本目標和它的生命的脈搏。在
這片土地的歷史上，沒有比今天落在我們頭上的命運更悲慘
的狀況了，當我們被各種東西弄得神魂顛倒的時候──讓我
們自己想一想，哪怕是一剎那，想一想印度是在憧憬理想方
面落後了。這種缺乏理想的狀況是在這片土地上到處蔓延的
真正的、令人心碎的精神貧困，那就是我們喪失了我們文明
的精神標準的視野。當我們恢復自覺的時候，我們的一切問
題都會迎刃而解。**⓮**

　　這個年輕人向加濟普爾日常聚集在他周圍的一小群人所發表
言論裡包含著日後大名鼎鼎的辨喜向全印度大眾雄辯地論證的理論
的核心。他在1899年發表的文章〈現代印度〉中指出：「啊，印度，
這是你可怕的危險……模仿西洋的魔力牢牢地抓住了你，以至於不
再用理性、判斷、辨別或參證經書去決定什麼是好，什麼是壞了。
白種人所稱讚的或喜歡的任何思想，任何風尚都是好的，他們不喜
歡或非難的任何東西都是壞的！唉！有什麼東西比這更明顯地證明
我們的愚蠢呢？」**⓯**他認為：「我們必須根據我們自己的本性發展成
長。企圖遵循外國社會嫁接在我們身上的行動路線是無用的，這是

⓮ *The life*（《辨喜回憶錄》），卷2，頁87。

⓯ Vivekananda, *C. W.*（《辨喜全集》），卷4，頁410。

不可能的。」⑯

　　辨喜注意到他那個時代的印度改革者被西方文明的燦爛所迷
惑，沒有深入分析西方與印度各自的長處和短處，結果他們相信印
度的得救完全在於全盤模仿西方。他在《東方與西方》一書中指出，
除了必須考慮印度與西方的基本人生態度的差異之外，還必須考慮
氣候的、歷史的和其他各種對民族特性的影響。服飾、食物、建築、
個人行為舉止等等，很大程度上是地理環境的產物。此外，要了解
一個社會，人們必須具備對這個社會內部活動情況的親身經驗；浮
光掠影的了解多半會造成誤解。因此辨喜寫道：「在基本方向與目
標方面，西方社會與印度社會之間是如此大相逕庭，以至於印度的
任何部分想完全按照西方模式加以設計，都會南轅北轍，達不到目
的。」⑰

　　辨喜也反對食古不化，但是如果一定要在全盤西化派與正統派
之間作一個選擇的話，他還是寧肯選擇後者。「在印度我們航行的
航程上有兩個障礙——正統派就像西勒(Scylla)礁石，而現代歐洲文
明就像克里布迪斯（Charibadis）漩渦。在這兩者之間，我寧肯投
古老的正統派一票，而不投歐化制度一票；因為古老的正統派的人
可能是無知無識的，他可能是粗獷的，但是他是一個人，他有信仰，
他有力量，他能夠自立，而歐化的人沒有脊樑骨。」⑱

---

⑯　Vivekananda, *C. W.*（《辨喜全集》），卷3，頁219。

⑰　Vivekananda, *C. W.*（《辨喜全集》），卷4（1966年版），頁478–479。

⑱　Vivekananda, *C. W.*（《辨喜全集》），卷3（1964年版），頁151。古希
臘神話講到，在義大利南部的墨西拿海峽的兩邊有兩個海怪，一個化
身為西勒礁石，一個化身為克里布迪斯漩渦，曾經威脅過神話中的不
少經過此地的英雄。

　　根據辨喜的觀點，在世俗範圍內，也並非西方一切都好，印度
一無是處。不錯，印度確實有許多短處，但是這並不是全盤否定印
度的理由。如果說印度的寡婦常常得終生守寡，那麼西方的單身婦
女意氣消沉也使那裡的氣氛很陰暗。如果說童婚削弱印度教徒的力
量，那麼在西方晚婚導致了男女雜交。印度有壓迫人的祭司，西方
則有它的夏洛克。印度的農民是貧困的，但是貧困並沒有使他變成
罪犯；印度人是篤信宗教的；而在西方，窮人舉止不端。兩種社會
都並不代表人類最好的方面。辨喜的這種估價，大致上來說是準確
的。東方社會過於強調家庭的倫理價值，確實在一定程度上壓制了
個人的個性發展，一個世紀以來，隨著現代化的進程，這個問題有
所改善。而西方社會的家庭的價值進一步崩潰，性關係更為隨便，
結果一方面是愛滋病等性病流行得比以前更為猖獗，成為重要的死
亡原因，另一方面，單親家庭和少年母親的比率增加，更多的孩子
不能同時得到父母雙親的撫養和教育。東方祭司階層的勢力也隨著
現代化的進程而日益衰落，但西方的貧富分化則有加劇的趨勢，十
多年前美國還把無家可歸者作為一種社會的羞恥，企圖矯正，如今
已經熟視無睹，習以為常了。東方的窮人，特別是農村居民，多少
還保持著純樸的一面；西方的大城市中的貧民窟的犯罪率有增無減。
當然，東方的更大的問題在於舊的弊病尚未治愈，從西方傳進來的
新的弊病有時有過之而無不及。

　　根據辨喜的看法，在西方，宗教多少有點從屬於世俗的需要。
例如，俄國反對宗教的暴動就反映了這一點，在那裡宗教是屈服於
沙皇的專制，為鎮壓民眾辯護的。與此不同，印度精神通過它的獨
立的sannyasis（出家人）和無私的貧窮的婆羅門，仍然超脫於世俗
的束縛之外。新教的西方否定了修道院制度，結果在過去的幾個世

紀中沒有產生過一個傑出的聖人。西方信教的人的哲學思想僅僅是
經院哲學或神學。他們像自己的希臘人的祖先一樣，正在向外部尋
求真理。結果，科學得到了發展，而精神卻受到了束縛，宗教很難
贏得知識分子的皈依。宗教還深受停滯不前、教條主義和淺嘗輒止
之害。辨喜認為西方社會缺乏穩定的精神基礎。他說：「我必須坦
率地告訴你們，西方文明的真正基礎已經連根動搖了。龐大的建築
物如果以實利主義為基礎，則猶如築室沙上，某一天肯定會搖搖欲
墜。」❼西方的傳教士並不很受人尊敬。基督的出世的生活為人所忽
視。基督關於團結和人的神聖性的教導被錯誤地加以解釋；各個教
派是根據膚淺的教條組織起來的。更糟的是，有些傳教士與殖民主
義沆瀣一氣。他們就像有些外國學者一樣，從偏見出發，從來不可
能正確評價印度的歷史、文學、哲學和文化。因此他們的空虛的批
評使他們與印度教愛國知識分子之間的關係變得疏遠，或者使印度
教愛國知識分子發笑。結果，在辨喜的西方之行以後，西方人民也
發現，並不像傳教士所說的那樣，西方的一切都是好的，而非西方
的一切都是壞的。

我們比較東方與西方的歷史和現狀，可以大致上得出這樣的看
法：在軸心時代（公元前500年前後），中國、印度、希臘等幾個大
文明的宗教─倫理體系都趨於成熟。可以說就像從不同角度拍攝的
照片都反映了同一個太陽一樣，這些體系各有特色，但都在差不多
相近的水平上反映了人類對一些最基本的問題的思考。基督教的興
起比較晚，伊斯蘭教的興起更晚，但是也大致上反映了人類對這些
基本問題的探索。儒家、印度教、佛教、基督教、伊斯蘭教等大的
宗教─倫理體系與農業社會的生產力大致上是適應的，雖然都沒有

❼ Vivekananda, *C. W.*《辨喜全集》，卷3（1964年版），頁380。

達到它們各自設立的理想目標，但是基本上能在社會生活中占主導地位，將各種世俗活動置於其影響之下。時至近代，歐洲首先在文化上發生了深刻的變化，基督教失去了中世紀那種獨尊的地位，同時本身發生了巨大的演變，與世俗社會的演進相輔相成。但是，另一方面，隨著世俗社會演變的加深，隨著生產力的急劇發展，基督教顯得日益不適應社會，無法重新取得中世紀那種主導地位。而世俗思想的發展並沒有能夠比軸心文明更令人滿意地解決人類所面臨的一系列根本問題。整個說來，人類在解決自己的倫理問題方面，與軸心時代相比並沒有多大的進展，而生產力與那個時代相比卻有了不可同日而語的進步，古代傳下來的宗教—倫理體系遂不復能夠像近代以前那樣規範人類的活動。在將印度教等東方宗教—倫理體系與西方相比時，可能產生兩種錯誤。一種錯誤是認為，除了基督教之外，其他宗教—倫理體系不可能復興，不可能適應市場經濟和民主政治的現代社會。只有基督教是唯一正確的宗教，其他宗教都是「異教」，基督教造成了現代西方文明的興盛，其他民族要想興旺發達，必須放棄自己的固有宗教—倫理體系，改宗基督教。許多基督教傳教士就抱這種看法。歷史事實已經證明，像日本、新加坡、韓國、臺灣、香港等非基督教的國家和地區同樣可以取得與西方匹敵的經濟繁榮和政治民主。應該承認，儒家、印度教或佛教等東方宗教—倫理體系完全有可能通過改革，適應和促進社會的現代化進程。第二個錯誤是認為，基督教文明沒有什麼東西可以向東方文明學習的。如果基督教還不能解決社會現代化所面臨的種種問題，其他宗教—倫理體系就更不必說了。確實，其他宗教—倫理體系至今為止還沒有完成類似基督教宗教改革運動的更新，還沒有對自己的社會近代化作出像基督教一樣大的影響。但是，因為其他宗教—倫

理體系從根本上來說，是與基督教處於同一水平上的，它們在回答人類的根本問題上都有許多真知灼見，它們一旦完成更新的過程，完全有可能為人類的發展提出意義深遠的指導方向。基督教面對今天的現代化社會顯得力不從心，恰恰從反面說明，時至今日，人類的經濟、政治與文化生活都日益走向國際化和多元化，還要幻想通過一種獨尊的宗教來主導，是不現實的。只有幾種出自軸心文明的大的宗教—倫理體系取長補短，攜手並進，才有可能重新主導物質文明日益發展的社會。

辨喜在反對全盤西化的同時，也反對盲目排外。他對西方文明作了尖銳的批評，他對印度文明的批判更為嚴厲。他在上文提到過的〈現代印度〉一文中，就曾經指出：「印度通過她與外國的接觸慢慢地蘇醒了；這些微弱的蘇醒的結果是在一定程度上出現了近代印度自由和獨立的思想。」接著，他描述了印度生活中古老的傳統與外來的新的體制之間的衝突。他寫道：「那麼我們沒有什麼東西向西方學習嗎？我們不必努力嘗試去尋求更好的東西嗎？我們是完善的嗎？我們的社會是白璧無瑕、沒有任何缺點的嗎？——有很多東西要學習，我們必須為了新的和更高的東西奮鬥至死。——奮鬥是人類生活的目的。」⑧

當時有些人全盤否定西方文明，認為那只是實利主義，辨喜也不同意他們的觀點，指出他們不能因為吃不到葡萄，就說「葡萄是酸的」。他寫道：「西方人民的生活中有多少進取心和對工作的獻身精神啊，有多少rajas（實踐主義）的熱情和表現啊。而在印度，好像血液在心臟裡凍住了，因此血液不能在血管裡流動——好像全身癱瘓了，死氣沉沉，委靡不振。」⑧因此辨喜首先希望印度人民能身

⑧　Vivekananda, *C. W.*（《辨喜全集》），卷4，頁410。

體力行，不尚空談，注重實踐。

　　辨喜認為，印度落後、退化和遭受奴役的原因是印度人幾世紀以來變得心胸狹隘和閉關自守了。印度人盲目地相信自己的文化的優越，拒絕在平等的基礎上與其他民族接觸。他們把其他民族看得低人一等，稱之為 Mlechchas，意為不可接觸者。他們拒絕與其他民族分享知識。辨喜在評論印度的悲慘狀況時指出：「印度的厄運是在印度人發明Mlechcha這個詞，停止與其他人交往的那一天決定的。」❷種姓禁忌則禁止知識分子出海遊歷學習。這樣就造成了印度停滯的局面。英國人的到來固然帶來了許多痛苦，但是也給印度帶來了巨大的改變。辨喜感謝英國人打破了印度人的死氣沉沉和心胸狹隘。「自從英國人來到以後，他們強迫你們恢復與其他國家的交往，你們正在引人注目地崛起。從印度出國的每一個人都是對整個印度有利的；因為僅僅出國這件事本身就會使你們的視野擴大。」❸他對拉姆莫漢・羅易打破印度的閉關自守給以高度讚揚：「你們每一個人都知道，你們在印度所看到這一點點波瀾，這一點點生氣是從拉姆莫漢・羅易羅闍打破封閉的高牆的那一天開始的。從那一天開始，印度的歷史走向了另一個方向，現在它以一種加速度在成長發展。」❹他指出，為了印度的進步，許多人必須出國擴大他們的精神視野。

　　辨喜自己在東方與西方的生活經歷使他體會到國際主義的必要性。他希望通過交流科學知識和精神財富而把東方與西方融合起

❽　Vivekananda, *C. W.*（《辨喜全集》），卷7（1964年版），頁181。
❽　Vivekananda, *C. W.*（《辨喜全集》），卷5（1963年版），頁52。
❽　Vivekananda, *C. W.*（《辨喜全集》），卷7（1964年版），頁473。
❽　Vivekananda, *C. W.*（《辨喜全集》），卷3（1964年版），頁317。

來。他指出，在征服外部的自然界方面取得巨大成就的西方需要加強精神方面的追求，而執著於精神遺產的東方必須向西方學習科學知識。根據羅曼・羅蘭的研究，辨喜「與西方的長時期的接觸使他更深地體會到印度的個性。與此相對照，這使他珍視西方的堅強的多重個性。兩者對他來說都是必不可少的，因為它們互為補充，期待著那種共同的福音把它們融合起來，而正是辨喜開拓了融合的道路。」❽❺

　　辨喜曾經寫道：「理想的社會應該是把印度的精神健全的理念與西方的社會進步的理念綜合起來的社會。」❽❻辨喜相信，應該「以印度宗教來締造一個歐洲式的社會。」❽❼他希望，「通過把西方的實利主義與東方的精神主義統一起來，能夠完成許多事情。」❽❽他要求社會改革家「把他們自己既與東方的文化，也與西方的文化統一起來。」❽❾「應該通過西方人的眼光來看西方人；用我們的眼光來看他們，或用他們的眼光來看我們——都是錯誤的。」❾⓪他的結論是「我在生活中的任務是要求東方和西方不要為了不同的理想而爭執，向它們顯示，不管看來雙方的目標多麼對立，它們實際上是一致的。當我們在生活的曲折峽谷中鋪設我們的道路時，讓我們互相祝福。」❾❶

❽❺　Rolland, *Prophets of the new India*（《新印度的先知》），頁389。

❽❻　Vivekananda, *Caste, culture and socialism*（《種姓、文化和社會主義》），（1965年版），頁vi。

❽❼　Vivekananda, *C. W.*（《辨喜全集》），卷4（1964年版），頁368。

❽❽　Vivekananda, *C. W.*（《辨喜全集》），卷7（1964年版），頁284。

❽❾　Vivekananda, *C. W.*（《辨喜全集》），卷8（1970年版），頁308。

❾⓪　Vivekananda, *C. W.*（《辨喜全集》），卷5，頁514。

❾❶　Vivekananda, *C. W.*（《辨喜全集》），卷4，頁77。

　　辨喜堅持主張東方文化和西方文化取長補短，反對由一種文化來搞「大一統」，也不贊成由各種文化煮成一鍋大雜燴。他寫道：「每一個民族在這個各民族的神聖的和諧共處中都有自己的作用有待發揮。每一個民族都有自己的使命有待完成，自己的責任有待擔當。這一切的總和就是偉大的和諧共處。」❷

　　辨喜關於東西文化的思考並不像全盤西化派或全面排外派那樣譁眾取寵，故作驚人之論。他的理論是中庸的，在兩個極端之間走一條中間路線，不會引起什麼轟動效應。但是，這樣持平的看法是經得起歷史考驗的。整個世界歷史的發展顯示，並沒有隨著現代化的進程而消滅不同文化之間的差異，甚至沒有縮小這些差異。不僅像中國、印度、伊斯蘭各國這些東方的文明古國仍然保持著自己的特色，就是在西方文化內部，法國、德國、義大利或西班牙文化也都保持，甚至發展著自己的特色，並沒有被英語文化所同化。工業化、以及由工業化帶來的廣泛的國際交流固然深刻地影響著各種文化，使它們在許多方面，主要在物質消費方面出現了類似的或相同的面貌。但是在較高層次的文化方面，各大文明仍然保持著自己的個性。就像中世紀世界各國的農業社會在基本生產方式、生產力水平和消費水平方面的類似並沒有消除各大文明的差異一樣。今後科學技術再怎麼發展，看來也未必會做到這一點。全盤西化派認為只有一條現代化的道路，那就是西方已經走過的道路，各國或遲或早要走上這條道路，這種看法未必能得到歷史的證實。

　　各大文明繼續保持自己的特色本身並不能解決今天人類面臨的挑戰。但諸多文明並存為人類提供了較多的選擇機會。今天科學技術的發展已經遠遠超出了軸心時代的水平，在可以預見的將來，

❷　Vivekananda, *C. W.*（《辨喜全集》），卷4（1962年版），頁121。

科技的發展還會加速。但是人類在倫理方面仍然停留在軸心時代的水平上，沒有多大進步，因此與科技發展完全脫節，對社會的主導能力大為削弱。如果人類不能令人滿意地解決這個矛盾，繼續利用突飛猛進的科技去「征服」大自然，繼續堅持用暴力作為解決國際爭端的最後手段，繼續容忍和縱容各種強勢集團享有特權，那麼人類前途可憂。高科技提供了，並且還將提供前所未有的強大的軍事機器，大規模的暴力衝突可能意味著人類的集體自殺。高科技也提供了，並且還將提供干預自然的前所未有的利器，一旦人與自然的脆弱的平衡被徹底破壞，同樣會直接威脅到人類的生存。而人類堅持採取這種為所欲為的態度的根源，就是各個社會內部的弱肉強食的主導哲學。只有各大文明在互相交流中，發展出比軸心時代更高的倫理力量，重新控制科技與生產力的發展，重新主導社會，人類才會有一個比較光明的未來。哪一個大文明比較有希望首先發展出這樣強大的倫理力量呢？確實，基督教文明在突破中世紀的桎梏、推動工業化的進程中是走在前頭的。但現在還不能確定基督教文明能在重新主導工業社會和後工業社會方面再次走在前頭。其他久經歷史考驗的宗教─倫理體系完全具有相同的機會在新的挑戰面前作出回應。如果人類只剩下一種基督教文明（或稱現代西方文明），而這種文明又不能對新的挑戰作出成功的回應，那麼人類的命運就未可樂觀了。我們應該慶幸今天人類仍然保存著比較眾多的文明，從而有比較多的機會作出成功的回應。這種成功的回應可能首先由基督教來作出，也可能首先由印度教來作出，當然，也可能由中國的儒家來作出。

第四章　西學東漸和東方傳統

第一節　西學東漸

　　辨喜生活的時代，英語文化對印度的影響已經相當深厚，至少在加爾各答這樣的文化中心，大學青年一般是很熟悉英語文化的。辨喜小時候就跟母親學習P. 薩爾卡(Pyariharan Sarkar)的《第一本英語書》(*First Book of English*)。1871年，辨喜八歲，開始入讀大都會學院(Metropolitan Institution)英語部九年級（相當於一般小學二年級）。起先他不大願意學習英語，因為這是一種外語。在一個長輩親戚的說服下，幾個月以後他開始出人意料地認真學習英語，後來達到精通的地步。這使他學習西方文化和向西方傳播印度文化都得益非淺。1879年他考入加爾各答管區學院。當時他已讀過許多英文和孟加拉文的標準著作。除了中學數學之外，他也懂一些高等數學。他對本國史學得相當不錯，特別熟悉像馬什曼(Marshman)和埃爾芬斯通(Elphinstone)這樣的作者的印度史標準著作。他在總會學院參加第一文科考試時，學習並考核的課程除了英文、第二語言、歷史、數學外，還有邏輯和心理學。1884年他參加文科學士考試時，選擇了類似的課程，只是用哲學代替了邏輯和心理學。他從不把自

己的學習局限在大學課程範圍內。頭兩年他閱讀了大量西方邏輯學名著，第三、第四年他致力於掌握西方哲學和歐洲不同國家的古代和現代史。❶

赫伯特・斯賓塞的哲學使他特別感興趣，他在後來討論奧義書和吠檀多的學說時，經常運用斯賓塞的推理方法。斯賓塞的哲學對傳統神學觀念來說是很危險的。不過辨喜沒有完全失去從前的世界觀。他研究過德國哲學家，特別是康德和叔本華的思想體系。他也研究約翰・斯圖爾特・米爾和奧古斯特・孔德（1798–1857），鑽研亞里斯多德（公元前 384–322）哲學的分析和玄思。有一段時間，他對於包含廣泛的倫理觀的孔德實證哲學頗為滿意。❷

辨喜的同學B. 西爾在1907年4月的《覺醒的印度》雜誌上發表的一篇文章比較清楚描寫了當年辨喜吸收西方哲學思想的情況。西爾寫道：他第一次遇見辨喜是1881年。這是辨喜思想發展史上一個關鍵性的時期的開始，在此期間他的自我意識覺醒了，奠定了他未來人格的基礎。約翰・斯圖爾特・米爾的《宗教三論》動搖了他在梵社外圍所吸收的孩子氣的一神論和溫和的樂觀主義。一個朋友介紹辨喜去研究休姆的懷疑主義和赫伯特・斯賓塞的不可知論，他的無宗教信仰逐漸採取了一種確定的哲學上的懷疑主義的形式。就在這時，辨喜要求西爾為他介紹適合初學者的有神論的哲學讀物。西爾介紹了一些權威，但這些著作只是加強了辨喜的無宗教信仰。西爾又介紹辨喜閱讀英國浪漫主義詩人雪萊 (P. B. Shelley, 1792–1822)的著作。西爾當時的思想是希望把吠檀多的純粹一元論、黑格爾的絕對觀念的辯證法和法國大革命的平等、自由、博愛的福音融

❶ *The life*（《辨喜回憶錄》），第6版，卷1，頁20、25–29、45、47。
❷ 同上，頁102–103。

合為一體。這三種思想也影響了辨喜。❸

在辨喜以後的演講和著作中可以看到西方哲學的各種影響。辨喜在論述轉世的理論時，曾引用英國哲學家休姆的觀點：「輪迴轉世的學說是哲學能夠傾聽的唯一的體系。」❹辨喜相信神我和梵的存在，從根本上說不同於休姆的懷疑主義，但是辨喜在論述摩耶時，也像休姆一樣把常人所謂的客觀事物分析為「一簇印象」，把自我分析為「一束知覺」。

在西方哲學家中，康德比較接近辨喜的體系。辨喜認為：真正的宇宙是在心靈之外的，是人們所不知道的，也不可知的。把這個宇宙稱為X，人們所看到的宇宙就是X加上心靈，即X在人們心靈中的反映。人內在的真正的自我像外在的真正的宇宙一樣，是不為人所知的。我們稱這個自我為Y，人們所感知的自我就是Y加上心靈，即人只有通過心靈的中介才能認識自我。康德是達到這種心靈的分析的第一個人，但這很久以前就已經在吠陀裏陳述過了。康德哲學顯示了吸收奧義書教導的跡象。康德的偉大成就是發現了「時間、空間和因果是思想的形式」，但是吠檀多很久以前就想到這一點了，把它稱之為「摩耶」。根據商羯羅的觀點，神通過摩耶是宇宙的質料因和動力因，但實際上並非如此。神並沒有成為宇宙；但是宇宙不是實在的，神才是實在的。摩耶的觀念是理解不二論吠檀多的關鍵觀點之一。熟悉西方哲學的人會發現這與康德哲學非常類似。❺

---

❸ 同上，頁107–111。

❹ 辨喜，《論輪迴》，見*C. W.*（《辨喜全集》），卷4，頁267。

❺ 〈智瑜伽導言〉；〈吠檀多〉；〈啟示談話錄〉；〈各階段的吠檀多〉；見*C. W.*（《辨喜全集》），卷6，頁43；卷3，頁435；卷7，頁50；卷3，頁341。

　　辨喜對於叔本華哲學的態度是一分為二的。一方面，叔本華是西方哲學家中比較明確地承認吸收印度哲學的人，對印度的哲學和宗教評價甚高，辨喜顯然引以為榮。辨喜說：一個年輕的法國人曾把吠陀的波斯文譯本轉譯成一個不怎麼清楚的拉丁文譯本，十九世紀初偉大的德國哲學家叔本華曾研究過這個譯本。此外，一位名叫達拉・蘇柯的印度王子曾將《奧義書》翻譯成波斯文，叔本華所看到的是奧義書的拉丁文譯本，他的哲學的形成受到了奧義書的影響。同時，叔本華站在理性的立場上，把吠陀合理化了。叔本華對印度哲學相當推崇，他說：「在整個世界上沒有甚麼研究像奧義書研究那樣有益和高雅。它是我的生活的慰藉，它也將是我死亡的慰藉。」叔本華預言，當印度思想為人們所了解時，它將在歐洲產生重大影響。「世界將會看到一場比希臘文學的文藝復興更廣闊和強大的思想革命。」辨喜認為這個預言正在應驗。

　　另一方面，辨喜對叔本華的唯意志論不表贊同。辨喜在《智瑜伽》中寫道：「我認為叔本華哲學在解釋吠檀多時犯了一個錯誤，因為它企圖使意志無所不在。叔本華讓意志取代了絕對（梵）。」辨喜認為，叔本華關於意志的看法是受了佛教的影響。❻

　　斯賓塞是與辨喜同時代的哲學家，比較受辨喜推崇。辨喜寫道：古代印度吠檀多學派和佛教的爭論相類似的討論也在當時的歐洲進行，一方面是宗教徒和唯心主義者，另一方面是當代實證主義者和不可知論者；唯心主義者相信存在不變的實體（最近的代表是歐洲

---

❻　〈在東方的第一次公開演講〉；〈吠檀多〉；〈啟示談話錄〉；〈印度的使命〉；〈智瑜伽〉；〈一八九五年從紐約給E. T. 斯特迪先生的信〉；見C. W. 《《辨喜全集》》卷3，頁109、435；卷7，頁51；卷5，頁190–191、195；卷2，頁131；卷8，頁362。

的赫伯特・斯賓塞)，我們可以瞥見這個不變的實體。另一方面由現代孔德主義者和不可知論者為代表。幾年前赫伯特・斯賓塞和弗雷德里克・哈里森的討論也是如此，一方面認為，在變化不定的萬事萬物背後有一種不變的本體，另一方面否定這種假設的必要性。❼

　　在同時代的西方著名哲學家中，辨喜與美國的威廉・詹姆士 (William James，1842–1910) 有過親身交往。詹姆士1870年在哈佛大學得醫學博士學位，從1872年起至去世一直在那裏教書，起先教解剖生理學，後來教心理學，最後教哲學。1895年6月辨喜完成了他的名著《王瑜伽》，引起了詹姆士的注意。詹姆士稱辨喜為「大師」，在自己的著作《宗教經驗的多樣性》中把辨喜稱為「吠檀多派的傑出典範」。1897年辨喜回到印度後，詹姆士和哈佛神學院院長等人寫信給辨喜說：「我們作為坎布里奇倫理學、哲學和宗教比較研究會的成員，認識到您在美國出色地闡述吠檀多哲學和宗教的價值，以及在愛思考的人中所產生的興趣，這是使我們非常高興的事。」❽

　　與辨喜有直接交往的西方哲學家還有德國東方學家馬克斯・繆勒和多伊生。1896年辨喜訪問英國倫敦，5月28日，繆勒邀請辨喜到劍橋大學他的家裏去。辨喜後來在6月6日發表的一篇文章中回憶了這次會面。辨喜覺得這次會見對自己來說是一次真正的啟示。繆勒不僅是舉世聞名的學者和哲學家，而且是一個道地的吠檀多派，

---

❼　〈實踐的吠檀多IV〉，見*C. W.*（《辨喜全集》），卷2，頁342。

❽　Nikhilananda, *Vivekananda: a biography*（《辨喜：傳記》），印度第4版，頁152、189–190、225；*The life*（《辨喜回憶錄》），第6版，卷2，頁209–210。）

領悟自己的靈魂與梵是同一的。繆勒對印度的熱愛尤其令辨喜感動，寫道：「他對印度多麼熱愛！我希望自己對祖國能有百分之一那種熱愛。」繆勒已經寫了一篇關於羅摩克里希那的文章〈一位真正的聖雄〉，後來在1896年8月號的《十九世紀》月刊上發表。繆勒希望辨喜為他提供更多的關於羅摩克里希那的材料，他打算寫一本更大、更完整的傳記。辨喜立即請師兄弟薩拉達南達與印度聯繫，收集盡可能多的關於導師的生平資料和教導。繆勒根據這些資料寫了一本《羅摩克里希那：他的生平和教導》，在倫敦出版。❾

　　1896年辨喜在歐洲阿爾卑斯山上渡假時，收到德國基爾大學哲學教授保羅·多伊生的邀請信，於是在9月8日抵達基爾。多伊生是叔本華的學生、康德的信徒，或許是能夠流利地講梵文的唯一的歐洲學者。和辨喜一起受邀前往的塞維爾夫人在1905年9月號的《覺醒的印度》雜誌上曾發表文章回憶了多伊生和辨喜的這次會見。兩人略為寒喧後，就開始討論學問。多伊生認為，以奧義書和商羯羅註釋的《吠檀多經》為基礎的吠檀多體系是人類追求真理的最宏偉的哲學體系和最寶貴的思想產物之一，最高尚和最純粹的倫理是吠檀多的直接結果。看來一種追溯精神源頭的運動已經開始，將來這個運動可能使各民族的精神領袖印度在世界上產生最高貴和最巨大的精神影響。多伊生對印度哲學的高度評價無疑支持和加強了辨喜的自信。

　　多伊生為了與辨喜有更多的討論機會，陪伴他回到英國住了兩

❾　《論馬克斯·繆勒教授》，見*C. W.*（《辨喜全集》），卷4，頁278-282；Nikhilananda, *Vivekananda: a biography*（《辨喜：傳記》），印度第4版，頁191-194；*The life*（《辨喜回憶錄》），第6版，卷2，頁102-104、441。

個星期，幾乎每天討論吠檀多的原理，並對整個吠檀多思想獲得了
更為清晰的了解。辨喜向他指出，西方哲學家徹底理解吠檀多形而
上學的困難在於，他們很容易受先入為主的觀念的影響，戴上有色
眼鏡來看印度的理念論。多伊生同意辨喜的看法，體會到必須非西
方化，才能掌握印度哲學體系的精神。辨喜對多伊生推崇備至，認
為他是歐洲新型梵文學家的比較年輕的先鋒。繆勒以語言學見長，
多伊生則受過哲學家的訓練，精通古代希臘和近代德國的玄學，勇
往直前地探索奧義書的形而上學的精義。⓾

　　辨喜一貫認為，宗教比哲學更有力量。他的思想除了受到上述
哲學家的影響之外，還受到基督的影響。他雖然對基督教在印度的
傳教活動持批評態度，⓫但對基督卻高度尊崇。他認為，基督時代
的猶太民族是處於衰落階段，受到實際上的、心靈上的和道德上的
團團包圍，受到羅馬人的、文明世界希臘化傾向的壓迫，受到來自
波斯的、印度的和亞歷山大里亞的浪潮的衝擊，猶太民族被迫把它
所有的力量集中在耶路撒冷和猶太文化。這種積聚的力量終於表現
為基督教的興起，而在這股潮流浪尖上的就是拿撒勒的耶穌。先知
是他自己的時代、他的民族的過去歷史的產物，同時，他自己又是
未來的開創者。普通人只凝聚了一點兒力量，幾分鐘，幾小時，最
多幾年，就耗盡了，就此永遠消失了。但像基督這樣的巨人，他身

⓾　〈論保羅·多伊生博士〉，見*C. W.*（《辨喜全集》），卷4，頁272–277；
　　Nikhilananda, *Vivekananda: a biography*（《辨喜：傳記》），印度第4
　　版，頁198–199；*The life*（《辨喜回憶錄》），第6版，卷2，頁121–
　　129。

⓫　〈印度教徒和基督教徒〉，〈印度的基督教〉，見*C. W.*（《辨喜全集》），
　　卷8，頁209–213、214–219。

上凝聚的力量已經展現了一千九百年，誰知道還有多少年才足以完全展開。

基督的理想異常崇高，人類必須坦誠，如果不能追隨這個理想，就坦白承認自己的軟弱，不要貶低這個理想；不要試圖摧毀這個理想。基督向人們說：「天國就在你們心中。」這是基督的偉大教導。另一個教導是一切宗教的基礎，即克己。有一個富裕的年輕人問耶蘇，「老師，我該作甚麼善事，才能獲得永生呢？」耶蘇告訴他，「你還缺一件事；去變賣所有的產業救濟窮人，那麼你在天上就必有財寶，此外你還要來跟隨我。」他聽了之後便垂頭喪氣地走了，因為他太富有了。辨喜用這個著名的故事說明基督的主要精神，他寫道：克己意味著甚麼呢？道德上只有一個理想：無私。若有人掌摑你的右臉，連左臉也轉過來給他打吧。若有人控告你，要奪取你的襯衫，連外衣也給他。辨喜用基督的這個著名教導作為一個高遠的理想。我們還不能達到這個理想，但是讓我們崇拜這個理想，慢慢奮鬥達到這個理想。可能就在明天，可能還要再花一千年；但理想是會達到的。**⓬**

辨喜對基督精神的肯定，與他所受的梵社和羅摩克里希那的影響不無關係。因為梵社和羅摩克里希那都相當推崇基督精神。我們將在下一節中討論辨喜參加梵社活動和師從羅摩克里希那的情況。

第二節　梵社和羅摩克里希那

辨喜是在大學時代接觸西方哲學的同時，接觸梵社的。梵社是由孟加拉人拉其姆漢・羅易創立的。羅易是一位多才多藝，精通多

⓬　〈基督，上帝的使者〉，見*C. W.*（《辨喜全集》），卷4，頁138–153。

種歐洲和印度語言的大學者、宗教和社會改革家。他被基督的教導所深深感動，但不能接受正統基督教的歷史觀和教義。與此同時，他從根本上反對偶像崇拜，認為印度教要生存下去，就必須進行改革，拋棄許多宗教和社會習俗。《近代印度》的作者珀西瓦爾·格里菲思爵士認為，梵社應該說是基督教和印度教的某些主要因素的綜合，它企圖建立一種一神教，而沒有合適的哲學基礎。但是它對孟加拉的好幾代人產生了強大的影響。可能因為在一個時期內，由於西方思想的衝擊，一些印度人覺得既不能做一個傳統的印度教徒，也不能做一個基督教徒，而梵社迎合了他們的精神需要。西方思想對印度人心靈的衝擊產生了初期的迷惘和疑惑，梵社正是這種迷惘和疑惑的自然的產物。❸羅易開創的梵社後來有兩個能幹的繼承者，一位是德文德拉納特·泰戈爾，即後來獲得諾貝爾文學獎的泰戈爾的父親；另一位是雄辯的蓋沙布·金德拉·森。

辨喜經常參加梵社的會議，他一度覺得梵社是一個理想的組織，可以幫助他解決各種人生問題，包括個人的和民族的問題。他當時的思想與梵社領袖的思想很接近。他知道種姓制度的沉重壓迫，對這種制度的僵化義憤填膺；他一點不同情多神論和偶像崇拜。他也覺得印度婦女應該有接受教育的平等權利。他非常認真地支持梵社的事業，希望自己有一天也能像蓋沙布·金德拉·森一樣，思想強堅有力，感情深沉，熱情洋溢，具有人格的魅力，能影響大批的追隨者。

1878年，梵社分裂。5月15日，激進派成立了公共梵社(Sadharan Brahmo Samaj)。辨喜加入了這個新的組織，在其發起成員的名單

---

❸ Griffiths, Sir Percival, *Modern India*（《近代印度》）, New York: Frederick A. Praeger, 1965年，頁64–65。

上今天仍然能看到他的名字。同時他也參加了一個運動，不分種姓、宗教或膚色，對群眾進行教育。

　　有一段時間，梵社的氣氛使辨喜很滿意；在祈禱和唱聖詩時，他深受鼓舞。據說他受這個運動影響期間，是吃素的。辨喜接受梵社的觀點：神是有一定屬性，但是沒有形式的，但是他不像其他梵社信徒，他相信如果神真的存在，神肯定會回應信徒的虔誠的祈禱。他覺得應該有一種方式領悟神的存在，否則生命就毫無價值。他漸漸認識到，他並沒有比參加梵社以前更接近這個目標。

　　辨喜渴望認識真理，他轉求教於德文德拉納特・泰戈爾。當老泰戈爾在恒河上的一條船上閒居時，辨喜單獨前往見他。辨喜出其不備地問道：「先生，您見過神嗎？」老泰戈爾無法回答，只得答非所問地說：「我的孩子，你有一雙瑜伽師的眼睛。」辨喜很失望地離開了。他又去見了一些其他宗教教派的領袖，但是沒有一個人能說自己見過神。在這種情況下，他記起了羅摩克里希那。❶❹

　　羅摩克里希那無疑是對辨喜影響最大的人物，因此我們將使用較多地篇幅分析羅摩克里希那的思想，從中可以間接了解辨喜哲學思想的淵源。

　　羅摩克里希那1836年2月18日誕生在離開加爾各答二十七英里的伽瑪爾普古爾村，取名竭達陀爾，他的父親是一個並不富裕的婆羅門。他五歲開始上學，不喜歡數學，但是繪畫和泥塑的才能得到了很大的發展，特別善於熟記許多以經典為基礎的歌曲、故事和戲劇。（後來他和辨喜初次見面就是在一個信徒家中聽辨喜唱歌。他一直非常欣賞辨喜的歌喉。）1843年他的父親突然去世，他變得更孤獨和沉思冥想，開始聆聽遊方僧的討論。他十三歲時，長兄羅姆

---

❶❹　*The life*（《辨喜回憶錄》），第6版，卷1，頁55–56、59–60。

俱摩爾因妻子去世，悲痛不堪，且債務累累，於是離開故鄉前往加爾各答，在那裏開辦了一所梵文學校。三年以後，長兄把他帶到加爾各答讀書，但他對於學校毫無興趣。羅姆俱摩爾光靠梵文學校不足以糊口，另外還兼做家庭祭司。因為只有婆羅門才能舉行宗教儀式，所以一些其他種姓的富裕家庭就付錢給祭司，請他每天兩次到家裏來祭祀神祇。羅姆俱摩爾很難兼顧兩頭，就把所有家庭祭司的工作交給了竭達陀爾。竭達陀爾不僅精通各種儀式，而且熱愛這份工作，很受各個家庭歡迎。兄弟兩人這樣生活了大約三年。**⑮**

那尼·拉斯馬尼是加爾各答的一個富裕的寡婦，她在加爾各答北面的達其內斯瓦爾建造了一組神廟，於1855年5月31日舉行了落成典禮。羅姆俱摩爾不僅主持了落成典禮，而且擔任了時母廟的祭司，竭達陀爾也隨其長兄住進了神廟。不久以後，羅摩克里希那同意成為他哥哥的助手。1856年羅姆俱摩爾突然去世，羅摩克里希那接替他擔任時母廟的祭司。**⑯**

從此時起，羅摩克里希那進入了精神修練(sadhana)的階段。他文化程度不高，並不精通經典，很長時期沒有上師 (guru)，完全靠自己的獻身精神和執著去追求真理。他主要的修練方式是信瑜伽(Bhakti-yoga)。

信瑜伽分成幾個階段。第一個階段是Shanta，在崇拜神時並沒有熱愛的火焰，只是比一般的形式、儀式和象徵稍微高一些。

第二階段是 Dasya，即崇拜者把自己看成神的僕人。**⑰** 或者崇

---

⑮ Ishewood, 1986, *Ramakrishna and his disciples*（《羅摩克里希那和他的弟子》），頁24、28、42。

⑯ 同上，頁43–45、55、57。

⑰ 辨喜，〈最高信瑜伽〉，見*C. W.*（《辨喜全集》），卷3，頁93–94。

拜者把自己看成神的孩子。羅摩克里希那有一段時間在崇拜羅摩神時，把自己與猴王哈奴曼等同起來。他回憶自己當時一舉一動都像猴王，跳動著行走，只吃水果，常待在樹上，呼喚「羅摩!」 眼睛看上去疲憊不堪，就像猴子的眼睛。最奇怪的是脊椎體的尾端長出了幾乎一英寸，後來停止這種修練，才逐漸恢復正常。**⓲** 同時，羅摩克里希那一生的大部分時間把自己看成時母女神的孩子。

第三個階段是Sakhya，即友誼，把神看成自己的朋友。**⓳** 羅摩克里希那把自己看成克利希那（黑天神）童年時代的朋友——布林達班的牧羊童之一。**⓴**

第四階段是 Vatsalya，即像熱愛自己的孩子一樣熱愛神。**㉑** 大約在1864年，一個名叫查太達里(Jatadhari)的遊方僧來到達其內斯瓦爾，他帶了一尊童年摩羅神(Ramlala)的金屬像，像愛自己的孩子一樣愛他。羅摩克里希那的熱愛甚至超過了查太達里對童年羅摩神的愛。結果查太達里離開時，把這尊神像留在達其內斯瓦爾。**㉒**

最高階段是 Madhura，像妻子熱愛丈夫一樣熱愛神。**㉓** 羅摩克里希那把自己與克利希那（黑天神）的愛人拉達等同起來。他穿上婦女的衣服，舉止行為都像婦女，有時到拉尼‧拉斯馬尼家裏去，與婦女住在一起。1864年的一次宗教慶祝活動中，他身穿女裝參加，甚至最熟悉他的人也沒有認出他來。所有這些階段的修練都是屬於

⓲ 同⓯，頁111、71。

⓳ 同⓱，頁94–95。

⓴ 同⓯，頁111。

㉑ 同⓱，頁95–96。

㉒ 同⓯，頁111、107–109。

㉓ 同⓱，頁96。

毗濕奴教派的。❷辨喜的信瑜伽思想主要是從羅摩克里希那這兒繼承下來的。

　　羅摩克里希那也接受了許多別人傳授的修練方式。1861年，一位名叫貝拉維的女尼來到達其內斯瓦爾，與羅摩克里希那一見如故，把他視為自己的孩子。以前羅摩克里希那完全依靠自己的摸索，現在第一次有了一位導師，告訴他，他所做的一切都與經典相吻合。他把貝拉維作為自己的上師(guru)，在她的指導下，從1861年到1862年修練密宗(Tantra)，於1863年完成。❷

　　1865年底，一位名叫多塔布利(Tota Puri)的吠檀多派遊方僧來到達其內斯瓦爾。他屬於不二論大師商羯羅建立的十個僧團之一。多塔布利立即發現了羅摩克里希那的不凡之處，提議教他吠檀多的修練方式。多塔首先讓他發誓出家，放棄婆羅門種姓，並接受多塔作為他的上師(guru)。然後多塔教他很多不二論哲學的箴言，並要求他默想，摒除萬事萬物，集中意念於神我(Atman)。但是羅摩克里希那不能摒除時母女神的形像。多塔撿起一塊碎破璃，扎在他的眉心上，要他把心靈集中在這一點上。羅摩克里希那第一次進入了最高的三昧狀態。多塔作為一個遊方僧，從來不在一個地方停留三天以上，但是這一次在達其內斯瓦爾住了十一個月。多塔離開以後，羅摩克里希那決定至少六個月處於最高的三昧狀態。❷辨喜的智瑜伽思想和修練主要也是從羅摩克里希那這兒繼承下來的，不過辨喜比較重視經典的研究。

　　羅摩克里希那進一步努力體會印度教之外的宗教的理想。這時

❷　同❶，頁111–115。

❷　同❶，頁89–102；*The life*《辨喜回憶錄》，卷1，頁66。

❷　同❶，頁115–123。

有一個名叫戈文達·羅伊(Govinda Roy)的人來到達其內斯瓦爾,他原來是剎帝利種姓的印度教徒,但為了追求真理,他研究過許多宗教,最後信奉了伊斯蘭教。他進行蘇菲派的修練。羅摩克里希那決定跟他學習伊斯蘭教,不斷唸阿拉的名字,穿阿拉伯穆斯林一樣的衣服,像他們一樣每天祈禱五次,覺得不願意看到印度教的男神和女神,更不用說崇拜他們,印度教的思想方式完全離開了他的心靈。他在這種狀況下過了三天,完全體會了他們的修練。他甚至吃以穆斯林方式烹調的食物。他通過這種修練來證明,不二論吠檀多是許多二元論宗教的唯一有效紐帶。**㉗**

　　1874年,羅摩克里希那認識了香布·查蘭·馬利克(Shambhu Charan Mallik)。香布是各種宗教經典的熱心的研究者。香布是第一個把聖經讀給羅摩克里希那聽,向他講到耶穌的人。羅摩克里希那開始常常想到耶穌,花園住宅的客廳裏掛了聖人的畫像,包括聖母馬利亞和童年耶穌的畫像,他的印度思想方式被置諸腦後,他對印度諸神的尊崇削弱了。他心中充滿了對耶穌和基督教的熱愛。**㉘**辨喜雖然沒有像他的上師一樣實踐伊斯蘭教和基督教,但是他也同樣尊崇和研究這兩種宗教。

　　辨喜初次到達其內斯瓦爾去訪問羅摩克里希那時,就提出了那個他向老泰戈爾提出過的問題:「先生,您見過神嗎?」羅摩克里希那毫不遲疑地回答:「是的,我見過神。我看到神就像我在這兒看到你一樣,不過更加清楚。神是能夠被看到的。人可以與神談話。但是誰在乎神呢?人們為他們的妻子、孩子、財富和產業涕泗滂沱,但是有誰為看到神而流淚呢?如果有人椎心泣血地想看到神,他就

㉗　同**⑮**,頁124–125。

㉘　同上,頁147–148。

肯定能看到神。」辨喜十分驚異。因為這是他第一次面對面看到一個人聲稱自己看到過神。他感到羅摩克里希那說的是無可置疑的肺腑之言。㉙

　　羅摩克里希那是印度文化的產兒，熟悉印度的精神傳統，但是對現代思想方法一無所知。辨喜正好相反，是現代精神的象徵。他喜歡追根究底，對各種迷信保持高度警覺，永遠誠實無欺，具有開放的心靈，在接受任何結論之前，都要求獲得理性的證據。作為梵社的忠實成員，他對偶像崇拜和印度教的各種儀式抱著批判態度。他覺得並不需要一個上師，一個自己與神溝通時的中介人。在五年當中，辨喜密切地觀察著羅摩克里希那，一直用理性的烈焰考驗他的一言一行，從不讓自己受盲目信仰的影響。㉚

　　羅摩克里希那深知辨喜對理性的執著，他說：挪倫「總是用知識的利劍把摩耶斬得粉碎。不可測知的摩耶永遠不可能把他置於自己的控制之下。」從一開始他就引導辨喜接受不二論吠檀多的真理。他心中抱著這個目標，要求辨喜大聲朗讀 Ashtavakra Samhita 和其他不二論的論文，使他熟悉這些理論。辨喜作為梵社的堅定擁護者，覺得這些著作是異端邪說。辨喜認為這種哲學和無神論沒有甚麼區別，把自己和宇宙的創造者視為一體是世上最大的罪惡。但是羅摩克里希那知道辨喜的道路是 Jnana（智）瑜伽的道路，因此繼續與他談論不二論。一天他試圖使辨喜認識到個別的靈魂與梵是一體的，但是沒有成功。當辨喜離開他的房間，向另一個弟子表示自己的疑惑時，他微笑著走出房間，觸摸了辨喜一下，隨即陷入三昧狀態。辨喜這樣描寫這次觸摸的影響：

㉙　Nikhilananda, *Vivekananda*（《辨喜》），頁24-25。

㉚　同上，頁27-28。

那天上師的神奇的觸摸立即給我的靈魂帶來了奇特的變化。
我驚奇地發現，整個宇宙全都是神的體現，除此之外一無所
有！我非常清楚地看到神，但是默默地觀察這種印象會持續
多久；但一整天裏頭這種印象並不減退。我回到家裏，但是
我看到的每一樣東西仍然都是梵。我坐下來吃飯，但是發現
每一樣東西——食物、盤子、上菜的人，甚至我自己——都
是梵。我吃了一、兩口食物，呆呆地坐著。我被母親的話嚇
了一跳：「你為甚麼呆呆地坐著？把飯吃完吧」，然後重新開
始吃起來。但是不管是吃飯還是躺在床上，或去上學，我一
直保持著這種感覺，覺得自己一直處於一種精神恍惚的狀態
下……這種狀態持續了好幾天。當我重新恢復正常以後，我
體會到，我瞥見了不二論狀態。它使我相信經典上的論述不
是虛假的。因此我不能否認不二論哲學的結論。

　　羅摩克里希那就是這樣教導和訓練辨喜的。一點兒，一點兒，
這個學生從懷疑到堅信不疑，從黑暗到光明，從心靈的痛苦到思想
的平靜，從世界猶如沸騰的漩渦的感覺到宇宙統一的廣闊無垠的領
悟。這時辨喜對上師的尊敬增長了一千倍；開始把上師作為精神的
最高理想來接受。❸

　　辨喜不僅學習不二論哲學，也實踐靜思默想。這給予他很大的
心靈上的平靜。不管他的心靈多麼騷動不安，羅摩克里希那的話不
斷鼓舞他，使他情緒穩定：「你可以不相信各種各樣形式的神，把
它們當作人類想像的產物置諸腦後。但是如果你相信某種最高實體，

❸　《辨喜回憶錄》(*The life of Swami Vivekananda*)，第6版，頁95–97。

相信宇宙是有規律的，那麼你可以這樣祈禱：『噢，神啊，我不知道你。慈悲地向我揭示你的真實性質吧！』——如果你的祈禱是真心實意的話，它會傾聽的。」這些話給辨喜很大的鼓舞，幫助他把自己的心靈越來越轉向精神的修練。❸

　　1884年初，辨喜通過加爾各答大學文學學士考試後不久，他父親突然去世，全家頓時失去了唯一的收入來源，辨喜作為長子，必須挑起養家活口的重擔。他每天四處奔波，尋找工作。辨喜後來常常向師兄弟講述這段最黑暗的時期的經歷。薩拉達南達曾記下辨喜的回憶。辨喜後來在一個律師事務所裏找到一份工作，加上翻譯一些書籍，勉強使一家人得以糊口。一天他突然想起，可以請羅摩克里希那為他向時母女神祈禱，解救他家庭的貧困饑寒。但他的上師告訴他，由於他不信時母女神，羅摩克里希那的一再祈禱不起作用，要他自己去向時母女神祈禱。當晚辨喜懷著真誠的信仰走進時母女神廟，他情不由己地向時母女神祈求辨別能力、自我克制、知識和信仰。他完全忘記了世俗的事情。他回到上師身邊，在上師的詢問下，才發現自己忘了祈求時母女神解除家庭的貧困。於是在上師的指點下，第二次去時母女神廟。但他一看到女神像，又忘了前來的目的，只祈求愛心和虔誠，於是上師讓他第三次去女神廟祈求。但這次辨喜覺得向女神祈求這樣微不足道的事，是十分可恥的。他向女神說，除了知識和信仰之外，一無所求。辨喜走出神廟，意識到所有這一切都是出自上師的意志。然後他要求上師讓他的家屬不再受貧困之苦。上師答應了他的請求。

　　毫無疑問，這是辨喜生活中的一個里程碑。到這時候為止，他不了解神的母性的意義。他對偶像崇拜不屑一顧。從這以後，他深

---

❸　同上，頁112。

切體會到通過偶像來崇拜神，神作為母親的意義和目的，因此使他的精神生活更豐富和完備。羅摩克里希那對此無比高興。**❸❸**

　　辨喜在遇到精神修練的困難時，總是到上師那兒去尋求幫助。有一段時間，他覺得在打坐時很難完全忘記自己的身體，把心靈完全集中在理想上。他希望聽聽上師的忠告，上師把自己根據吠檀多學派的規矩實踐三摩地時，多塔布利告訴他的辦法傳授給辨喜。他在辨喜的眉毛之間用指甲狠狠地掐了一下，說：「現在把你的心靈集中在這疼痛的感覺上！」辨喜發現只要自己願意，就可以很容易地把意念集中在眉心，完全失去身體其他部分的意識，再也不會在打坐時分心了。**❸❹**

　　有一次辨喜和師兄弟激烈地辯論，神的性質——人格神還是非人格神，以及神的化身是事實還是神話等等。辨喜以推理的強大能力使對手啞口無言，為辯論的勝利而喜不自勝。羅摩克里希那樂滋滋地聽他們辯論，辯論結束後，心醉神迷地唱了一首歌，其中唱到：

　　　深入六派哲學，那裏你不會找到神；在密教哲學裏，在吠陀裏，你也找不到神。只有在愛的甜蜜裏才能找到神。

弟子們都沉默了，入神了。羅摩克里希那不是一個形而上學家。靈性不是把精緻的理論形諸言詞的能力。它是體驗。它是個性。它是征服性欲和金錢的誘惑。這種宗教虔誠深深地影響了辨喜，他體會到智力是不可能徹底明白神的神秘性的。**❸❺**

---

❸❸　同上，頁127–129。

❸❹　同上，頁132。

❸❺　同上，頁135。

1884年的某一天，羅摩克里希那和辦喜等弟子討論到毗濕奴教派。他說道：「這種宗教要求信徒做三件事：反覆念誦神的名字，憐憫一切生物，為神的信奉者毗濕奴教徒服務。神及其化身——黑天和毗濕奴是不可分割的；因此人應該尊敬所有的聖人和善男信女。人領會了這個世界屬於黑天，就應該憐憫所有的生物。」他話剛說完就進入了三昧狀態，過了一會兒，恢復了一半意識，自言自語地說：你們這些蠢人！你們只是大地上蠕動的微不足道的蟲子，還要憐憫其他生物！與其憐憫其他生物，不如為人服務，承認人是神的真正的表現形式。

每一個人都聽到了上師這些發自肺腑的話，但只有辦喜充分估量它的意義。他離開房間後對其他人說：在上師的那些話裏，我發現了多麼神奇的光輝！吠檀多的知識通常被解釋成枯燥的、嚴肅的、和人類的感情不能和諧並存的，但他多麼出色地把信 (Bhakti) 瑜伽的理想和吠檀多的知識融為一體了！通常認為，掌握吠檀多的知識要求完全脫離社會，把愛、奉獻和憐憫之類的所有的感情連根拔除。但是從上師入神時的這些充滿智慧的話中，我懂得了脫離社會的隱士所奉行的吠檀多理想能夠應用於家庭之中，應用於日常生活的一切方面。上師的這些話在追求奉獻的道路上投射了全新的光輝。工作和瑜伽這兩條道路的追隨者都能從上師的這些話中得到教益。❸❻

這裏已經可以看到辦喜以後的「為人服務即為神服務」的思想的萌芽。他雖然還沒有明確地提出四瑜伽，但已經可以看出他企圖把智、信、工作（業）和瑜伽結合起來的傾向。

辦喜學習智瑜伽和信瑜伽都深受上師的影響。他後來曾經把自己與上師作一比較：「他外表上完全是一個信瑜伽師；但是內心是

❸❻　同上，頁138–139。

一個智瑜伽師。我外表上是一個智瑜伽師，但心裏面完全是一個信瑜伽師。」❸

　　辨喜不僅在上師那兒學習智瑜伽和信瑜伽，他從一種更廣闊的視野來看待上師，認為上師的生活所展現的道路是導向完全的精神目標，而不是只導向一種宗教或一個教派的精神目標。他把上師看作印度教法(Dharma)的保存者和更新者。他把上師看成一個新的闍多尼耶（Chaitanya，1458-1533，毗濕奴派大師）、新的商羯羅、新的佛陀。❸

　　回顧上師對辨喜的訓練，可以分為幾個階段。辨喜剛來到上師身邊時，對神的存在、神的性質、神的化身都充滿懷疑。上師首先從智力上使辨喜信服。因此他向辨喜傳授不二論，這對理性具有不可抗拒的吸引力。辨喜很快吸收了這種理論；但他渴望對梵的直接體驗。他希望通過三昧來體驗梵。進一步，信瑜伽和智瑜伽也導向同一個目標。❸

　　辨喜在上師指導下進行長期的精神修練，在1886年3月達到了頂峰。那天他與老戈帕爾（後來的阿德維塔南達，1828?-1909）一起打坐，戈帕爾突然聽到辨喜喊道：「我的身體在哪兒?」因為辨喜只有頭腦的意識，已失去了對自己身體的感覺。戈帕爾回答說：「怎麼啦，挪倫，它在那兒。」戈帕爾束手無策，急忙跑到上師那兒去求助。上師只是平靜地回答，讓辨喜在那種狀態下待一會兒。到晚上九點鐘，辨喜才開始出現恢復意識的微弱跡象。這就是辨喜第一次達到無分別三昧(Nirvikalpa Samadhi)，完全的梵我一如。❹

---

❸　　同上，頁145。

❸　　同上，頁149。

❸　　同上，頁171-172。

在羅摩克里希那去世後，辨喜組織師兄弟在巴拉納戈爾修道，後來雲遊印度。1990年1月，他來到加濟普爾，主要目的是拜訪聖人波婆訶利·巴巴。後來辨喜回憶當時的情況：雖然他與羅摩克里希那一起生活這麼多年，但是他沒有學習過使身體強壯的瑜伽。他聽說巴巴知道瑜伽氣功 (Hatha Yoga)；因此他想向巴巴學習瑜伽氣功。但他不能接受巴巴為上師，因此沒有學成。他在3月份寫給阿汗達南達的一封信裏說：「我們孟加拉是信(Bhakti)和智(Jnana)的故鄉。那兒很少提到瑜伽。有一點兒也是關於瑜伽氣功呼吸練習——只是一種體育鍛煉。因此我和這位出色的王瑜伽師（指巴巴）待在一起，他也給了我某種希望。」不過這種希望並未實現。儘管如此，辨喜一直對巴巴深為感激，認為巴巴是他熱愛和服務過的最偉大的導師之一。❹

第三節　東方傳統

辨喜作為一個吠檀多學派的傳人，最重視的經典是《奧義書》、《薄伽梵歌》和《吠檀多經》。他像一般學者一樣，把吠陀分為兩個部分，即講祭祀的部分和講哲學的部分（奧義書）。❷他指出

---

❹ 同上，頁178。另一種說法，是Niraja（? –1904）看到辨喜入定，去告訴上師：「挪倫死了。他的身體像冰一樣冷了。」上師為此而大笑。

❹ 同上，頁228–236。

❷ 辨喜把《奧義書》的時間定得比較早。他說：「古梵文的起源是公元前5000年；《奧義書》至少比這早兩千年。」有的印度學者認為吠陀的詩歌（本集）出於公元前3000年，有的認為出於公元前6000年。提拉克(Tilak)認為詩歌出於公元前4500年，《梵書》出於公元前2500年，早期《奧義書》出於公元前1500年。雅各比(Jacobi)則認為詩歌出於公

《奧義書》是非常美妙的詩，具有非個人的性質，即奧義書並不依靠某一個個人的權威。《奧義書》對印度教徒來說，就像基督教徒的《聖經》、穆斯林的《古蘭經》、 佛教徒的《大藏經》、 拜火教徒的《阿維斯陀經》注解。《奧義書》有的是二元論的，有的是純粹一元論的。不過有一些共同點，《奧義書》相信靈魂的轉世。《奧義書》相信在身體之後是心靈，在心靈之後是靈魂 (Atman)；這與西方把力量與靈魂視為一體不同。《奧義書》相信，所有的力量、純潔和偉大都在靈魂中，不藉外求。《奧義書》也相信神的存在。

他對講祭祀的部分評價不高，而對《奧義書》推崇備至，說它們是印度的《聖經》， 所占的地位相當於西方的新約。他認為，吠陀祭祀部分的理想是追求今生和來世的幸福。《奧義書》則截然相反。

首先，祭祀部分認為吠陀的語言本身就具有神秘的力量，並不相信神的存在。只有祭司才能掌握吠陀的語言，為人祝福。而《奧義書》則相信宇宙的創造者和統治者—— 神的存在。其次，祭司要人相信，每人都受「業」的束縛，不可能解脫。只有祭司才能為人消除痛苦，帶來享樂。《奧義書》雖然也承認所有的人都受業的束縛，但是有解脫之道。人的目標就是超越業的束縛，而非追求享樂。第三，祭司強調各種祭祀的效力，而《奧義書》指責一切祭祀，特別反對以動物為犧牲的祭祀，指出所謂永恒的幸福是不存在的，只是孩子的夢想，人生永遠有歡樂也就有痛苦。

辨喜對吠陀採取一種相當理性的態度，主張人們不要盲目相信

元前 4500 元。拉達克里希南則把時間定在公元前 1500 年。參閱 Radahakrishnan，1929（拉達克里希南，《印度哲學》），卷1，頁67。關於印度思想的發展概況，參閱本書第一章第一節。

經典，放棄獨立思考。他認為，《奧義書》並不打算推翻吠陀，另
一方面《奧義書》把殺生祭祀和祭司看成是偷信徒的錢。祭司和《奧
義書》之間的根本分歧是關於靈魂性質的哲學。靈魂有軀體和心靈
嗎？心靈只是一束神經，運動神經和知覺神經嗎？所有的鬥爭都是
哲學性的——關於靈魂的性質、神的性質以及各種有關問題。❹

　　辨喜是從《奧義書》哲學與祭司的鬥爭的角度來估價《薄伽梵
歌》的。當這種鬥爭引起了恐懼，擔心整個印度會因此而分裂時，
出現了《薄伽梵歌》，調和祭司與人民的祭祀和哲學。

　　《薄伽梵歌》是摩訶婆羅多的一個組成部分，而通常認為摩訶
婆羅多的作者是廣博仙人(Vyasa)。辨喜1897年在加爾各答向弟子講
授《薄伽梵歌》時指出，有許多人被稱為「廣博仙人」，很難確定
跋多羅衍那是不是薄伽梵歌的真正作者。「廣博仙人」只是一個尊
稱，任何一個寫了一本新的《往事書》的人都可以稱為「廣博仙人」。
但不管《薄伽梵歌》的作者是誰，它的學說是與摩訶婆羅多的整個
思想一致的。辨喜對摩訶婆羅多相當推崇，說這部史詩在印度家喻
戶曉，就像荷馬的史詩在希臘人中一樣具有權威性。他也做過演講，
專門介紹另一部史詩羅摩衍那，把史詩中的男女主角羅摩和悉達稱
為印度民族的理想。❹

---

❹　參閱辨喜，〈薄伽梵歌〉、〈理論與實踐中的吠陀教義〉、〈關於吠陀與
　　奧義書的思考〉、〈吠檀多面面觀〉，見*C. W.*（《辨喜全集》），卷1，頁
　　446–455、卷3，頁355–356、卷6，頁86–88。卷3，頁329–336。辨喜
　　在美國創建的羅摩克里希那運動很重視《奧義書》的翻譯，紐約的羅
　　摩克里希那—辨喜中心和洛杉磯好萊塢的吠檀多出版社都出版過
　　《奧義書》的英譯本(Nikhilananda, 1977; Prabhavananda, 1975)。

❹　辨喜，〈關於薄伽梵歌的思考〉、〈羅摩衍那〉、〈摩訶婆羅多〉，見*C. W.*
　　（《辨喜全集》），卷4，頁102–104、64–77、78–101。普拉巴瓦南達在

印度教徒並不把《薄伽梵歌》看成天啟聖經 (Sruti)，而只是傳承經(Smriti)。但它是印度教文獻中最廣為流傳的書，可以稱為印度的福音書。它多少世紀以來影響著印度的精神、文化、學術和政治生活。它被翻譯成多種外文，英文譯本就有許多種，像中國老子的《道德經》一樣，已經是西方普及的讀物。辨喜認為《薄伽梵歌》有兩個主要思想，一個是兼容並蓄，一個是功成不居。

閱讀《奧義書》時，讀者在許多主題不相關聯的迷宮中轉悠，會突然遇到討論偉大真理的篇章，就像在叢莽中跋涉的旅行者偶然出乎意料地發現根、莖、刺、葉糾結不清的極其美麗的玫瑰。與此相比，《薄伽梵歌》就像把這些真理的討論安排得井然有條，像精心設計的花壇或花束。在《薄伽梵歌》出現以前，瑜伽、智 (Jnana)、信 (Bhakti) 等等都已有了自己堅定的皈依者，但他們互相爭論，宣稱自己選擇的道路是最優越的；沒有人試圖綜合這些不同的道路。《薄伽梵歌》的作者第一次試圖綜合這些道路。他採取各家的奇花異卉，編織成《薄伽梵歌》的美麗花束。❹

《薄伽梵歌》的主題是阿周那面臨親族自相殘殺，怯於行動，黑天神向他說明必須無所執著地投入戰鬥的哲理。辨喜強調《薄伽

《薄伽梵歌》英譯本的介紹中說，一般學者把《薄伽梵歌》的年代放在公元前五世紀到二世紀。他們大部分同意它本來不是摩訶婆羅多的一個組成部分，但這並不意味著它一定比史詩寫作的年代晚。它可能獨立存在了一段時間，後來才被編入史詩裏去的。見 Prabhavananda, 1951，頁28。

❹ 參閱辨喜，〈關於薄伽梵歌的思考〉，見*C. W.*（《辨喜全集》），卷4，頁106–107。拉達克里希南在《印度哲學》中分析了《薄伽梵歌》與摩訶婆羅多、吠陀、《奧義書》、佛教、薄伽梵派、數論派和瑜伽派的關係。見Radahakrishnan, 1929，卷1，頁524–529。

梵歌》的中心思想是Nishkama Karma，即不抱欲求或無所眷戀地行動。辨喜號召信徒只問耕耘，不問收獲，日夜工作，首先要鏟除「幫助」人民的想法：「神的子民就是你導師的孩子。孩子是父親的翻版。你是神的僕人。為活生生的神服務吧！神化身為瞎子、跛子、窮人、弱者、沉淪者來到你的面前。你能崇拜他們是多麼榮耀的機會！當你認為你是在『幫助』的一刻，你的全部工作就等於白做了，你就貶低了自己。」必須懂得了這一點而忘我地工作。**❹**

辨喜對《吠檀多經》(*Vedanta-Sutras*)極為重視。這部經又稱為《梵經》(*Brahma-sutras*)，辨喜常根據其作者的稱號稱為《毗耶舍經》(*Vyasa-Sutras*)。**❹** 他指出，從《奧義書》出發，印度產生了許多哲學派別，但是沒有一個派別像毗耶舍的哲學那樣主宰印度。毗耶舍經已經根深蒂固，足以垂諸久遠。目前印度的各個哲學派別都承認毗耶舍經的權威性，要開創一個新的哲學派別就得從對毗耶舍經作出新的評注開始。這些評注者之間的分歧有時非常大，有時對經文的曲解相當令人厭惡。**❹**

所有的吠檀多信徒在三點上是一致的，即他們都相信神，相信吠陀和宇宙週而復始的循環。但是毗耶舍是用經(Sutra)的形式寫作的，即用沒有主格或動詞的簡澀語言寫作，因此引起了許多歧異，從這部經出發，產生了以商羯羅為代表的不二論，以羅摩努闍為代

❹　辨喜，〈黑天神〉，見*C. W.* (《辨喜全集》)，卷1，頁439–442。

❹　《薄伽梵歌》是摩訶婆羅多的一部分，據說作者是毗耶舍（即廣博仙人），同時因為跋多羅衍那也有毗耶舍的稱號，就被視為同一個人。但學者們多認為這兩個毗耶舍不是同一個人。見Raju, 1992 (《印度的哲學傳統》)，頁176。印度學者多把《梵經》成書的時間定為公元前五世紀到二世紀。

❹　辨喜，〈吠檀多面面觀〉，見*C. W.* (《辨喜全集》)，卷3，頁327–328。

表的有保留的一元論和以馬德瓦為代表的二元論。辨喜對三個派別
的代表人物都抱肯定態度。他指出，當印度佛教衰落時，商羯羅毅
然奮起。據說商羯羅在十六歲時就完成了自己所有的著作，這是近
代世界的奇蹟，這個青年人本身也是一個奇蹟。商羯羅希望使印度
返璞歸真，從此就開始了吠檀多克服佛教退化的進程。近代不二論
者都承認自己是商羯羅的追隨者；商羯羅及其門徒是南印度和北印
度不二論的傳播者。商羯羅具有出色的智力，但心靈不及智力偉大。
羅摩努闍的心靈更偉大，他同情被踐躪的人。從婆羅門到最下層的
人民，他向所有的人敞開了最高精神活動的大門。馬德瓦在南印度
傳播二元論，孟加拉的多尼耶 (1486–1534) 接受了馬德瓦的哲學，
將其傳到北方。❹

　　但是辨喜並不諱言商羯羅、羅摩努闍和馬德瓦的局限性。他們
都相信《奧義書》是唯一的權威，但他們只傳播一種觀點。商羯羅
認為《奧義書》只教導不二論，每當他遇到表述二元論思想的段落
時，他就曲解經文以支持自己的理論，從而犯了錯誤。羅摩努闍和
馬德瓦遇到表述不二論的經文時，也會犯同樣的錯誤。事實上《奧

❹　辨喜，〈印度的聖賢〉、〈吠檀多面面觀〉，見*C. W.*（《辨喜全集》），卷
　　3，頁 265–267、325。商羯羅（約 788–820）主要著作的英譯本有
　　《梵經注》(Gambhirananda, Swami. trans. *Brahma-Sutra Bhashya of
　　Shankaracharya.* Calcutta: Advaita Ashrama, 1965)、《薄伽梵歌注》
　　(Sastry, A. Mahadeva,trans. *The Bhaagavadgita: With the Commentary
　　of Sri Sankaracharya.* Madras: Samata Books, 1977; reprint，1979)、對
　　多種奧義書的注解。羅摩努闍(1025–1137)的《聖疏》（即對《梵經》
　　的注）也有英譯本 (Vireswarananda, Swami. trans. *Brahma-Sutras:
　　With text and English Rendering, Comments According to Sri-Bhasya of
　　Sri Ramanuja and Index,* Calcutta: Advaita Ashrama, 1978)。

義書》確實教導一件事，那就是從二元論到有限制的一元論到不二論的一步一步的上升。❺

除了吠檀多派之外，在印度六派正統哲學中，數論派和瑜伽派的思想對辨喜影響較大。辨喜承認數論哲學的認識論是吠檀多哲學的基礎。他曾在專門演講中介紹數論哲學。數論認為，「自性」(Prakriti)是一種處於未顯狀態的絕對平衡。自然是由「薩埵」(Sattva)、「羅闍」(Rajas)、「多磨」(Tamas)三種成分構成的。自性首先生出「覺」(Buddhi)，即理性。從覺生出「我慢」，即自我。這些都沒有物質和意識的分別。我慢再生出兩個系列。一個系列它生出「根」即器官。根分成兩類，一類是「知根」，即感覺器官；另一類是「作根」，即反應器官。還有「心根」(Manas)，即心靈。另一個系列生出「唯」(Tanmatras)，即刺激器官引起感覺的細微成分，如聲、觸等等；從唯生出「大」，即較粗大的物質，如地、水等等。是什麼引起自性的變化呢？在自性之外還有「神我」(Purusha)，它是宇宙間一切變化的原因。❺

辨喜對數論派評價甚高，說從迦毗羅的哲學中發展出了毗耶舍的哲學。迦毗羅的數論哲學是世界上第一個理性的思想體系。後人必須傾聽這位哲學之父。數論派沒有顯微鏡或望遠鏡。但是他們的理解力多麼精細，他們對事物的分析何等完美與奇妙。但是辨喜也

---

❺　辨喜，〈吠檀多派〉，見C. W.（《辨喜全集》），卷3，頁439。關於吠檀多哲學，可參閱本書第二章第二節，在此不再贅述。

❺　《金七十論》等漢文佛經把自性、覺、我慢(Ahankara)、十一根（眼、耳、鼻、舌、皮、語具、手、足、男女、大遺、心）、五唯（香、味、色、觸、聲）、五大(Mahabhutas，地、水、風、火、空)和神我合稱為「二十五諦」。見湯用彤選編，《漢文佛經中的印度哲學史料》，北京：商務印書館，1994年，頁117–182。

指出吠檀多與數論在一些根本問題上的分歧，數論派認為靈魂是無數的，而作為宇宙創造者的神是不存在的，吠檀多則認為靈魂只有一個，與神實為一體。❺❷

　　瑜伽學說構成辨喜哲學的一個重要方面。辨喜特別強調宗教的實踐性，宗教體驗大部分是通過心靈的超意識狀態而獲得的，前人宣稱在這種狀態下曾獲得特殊的體驗，我們應該使自己也處於同樣的狀態下，如果我們能獲得類似的體驗，那麼這種宗教體驗對我們來說就成了確切的事實。王瑜伽就是教人怎樣達到這種超意識狀態。❺❸

　　辨喜對印度正統的六派哲學思想廣為吸收，對於非正統的佛陀抱著特別深沉的感情。1886年4月辨喜全心投入宗教生活不久，曾從加爾各答前往佛陀成就無上正覺的菩提伽耶，晚上就在佛陀成道的菩提樹下打坐。辨喜栩栩如生地看到了印度歷史怎樣因為佛陀的崇高教導而改變。回到加爾各答後，辨喜熱誠地向導師和師兄弟講述佛陀的生平、經歷和思想。菩提伽耶是他朝拜的第一個，也是最後一個聖地。1902年他在最後一個生日的早晨抵達菩提伽耶，對佛陀致以最後的敬意。❺❹辨喜在美國舊金山的一次演講中說：「佛陀的生平具有特別的吸引力。我畢生熱愛佛陀，但是不是他的學說。我對他的人格抱有最高的敬意——大勇、無畏和博愛！他是為人類的

---

❺❷　辨喜，〈吠檀多哲學〉、〈數論哲學研究〉、〈數論和吠檀多〉，見*C. W.*《辨喜全集》），卷1，頁360–361，卷2，頁442–462。

❺❸　辨喜，〈王瑜伽的目的〉，見*C. W.*（《辨喜全集》），卷5，頁293–294。辨喜的《王瑜伽》一書的後半部分就是鉢顛闍梨的《瑜伽經》的意譯。辨喜關於王瑜伽的思想見本書第二章第四節，在此不贅。

❺❹　Hikhilananda, Swami, 1982年（《辨喜：傳記》），頁62–63、325。

福祉而生的。別人可能為自己尋求神，尋求真理；他甚至不在乎為自己得道。他尋求真理是因為人民生活在痛苦中。怎樣幫助他們，這是他唯一關心的事。他終生從不考慮自己。」佛陀與傳統婆羅門教僧侶的決裂，對任何迷信的否定，無私的獻身精神，對一切生物的慈悲都對辨喜的哲學思想產生了深刻的影響。❺❺

辨喜即使對於外來的伊斯蘭教，也有所肯定。他把穆罕默德稱為「平等的先知，人類兄弟之愛、所有的穆斯林兄弟之愛的先知」。他在自己哲學發展的過程中吸收了穆斯林不管種族或膚色的平等思想。❺❻

---

❺❺　辨喜，〈佛陀的神示〉，見 C. W. (《辨喜全集》)，卷8，頁92–105。

❺❻　辨喜，〈世界的偉大導師〉，見 C. W. (《辨喜全集》)，卷4，頁133–134。

第五章　篳路藍縷

第一節　印度的羅摩克里希那運動

辨喜對後世的影響是多方面的，而最清晰的影響表現在印度的羅摩克里希那運動的發展上。羅摩克里希那運動並不是辨喜，而是他的導師羅摩克里希那開創的，但是正是在辨喜手上，這個運動得到了空前的擴展，確立了一系列原則，奠定了基本規模，表現出強盛的生命力，一直延續到今天。

羅摩克里希那運動的成員和研究者通常把這個運動概括為九個特點：一、一元論：這個運動以吠檀多為真理，真理是一元的。生命、人類、宗教、自我和神的統一性是不容爭辯的。人格神和非人格神本質上是同一的。二、無私精神：這個運動要求成員捨棄個人的世俗利益，功成不居。三、普世性：這個運動並不把自己作為某一種宗教，並不鼓吹某一種宗教的信條，而是宣揚所有的宗教的共同基礎。四、寬厚性：這個運動宣稱所有的宗教都是真實的。各種宗教——印度教、伊斯蘭教、基督教、佛教等等都導向神。五、非教派性：這個運動並不是印度教裏的一個教派，而是整個印度教傳統的捍衛者。它證明各種道路（智慧之道、信愛之道、實踐之道

等）和各種教派（毗濕奴派、濕婆派等）都是真實的。六、自由主
義：這個運動致力於社會改革，以自由、公正和平等為目標。七、
人道主義：這個運動致力於為人類服務。它在全印度開展救濟饑荒
和水災的工作。為苦難者服務就是為神服務。八、進步性：教育以
人的進步為目標。這個運動強調大眾教育的必要性，特別強調對下
層階級和權益較少的階層進行教育的必要性。提高大眾的精神生活
的水平是教育的中心目標。九、科學性：真理是一元的，真正的科
學和真正的宗教精神是一致的。

這些特點並不是一下子就形成的。羅摩克里希那運動通常被劃
分為六個階段，這些特點就是在這些不同階段中逐步產生、定型、
演變和付諸實施的。

第一階段——誕生（約1880-1886）：羅摩克里希那

大約在1880年前後，在羅摩克里希那的影響下，一個小小的宗
教運動開始形成。他所主張的吠檀多哲學的一個特點是否定邏輯上
的排中律。❶他用神秘的宗教經驗把對立的東西統一起來。不具人
格的無所不在的最高實體——梵和人格神薩克蒂（陰性力量）是統
一的。❷人們通過智慧（jnana）和信愛（bhakti）來認識神。羅摩
克里希那認為，一元論、有保留的一元論和二元論的區別也僅僅是
不同個人的不同精神傾向所造成的，它們只是表達同一個真理的不
同方式而已。

羅摩克里希那本人的教導與實踐在有些方面不同於後來的傳

---

❶ Nalini Devdas, *Swami Vivekananda*（《辨喜》）, Bangalore, India：
Christian Institute for the Study of Religion and Society, 1968年，頁6。

❷ 薩克蒂(Sakti)就是母神。見Majumdar（馬宗達），1978年（《高級印度
史》），頁20–21、194。也是時母（Kali）的一個名稱。

教會和修道會，我們可以簡短地根據上述九個特點對比一下傳教會
對他的教導的發展。從一元論方面來說，羅摩克里希那無疑是整個
運動的奠基者。從無私精神方面來說，他強調的不貪圖女色和金錢
的原則是運動始終堅持不懈的。不過他本人從身分上來說，是一個
婆羅門，是時母女神廟的祭司，是結過婚的，而不是出家人，儘管
他的宗教實踐類似於出家人。從辨喜開始，運動的核心成員都是出
家人，以寺院生活為中心，完全放棄個人的世俗欲望。❸從普世性
來說，羅摩克里希那是相當徹底的。從自由主義來說，十九世紀八
〇年代的自由派的宗教改革認為，以理性為基礎的宗教可以擺脫迷
信、偶像崇拜和使人們墮落的社會弊病。但是羅摩克里希那對這些問
題興趣不大。他並不是一個自由派的宗教改革家。從非教派性上來
說，羅摩克里希那是始終一致的。他說，他並不打算開創一個宗派。
他從未正式主持任何人的出家儀式，並且宣稱所有的印度教派都是
平等的。他自己沒有加入任何已經存在的教派。他實踐時母女神崇
拜，教導說，在這個罪惡的時代，最好的道路是信愛（bhakti）。

從寬厚性來說，羅摩克里希那體會到所有的宗教都是真實的。
這種思想的基礎是他個人對伊斯蘭教、基督教和印度教各個教派（如
毗濕奴派，濕婆派等等）的特殊性質的體驗。辨喜和其他弟子都沒
有這種體驗。他們都以自己的導師的體驗為根據而接受所有的宗教
的真理性。辨喜曾試圖引導一些比較研究。但是沒有任何弟子真正
實踐過伊斯蘭教或基督教。羅摩克里希那運動的外部形式一直是印
度教。❹羅摩克里希那的人道主義是傳統的印度式的。他教導弟子

---

❸ 婆羅門是一個種姓，可以結婚，過世俗生活，是一切知識的壟斷者，
學習吠陀，教授吠陀，為自己祭祀，為他人祭祀，布施和受施。而出
家人是超越種姓之上的，比較類似佛教的和尚。

為所有的造物服務（布施的範圍大大超出人類的範圍），但是很少
講到工作（業瑜伽）或工作對出家人的意義。從進步性來講，羅摩
克里希那不是印度文藝復興那種意義上的進步性的代表。他不甚重
視智力發展。他不太相信以精神成長為目標的教育的價值。事實上，
他常說，太多的教育於事無補。最後，他並不代表科學性。他的成
就主要是在人文精神的範圍內，而不是在智力發展的範圍內，因為
他幾乎是文盲。他的謙恭、仁慈、純潔是最聖潔的人也很少達到的。
但是他不是這個運動的唯一的精神資源。

第二階段——童年（1886-1902）：辨喜的激進印度教

1896年8月羅摩克里希那的去世只留下了一個還在襁褓之中的
運動。他的十幾個弟子出家以後，組成了一個小小的僧團，崇拜時
母女神和自己的導師。挪倫（未來的辨喜）是這個小僧團的領袖，
但是當他1890年離開寺院，開始雲遊時，他實際上是不滿足於這種
比較傳統的寺院生活，企圖探索一條新的宗教道路。❺他到美國去
之後，開始恢復與師兄弟們的聯繫，希望贏得他們的支持。當他1897
年從美國回來後，並不是每個師兄弟都積極配合他，有人還疑惑他
是否忠實於導師的教導。❻在辨喜做了大量工作之後，師兄弟們才

---

❹ George M. Williams, "The Ramakrishna movement：a study in reli-
gious change"（〈羅摩克里希那運動：宗教變化的研究〉），見*Reli-
gion in modern India*（《近代印度的宗教》），頁62-63。

❺ 他在1890年雲遊時，希望師兄弟們不要跟蹤他。見Williams，1974年
《對辨喜的意義的探索》），頁54以下。在去美國之前，他幾次偶然
遇到過師兄弟，每次都希望他們不要追索他的行蹤。*The life*（《辨喜
回憶錄》），頁191、205、282。

❻ 辨喜在回國前爭取師兄弟支持的努力見他的書信，*C. W.*（《辨喜全
集》），第6版，Calcutta：Advaita Ashrama，1964年，6：250（冒號前

從出世的態度轉變過來，開始執行他的計劃。

1897年5月1日，辨喜在加爾各答一位在俗弟子的家裏召開了一次會議，成立了羅摩克里希那傳教會。5日的第二次會議上，通過了如下的決議：❼

這個聯合會（Sangha，僧伽，僧團）應該被稱為羅摩克里希那傳教會。

僧團的目的是宣傳羅摩克里希那為了人類的利益，以自己的生活實踐所宣傳和證明的真理，並且幫助別人為了他們的塵世的、心靈的和精神的進步而把這些真理付諸實踐。

傳教會的職責是以正確的精神從事羅摩克里希那所開創的運動的活動，在信仰不同宗教的人中間建立友誼，認識到所有的宗教只是一種不朽的永恒宗教的眾多的形式而已。

它的行動方法是：

(a)訓練一些人，使他們能夠傳授增進大眾物質和精神福利的知識或科學；(b)促進和鼓勵技術和工業；以及(c)在一般人民中介紹和傳播由羅摩克里希那的生活所闡明的吠檀多和其他宗教思想。

印度工作部：

面為卷數，後面為頁數，下同），6：263，5：33，5：42，6：278，6：287，6：289，7：475，7：480，7：483，6：296，6：304，6：310，6：314，6：321，6：326，6：350，6：362，6：369，7：488，5：111，6：503；*The life*（《辨喜回憶錄》），頁504–509；French，1974年（《天鵝之海》），頁81以下。

❼ Dhar，1975年（《辨喜全傳》），頁950–951。

傳教會的活動應該是在印度各地建立 Maths（寺院）和 Ashrams（道院），訓練那些願意獻身於教育別人的 sannyasins（出家修行者）和在家人，並為他們找到跋涉各省、教育人民的手段。

它的海外部的工作應該是派出訓練有素的修道會成員到印度以外的國家裏去，在印度和外國之間建立一種更密切的關係和更好的相互理解。

傳教會的目的和理想純粹是精神性的和人道主義性質的，它和政治毫無關係。

凡是相信羅摩克里希那的使命，或同情，或願意與傳教會的上述目的和目標合作的人，均有資格成為會員。

　　在通過決議以後，任命了負責人。辨喜自任總主席，婆羅門南達和約加南達分別擔任加爾各答中心的主席和副主席。後來在1901年1月30日又由婆羅門南達、濕婆南達、薩拉達南達、阿汗達南達、特里古納蒂塔、羅摩克里希那南達、阿貝達南達、圖里亞南達等11個羅摩克里希那的直接弟子組成了董事會。

　　辨喜不僅奠定了傳教會的組織基礎，而且他實際上把羅摩克里希那的宗教情懷和梵社的自由主義的理想結合在一起，奠定了這場運動的理論基礎。

　　從一元論方面來說，辨喜認為二元論和有條件的一元論是人類認識過程中的兩個比較低的階段，而一元論（不二論）是目標，從而構築了一個把它們調和起來的邏輯體系。❽ 從無私精神來說，辨喜正式出家，捨棄了一切世俗欲望，他在美國芝加哥的世界宗教會

---

❽　Devdas, *Swami Vivekananda*（《辨喜》），頁32。

議上宣稱自己是世界上最古老的僧團的代表。❾然而他在對待金錢
的問題上，與他的導師羅摩克里希那有所不同，他自己終生清貧廉
潔，但他並不排斥用金錢來為事業服務，他盡了很大的努力募捐，
奠定了運動的經濟基礎。從普世性來說，辨喜像他的導師一樣堅持
一切宗教的內在的統一性。從寬厚性來說，辨喜聲稱印度教是非常
寬厚的。它接受所有的宗教。統一性是寬厚的基礎。這是他在世界
宗教會議上引起巨大震動的主要原因。但是，由於印度在文化上與
西方比起來還相形見絀，辨喜作為一個印度教的捍衛者，有時不免
滑向尼維迪塔所稱的「激進印度教」(militant Hinduism)。他的同胞
對印度的貧困落後感到羞恥，渴望在某個領域裏，比如在宗教領域
裏高於其他國家，必然對激進印度教比對溫和的寬厚的觀點更欣賞。
現實生活是如此複雜，儘管辨喜抱著諸教和睦共處的善良願望，卻
不一定能帶來良好的結果，有時自己也會捲入宗教鬥爭的漩渦中去。
比如，辨喜對世界宗教會議的主席、基督教傳教士巴魯斯一直抱著
感激之情，1897年巴魯斯到印度訪問和傳教時，辨喜事先曾號召同
胞們熱情歡迎，但是在巴魯斯身上，基督教的唯我獨尊表現得可能
比其他傳教士更糟，印度人對他極其失望，作了一些批評。結果，
他惱羞成怒，把一腔怒火都發在辨喜頭上。❿

　　就非教派性而言，辨喜致力於消除印度教內部不同教派之間的

---

❾　關於世界宗教會議的情況，可以參看 John Henry Barrows 編, *The world's parliament of religions*（《世界宗教會議》），卷 2, Chicago: Parliament Publishing Co., 1893年。

❿　辨喜呼籲國人歡迎巴魯斯的信登在《印度鏡報》(*Indian Mirror*) 1896年11月19日上；對巴魯斯在浦那的演講的批評見提拉克主編的《馬赫拉塔》(*Mahratta*) 1897年2月7日的社論；辨喜在1897年4月20日給瑪麗·赫爾的信件中描寫了此事，見 *C. W.*（《辨喜全集》），卷6，頁390。

分歧。他希望引導所有的印度人都信仰一種淨化的、兼容並蓄的印度教。他追隨羅摩克里希那的教導，承認由於人們的精神道路的多樣化而產生的差別，提出人們可以通過四種傾向來尋求神。印度教承認人們根據自己的內部傾向 (samskaras) 而具備不同的宗教能力。❶這些能力必須導向合適的渠道或道路（yoga）， 而印度教提供了四種瑜伽（智瑜伽、信瑜伽、業瑜伽和王瑜伽）。❷就自由主義而言，辨喜對運動作出了很大的貢獻。十九世紀的自由派宗教是以普遍理性、進步、民主或社會主義的信念為基礎的。正義、自由和平等是自由派宗教的原則。他們認為，大眾缺吃少穿是不公平的，是一種社會弊病而不是個人的過失，因此他們企圖通過法治和提高下層民眾的教育來進行社會改革。辨喜是從他的英國式教育和梵社的活動中吸收這些觀念的。顯然，土生土長的羅摩克里希那並不是以這種形式來表述類似的概念的。辨喜作為一個自由主義者，猛烈攻擊各種迷信，尤其反對不可接觸主義（賤民制度）。 他甚至預言種姓制度將要消亡，一切人都將成為平等的婆羅門。他對祭司階層的抨擊特別嚴厲。他與羅摩克里希那在這方面的差別當然在師兄弟當中引起了很大的疑問，多次進行辯論。在一次辯論中辨喜異常激動，最後斷然地說：「我不是羅摩克里希那或任何人的僕人，只有為他人服務，幫助他人而不在乎自己的 Mukti（解脫）的人，我才是他的僕人。」❸在這次大動感情的辯論之後，師兄弟們相信導師是

---

❶ *The life*（《辨喜回憶錄》），頁504。samskara在佛教中意譯為「行」。指一切精神現象和物質現象的生起和變化活動。參見任繼禹主編，《宗教詞典》，頁425。

❷ Vivekananda, *C. W.*（《辨喜全集》），5：12、292、455；8：152。

❸ *The life*（《辨喜回憶錄》），頁507。Mukti在佛教中意譯為「解脫」。參

通過辨喜在引導他們，不再批評辨喜的工作方法。他要求出家人成為窮人的僕人。他把這稱為業瑜伽，但是實際上也看得出西方思想的影響。❹就人道主義而言，辨喜的行動的吠檀多教導說，業瑜伽就是為所有的造物服務。他1897年回到印度以後，就著手人道主義方面的工作。阿汗達南達前往孟加拉的穆爾希達巴德 (Murshida-bad) 從事救濟饑荒的工作，還開辦了孤兒院。特里古納蒂塔 (Trigunatita)1897 年在迪納吉普爾 (Dinajpur) 開辦了救濟饑荒的中心。1898年5月初，辨喜親自趕回加爾各答，組織救治瘟疫的工作，甚至準備賣掉剛買來的建寺院的土地作為救災基金，儘管後來得到了其他方面的資金，不必採取這一極端步驟。他在這方面的工作還只是一個起點，後來這發展成了運動的一個重要特點。從進步性方面來說，辨喜制定了計劃，讓出家人擔負起教育工作，幫助大眾智力方面的發展，通過不二論吠檀多的最高原則來提高他們的素質。他相信出家人應該為大眾的溫飽、教育和提高而工作，必要時甚至可以不顧個人的解脫。他在世時的一個突出的事例是1898年支持尼維迪塔在加爾各答開辦女子學校。就科學性而言，辨喜致力於把西方的科學引進印度。他相信，吠檀多是科學的宗教。因為它的原則是以最高實體為基礎的，它與科學一定能和諧共存。

第三階段——少年（1902–1922）：斯哇密婆羅門南達和青年僧團

辨喜由於健康狀況不好,在去世前一年多就辭去了主席之職，1901年2月12日，婆羅門南達當選為主席。❺婆羅門南達與辨喜同

見任繼禹主編，《宗教詞典》，頁1086。

❹　Agehananda Bharati, *Journal of Asian Studies*（《亞洲研究雜誌》），（1970年2月）頁207。

年，初次見羅摩克里希那的時間比辨喜稍微早一點（1881年中），他因為具有高度的獻身精神，被師兄弟們稱為「羅摩克里希那的兒子」，他同時具備出色的行政管理能力，故又被稱為「大君(Maharaj)」。辨喜去世之後，他領導運動達20年之久，逐步把羅摩克里希那和辨喜的教導融為一個有機的整體。他接受辨喜的人道主義服務的思想，但把羅摩克里希那的宗教情懷置於服務之上，把整個傳教會置於僧侶的完全控制之下，逐步把辨喜關於為印度勞苦大眾提供衣食、教育和精神糧食的行動計劃融合到寺院生活中去。如果沒有把精神追求置於服務活動之上，那麼這場運動如今可能已經蛻化為某種類似基督教慈善組織的機構，不可能使西方的吠檀多信徒得到精神上的滿足，同時也無法深入印度民眾。⓰

　　從一元論方面來說，婆羅門南達把 bhakti（巴克提，信愛）置於羅摩克里希那修道會和傳教會的活動的中心。除了慶祝印度教的主要節日和基督生日之外，還以 puja（禮拜儀式）慶祝羅摩克里希那、辨喜和薩拉達（羅摩克里希那的妻子）的生日。⓱他把羅摩、拉達（Radha）和濕婆的慶祝儀式(samkirtan)等正統印度教典禮都納入傳教會的活動。⓲辨喜以不二論為最高階段的認識階梯理論被作為毫無疑問的哲學解釋。神的最高層次是非人格的絕對實體（brahman，梵），但是在現實世界上，各人崇拜自己心愛的神的象徵或聖人不僅是有益的，而且是必要的。

⓯　Gambhirananda, 1957年（《羅摩克里希那修道會和傳教會的歷史》），頁144。

⓰　French, *The swan's wide waters*（《天鵝之海》），頁162。

⓱　Satprakashananda, *Swami Vivekananda*（《辨喜》），頁178以下。

⓲　同上，頁181–182。

就無私精神而言，婆羅門南達立下了規矩，一個俗人要成為sannyasi（出家修行者），必須經過八年或八年以上的訓練期。[19] 雖然傳教會幾乎沒有什麼成文的清規戒律，但是經過特別長的訓練期，受訓練的人接受了資深僧侶的言傳身教，就可以做到隨心所欲不逾矩。婆羅門南達認為：「生活的唯一的目的是認識神。工作不是生活的目的。不謀私利的工作是實現獻身精神的一種手段。至少把你四分之三的心靈放在神上面。如果你把四分之一的心放在服務上已經足夠了。」[20]

就普世性和寬厚性而言，婆羅門南達時代做得比辨喜時代更紮實。任何精神方面的激進主義的刺耳聲音都消失了。毗濕奴派和神智學社曾經抱怨辨喜譴責他們的宗教思想和實踐，[21] 現在這種抱怨停止了。

就非教派性而言，四種瑜伽（道路）之間建立了穩定的平衡。辨喜為了把服務的精神導入運動，曾經對僧侶們把自己封閉在僧房裏，只追求信瑜伽給以抨擊，聲稱自己最害怕的就是禮拜堂。[22] 現在運動的領導人已經沒有這種恐懼了。早先外界曾經注意到羅摩克里希那和辨喜之間的差別，比如1902年一份毗濕奴派的雜誌曾指出

---

[19] 參見Gerald B. Cooke, *A Neo-Hindu ashrama in south India*（《南印度的一座新印度教道院》），Bangalore：Christian Institute for the study of Religion and Society, 1966年，頁1-5。

[20] Christopher Isherwood, *Ramakrishna and his disciples*（《羅摩克里希那和他的弟子們》），New York：simons and Schuster, 1965年，頁328。

[21] French, *The Swan's wide waters*（《天鵝之海》），頁94。

[22] Vivekananda, *Letters of Swami Vivekananda*（《辨喜書信集》），頁117。

羅摩克里希那是bhakta（巴克提崇拜的信徒），而辨喜宣揚瑜伽，兩人之間有很大的差別。❷這時外界已經不再注意這種差別了。

就人道主義而言，1900年辨喜第一次讓穿僧袍的出家人從事救濟工作時，那效果是不能從物質方面來衡量的。辨喜依靠當時那點力量，還不可能解救大災大難。但是印度報紙發現了新的英雄——既不是基督教傳教士，也不是外國人的慈善工作者。儘管師兄弟們曾經懷疑過出家人是否應當從事世俗的社會改革工作，他們一旦認識到這些工作體現了崇高的精神，就再也沒有走回頭路。他們通過自己的實踐，接受了辨喜的人道主義理想。❷

就進步性而言，這個時期確立了傳教會獻身於進步的教育的傳統。許多印度教的經典及其注釋翻譯成了英文和印度方言。這種工作要求僧侶們更正規地研究梵文、英文和印度方言。同時也建立了一些學校和學院，出版一些雜誌和期刊，進行大眾教育工作。

科學性也融合到傳教會的工作當中去了。辨喜的全集本身是一個吸收了西方科學思想的文化寶庫，僧侶們可以通過它掌握很多科學知識。

婆羅門南達掌舵的二十年是印度政治史上風雲變幻的時代。辨喜去世以後，他的英國女弟子尼維迪塔曾在西印度和南印度巡迴演

---

❷　*Amrita Bazar Patrika*，1902 年 7 月 7 日，轉引自 Basu 等編，1969 年（《印度報紙所記載的辨喜》），頁324-325。

❷　*Swami Vivekananda centenary memorial volume*（《辨喜誕辰百年紀念集》），Swami Lokeswarananda, "Ramakrishna Order of monks；new orientation of monasticism, "（〈羅摩克里希那僧團：修道生活的新方向〉），頁 439 以下，以及 C. P. Ramaswami Aiyar, "New type of monasticism by Swami Vivekananda,"（〈 辨喜的新型修道生活〉），頁 453以下。

講，猛烈抨擊英國殖民當局。傳教會的領袖們信守辦喜不介入政治活動的教導，面臨著痛苦的選擇。婆羅門南達召見尼維迪塔，要求她放棄政治活動。她不能這麼做。因此她的唯一的選擇是放棄傳教會。她於1902年7月18日寫了一封信，表示終止與傳教會的關係。但是這只是形式上的。實際上她仍然與傳教會的領袖們保持著密切的私人關係，她的女子學校仍然得到支持，她1906年以後還每個月為傳教會的雜誌寫評論，直到她1911年去世為止。在她去世以後，傳教會開展各種活動紀念她。❷⑤傳教會作為一個整體，對政治始終採取超然的態度。在1905年孟加拉分省案所引起的政治風暴中，僧侶們樂意參加斯瓦迪希（愛用國貨）運動的經濟活動，即抵制外國貨，但不介入政治鬥爭。革命者們批評傳教會置身於政治鬥爭之外，而英國殖民當局因為許多革命者在被搜捕時都發現藏有辦喜的著作，懷疑傳教會有革命動機。傳教會雖然忍受著雙方的敵意，但畢竟度過了當時的政治風暴。❷⑥

第四階段——青年（1922–1947）

婆羅門南達去世以後，由他的師兄弟濕婆南達(Shivananda, 1854–1934)，阿汗達南達(Akhandananda, 1864–1937)和維傑納納南達(Vijnanananda, 1868–1938)相繼接任主席。1938年維傑納納南達的去世標誌著羅摩克里希那的直接弟子已經凋落殆盡，遂由再傳弟子舒達南達(Shuddhananda, 1872–1938)接任主席。舒達南達不幸於當選主席的同年去世，遂由他的師兄弟維拉賈南達(Virajananda, 1873–1951)接任。

---

❷⑤ Gambhirananda, 1957年（《羅摩克里希那修道會和傳教會的歷史》），頁202–206。

❷⑥ 同上，頁206–223。

如果說婆羅門南達掌舵的 20 年間傳教會救死扶傷的活動為自己贏得了名聲，那麼 20 世紀 20 年代則以教育活動著稱。辨喜曾說過：「為我們下層階級唯一的服務是給他們教育，發展他們已經喪失了的個性，那是我們人民和王公的巨大任務。在這方面直到現在還沒有做過什麼。」❷他關於普及大眾教育的宏偉計劃在當時看起來似乎過於野心勃勃，沒有實現的可能性。但是傳教會從來沒有放棄辨喜普及教育的理想。1920年聖雄甘地領導的不合作運動為傳教會發展教育事業提供了意想不到的機會。不合作運動號召學生從英國殖民政府辦的學校和學院中退學。大批退學的學生必須找到繼續接受教育的地方。於是許多印度人自己開辦了國民學校。傳教會的大德們仍然不介入政治活動，但是他們很快認識到甘地與辨喜的一致性。傳教會主席濕婆南達1922年11月在一次講話中說：「毫無疑問聖雄甘地是真正擁有巨大力量的……辨喜在演講中多次講到什麼是印度的真正的福利。他二十五年或三十年前提出的使國家復興的辦法——取消印度僧侶階級所堅持的最低階級的不可接觸性，提高賤民階級，發展大眾教育等等——現在正在由聖雄甘地加以弘揚。」❷在貝拿勒斯，圖里亞南達號召青年僧侶參加聖雄甘地的教育計劃。從傳教會關於1925–1927年的第五次總報告中，我們得知已經有十個大的教育中心：加爾各答有兩個，巴納戈爾(Barnagore)、薩里沙(Sarisha)、薩爾加奇希(Sargachhi)、賈姆謝德普爾(Jamshedpur)、德奧加爾(Deoghar)、達卡、馬德拉斯和錫蘭各有一個，其他地方還有

---

❷　Vivekananda, *C. W.* (《辨喜全集》)，卷4，頁308。

❷　*For seekers of god* (《獻給神的追求者》)，頁18–19，轉引自Gambhirananda，1957 年(《羅摩克里希那修道會和傳教會的歷史》)，頁268–269。

許多比較小的中心。❷ 儘管有些政治家批評傳教會在政治上的不介入態度，但聖雄甘地本人從未打算把傳教會拖進政治鬥爭中來。1921年2月6日他和莫提拉爾·尼赫魯(1861–1931)、穆罕默德·阿利等人到加爾各答的貝盧爾修道院參加辨喜誕辰慶祝會時，曾發表講話，說明自己不是來鼓吹不合作或手工紡織的紡輪的，而是來對辨喜的神聖回憶表達自己的敬意和尊崇的，他仔細地讀過辨喜的著作，結果使他對祖國的熱愛更加熾烈，他要求年輕人從辨喜生活和去世的這個地方吸取精神上的鼓舞。❸

　　在全民激動，投身政治運動的時刻，要保持冷靜是困難的。但是修道會保持了自己置身於政治鬥爭之外的傳統。1922年11月，有一個信徒問濕婆南達：「尊敬的大德，在這個時刻，整個國家都被聖雄甘地的不合作運動攪得天翻地覆了。無計其數的男男女女在監獄中受苦受難……但是在這場全國規模的大動盪中，為什麼羅摩克里希那傳教會一聲不吭呢？你沒有做任何貢獻嗎？」濕婆南達回答說：

　　　正是為了傳播他的純粹精神性的思想，羅摩克里希那才把辨喜大德這樣強大的靈魂引進來作為他的助手。大德當然能夠把國家引向一場政治革命，如果他選擇那樣幹的話。誰能夠比他更愛國呢？有多少心靈能像他一樣為被踐踏的大眾而流

---

❷　轉引自Gambhirananda, 1957年（《羅摩克里希那修道會和傳教會的歷史》），頁272。

❸　*Mahapurush Shivananda*（《偉大的靈魂濕婆南達》），頁212，轉引自Gambhirananda, 1957年（《羅摩克里希那修道會和傳教會的歷史》），頁282。

血呢？大德沒有發動一場革命。如果他知道革命確實能幫助
印度，他肯定會那樣做的……雖然我們並不在報紙的文章中
大聲地把我們的思想和感情講出來，但是我們正在實現我們
的使命，不是通過政治，而是通過我們自己的方式。聖雄正
在通過政治實現類似的思想。**❸**

在第三任主席——濕婆南達——任職期間，傳教會於1926年召
開了第一次大會(General Convention)，標誌著運動進入了一個新的
階段。**❸**薩拉達南達(Saradananda，1865-1927)作為大會主席在歡
迎詞中指出，運動已經度過了遭人反對和冷遇的階段，進入了為人
們所接受的階段。**❸**但是在這個階段會出現新的危險，即在頌揚聲
中，運動的成員的精神和精力會鬆弛下來，他號召僧團堅持自己的
純潔性、目標的單一性、勇於犧牲和捨己為人的精神。**❸**傳教會主
席濕婆南達在發言中告訴大會，我們最終認識到，羅摩克里希那是
大德（辨喜）所說的和所做的一切的源泉。**❸**這表明運動的領袖們
已經毫不懷疑羅摩克里希那和辨喜的教導的一致性。

在第四任和第五任主席——阿汗達南達和維傑納納南達——任
職期間，傳教會於1936年2月24日到1937年3月21日舉辦了羅摩克里

---

❸　*For seekers of god*（《獻給神的追求者》），頁 15-17、19，轉引自
　　　Gambhirananda，1957年（《羅摩克里希那修道會和傳教會的歷史》），
　　　頁283。

❸　*The Ramakrishna Math and Mission Convention–1926*（《 羅摩克里希
　　　那修道會和傳教會大會——1926年》），Belur：The Math，1926年。

❸　同上，頁7以下。

❸　同上，頁19-20。

❸　同上，頁46。

希那誕辰一百周年紀念活動。發起紀念活動的均為知名人士，包括
1913年諾貝爾文學獎的獲得者泰戈爾（R. Tagore，1861–1941），哲
學家拉達克里希南（S. Radhakrishnan，1888–1975），法國作家、
1915年諾貝爾文學獎的獲得者羅曼·羅蘭（Romain Rolland，
1866–1944），物理學家J. C. 鮑斯（J. C. Bose, 1858–1937）。❸1937
年3月1日開始在加爾各答舉行8天的國際宗教會議是整個紀念活動
中最重要的事，在印度歷史上第一次有這麼多來自世界各地的知名
男女舉行集會。❸主持十五次會議的人當中有來自阿根廷、中國、
捷克斯洛伐克、英國、伊朗和美國的代表。會議上宣讀了110篇論
文和演講，全文或摘要匯編成2卷本的《世界宗教》。❸羅摩克里希
那畢生為各種宗教的和諧共存而奮鬥，這樣一次全世界所有重要宗
教的代表聚集在一起，自由地、友好地在一個講壇上交換觀點是對
他的合適的紀念。

　　在第七任主席維拉賈南達掌舵期間，印度經歷了第二次世界大
戰和印巴分治，傳教會做了大量救死扶傷的工作。1942年，日本軍
隊相繼攻陷新加坡和仰光，緬甸的印度僑民紛紛逃難，穿過叢林逃
回印度，一路上由於乾渴、饑餓和疾病而大批死亡。傳教會的工作
人員不顧頭頂上盤旋的敵機，一直深入到印度的東部邊界，營救這
些難民。印度民族運動領袖S. C. 鮑斯（S. C. Bose，約1897–1945）

<hr>

❸　Gambhirananda，1957年（《羅摩克里希那修道會和傳教會的歷史》），
　　頁341–342。

❸　*The religions of the world*（《世界宗教》），頁v，轉引自Gambhira-
　　nanda，1957年（《羅摩克里希那修道會和傳教會的歷史》），頁344。

❸　*The religions of the world*，見Gambhirananda，1957年（《羅摩克里
　　那修道會和傳教會的歷史》），頁344–345。

將駐守新加坡的被日軍俘虜的英屬印度軍隊組織成印度國民軍，準備把印度從英國人的殖民統治下解放出來。印度國民軍與日本軍隊一起向印度邊界挺進時，英國人秘密計劃撤出不易防守的孟加拉平原，打算「焦土抗戰」，不給敵軍留下食物、交通工具和其他有利於進一步挺進的物資。結果在敵軍抵達之前就給人民帶來了巨大的災難，死亡人數據保守的估計超過三百萬，多於整個西歐在大戰中的死亡人數。當英國殖民當局意識到舉措失當時，允許開始救濟工作，但得稱為險情(distress)，不得稱為饑荒(famine)，傳教會竭盡全力投入了「救險」(Distress Relief)，時間長達近兩年（1943年6月至1945年4月），用去現金1,166,500盧比，物資2,500,000盧比，最多的時候開設了75個救濟中心，遍及19個地區，1,169個村莊和22個城鎮。❸傳教會還沒有從「救險」工作中喘過氣來，由於臨近印巴分治，印度教徒與伊斯蘭教徒的教派暴亂又使傳教會疲於奔命。從1946年10月到1949年12月31日，傳教會進行了東孟加拉暴亂救濟和安置工作，耗資336,000盧比。稍晚一些，1947年10月，傳教會開始救濟從西巴基斯坦逃到印度的難民，一直延續到1948年中，用去62,400盧比和日常生活用具、毯子、衣服等大量物資。事情並未到此為止。由於印巴分治，大批印度教難民從東巴基斯坦逃到印度，傳教會從1948年5月17日到1949年3月16日進行了東孟加拉難民救濟工作，分發了860,000盧比現金和大量衣服、毯子、食品。1949年難民浪潮有所緩和，但1950年又有大批印度教難民從東巴基斯坦逃到印度，傳教會再次投入東孟加拉難民救濟和安置工作。僅1951年傳教會就分發了1,360磅食物和大量毯子、現金和教育費。❹

---

❸ Gambhirananda，1957年（《羅摩克里希那修道會和傳教會的歷史》），頁361-363。

第五階段——成年（1947-1980）：獨立的印度和僧團

儘管傳教會並沒有在獨立鬥爭中發揮積極的政治作用，但它始終是國民精神生活的楷模。印度獨立以後，傳教會在它的日常工作中不斷幫助建立新興國家的繁重事業。一份1954年的報告指出羅摩克里希那運動關心的十件大事是：消除文盲，鄉村建設，在勞動階級和下層階級中工作，經濟方面和社會方面提高大眾水平的工作，取消賤民制度，婦女教育，在發生自然災害時的救災工作，保存土著文化，傳播民族累積的精神智慧以及推進文化綜合。運動從辨喜時代的5個修道會和中心擴展到在印度就有84個修道會和傳教會。1949-1950年，它的教育機構包括2所學院，17所高中，121所低年級學校和其他學校，50個學生之家，共為27,000學生服務。它的醫療機構包括10所醫院，1所產科醫院，65個醫務所，為13,000個住院病人和2百萬非住院病人服務。❹僧團始終只有不到七百個僧侶和少量修女，但是他們出版了大量翻譯、專著、叢書，進行了大量演講、文化活動和講習班。

一位研究南印度六〇年代的一所羅摩克里希那修道會的教授高度評價其活動，認為不難認識到羅摩克里希那修道會和傳教會帶給印度的福利。只有在人性方面和宗教方面麻木不仁的人才會對這個運動的努力和成果無動於衷。❷

1980年12月23至29日，傳教會在加爾各答召開了第二次大會

❹ 同上，頁366-388。

❹ Swami Tejasananda, *The Ramakrishna movement: its ideal and activities*（《羅摩克里希那運動：它的理想與活動》），第2版，Belur: Belur Math，1956年，頁12-13。

❷ 同❶，頁42。

(Convention)。會議規模宏大，成為傳教會成就的一次總檢閱。包括貝盧爾總部在內，修道會和傳教會在印度國內外的分支機構已經發展到138個，在印度26個省市都有中心。❸修道會和傳教會做了大量救濟工作，僅在安陀羅邦 (Andhra Pradesh) 和泰米爾納杜 (Tamil Nadu) 建造1,157幢防颶風棚，就耗資11,110,178盧比。修道會和傳教會主持13個有住院部的醫院和77個無住院部的醫務所，在1978–1979年曾為4,049,705個病人服務。它們還主持5所可以授予學位的學院，2所可以授予教育學士學位的學院，4所工藝學校，36所中學，150所成人教育和社區中心，以及284所其他學校和不同年級的學生之家。1978–1979年共有85,668名學生通過這些學校得到教育。幾乎所有的中心都舉辦宗教課程、演講和討論班，加強不同宗教之間的互相理解。10個中心出版宗教書籍。以不同的語言出版12種期刊。設立了115個圖書館。加爾各答文化學院已經成為世界各地尋求不同宗教和文化的相互理解的人們的一個聚會之地。在農村和部落人民聚居地區建立了196個各種程度的教育機構，23個慈善醫務所，8個流動醫務所，54個婦孺牛奶供應中心，以及10個視聽文娛單位。修道會和傳教會幾乎三分之一的活動是以農村和部落人民聚居地區為主的。❹

---

❸　Swami Gitananda, "Activities of the Ramakrishna Math and Rama-krishna Mission in India：keynote address"（〈羅摩克里希那修道會和羅摩克里希那傳教會在印度的活動：主題發言〉）；修道會和傳教會在印度16個省市中設有中心，比較集中的是西孟加拉有29個中心，泰米爾納杜有12個中心，見 *Ramakrishna Math and Ramakrishna Mission Convention 1980*（《羅摩克里希那修道會和傳教會1980年大會》），頁160，以及頁176和177之間的地圖。

❹　同上，頁160–161。

第六階段——老年（1980—）：羅摩克里希那運動與未來

關於羅摩克里希那運動的未來能夠說些什麼呢？這場運動從物質的層面（修道院、中心、出版社、期刊、學校、學院、醫院、醫務所等等）來說，已經非常成功。運動的迅速擴大需要同樣迅速的人力的補充，但是大德（斯哇密）的數量始終只有大約七百個，羅摩克里希那的再傳弟子已經凋零殆盡。出版、醫療、救濟和教育工作的行政管理都要以僧侶為最高決策者，已經顯得捉襟見肘，力不從心。就像羅馬天主教會已經經歷過的那樣，羅摩克里希那傳教會也開始面臨日益嚴重的僧侶領導力量的不足。但是，羅馬天主教會可以依靠龐大的世俗工作人員，羅摩克里希那傳教會的情況卻不同。羅摩克里希那傳教會從一開始就確定，它的世俗信徒對其使命沒有足夠的興趣，而且沒有足夠的精神素質來擔負領導責任。羅摩克里希那僧團怎樣來處理這個問題呢？它處於兩難境地：或者讓世俗的志願人員或雇員來管理許多活動，或者把這些活動停掉。如果把許多活動停止，運動會明顯地衰落下去；而如果讓世俗人員接管許多活動，很難要求這些世俗人員像出家人一樣擯棄七情六慾，他們能不能像大德們一樣不可腐蝕呢？他們會不會玷污羅摩克里希那運動的崇高的名聲呢？

但是，最大的挑戰來自理想與現實的差距。羅摩克里希那運動從一般組織發展的標準來看是高度成功的。從它自己訂立的目標來看卻僅僅是萬里長征的第一步。它的理想不是成為一種新的宗教，更不是成為一個新的教派，而是把全印度的，甚至全世界的各種不同宗教的力量聯合起來，造成多元文化和諧共存的繁榮時代。這個目標還遠遠沒有達到。目前羅摩克里希那和辨喜揭櫫的原則通過傳教會的教育機構和出版物還只能影響全世界人口當中的很小的一部

分。運動除了精神方面的崇高追求之外，在社會方面提出了同樣艱巨的任務，要改善印度數億勞苦大眾的處境決非易事。印度獨立四十多年，還是一個比較貧窮落後的國家。現在其他一些運動強調更直接的行動、改變社會體制的緊迫性，要求更深刻的改革和革命。他們對羅摩克里希那運動也提出了各種批評。❹羅摩克里希那運動要對時代的新的挑戰作出回應，必須以更廣闊的心胸吸收各種新思想，為自己的九個特點注入新的生命力。它能夠向這個方向發展嗎？只有歷史才能作出最後的評判。

第二節　在印度之外的影響

辨喜的影響不僅體現在羅摩克里希那運動在印度的發展上，而且體現在國外的發展上。他在美國取得成功後，在1895年就開始考慮讓某些師兄弟到西方來工作，並且在他回國後，可以後繼有人。但是國內的反應並不熱情，這使辨喜頗為失望。❹但後來在辨喜的說服下，師兄弟和弟子們終於一個接一個前往西方幫助和接替辨喜開創的事業。

繼續辨喜之後第二個前往西方的羅摩克里希那的直接弟子是薩拉達南達。他1896年4月來到英國，6月底轉到美國去工作。他主要在紐約活動，同時也像辨喜一樣在格林納克里的比較宗教會議上

---

❹ George M. Williams, "The Ramakrishna movement: a study in religious change"（〈羅摩克里希那運動：宗教變化的研究〉），載*Religion in modern India*（《現代印度的宗教》），頁74–75。

❹ 辨喜1895年12月23日致薩拉達南達的信。Vivekananda, 1964年（《辨喜書信集》），頁324。

代表吠檀多發言，並在波士頓和其他一些地方作演講。他在美國的
活動看來頗有成效，但很明顯是出自他自己的意思，他將在兩年裏
回國。辨喜同意這一點，覺得他對印度的工作有很大的價值，特別
因為辨喜自己的健康不好，很需要有人來協助主持貝盧爾總部的工
作。於是薩拉達南達於1898年2月14日回到加爾各答。❹他回到印
度以後，作為傳教會的董事和書記，作了許多組織工作，撰寫了孟
加拉文的《羅摩克里希那，偉大的導師》，❹細心地照料羅摩克里希
那的妻子的生活，關心尼維迪塔女子學校的發展。1922年第二任主
席婆羅門南達去世後，傳教會的重要成員一致希望他出任主席，但
他認為辨喜讓他擔任書記，他不想離開這個崗位，因此改由濕婆南
達出任第三任主席。他在西方的時間雖然不長，但是這使他能夠獲
得西方工作的第一手知識，並讓印度的同事們更深刻地理解西方工
作的問題和前景。

　　前往西方工作的第三個羅摩克里希那的直接弟子是阿貝達南
達。他於1896年9月抵達倫敦，首次演講相當成功。次年8月9日他
抵達紐約，很快就適應了那裏的環境，使薩拉達南達可以放心地離
開美國，回印度工作。1898年10月28日紐約吠檀多研究會正式註冊
登記，獲得了永久性的立足點。阿貝達南達的工作在此後幾年裏獲
得了明顯的進展。他的朋友、傾慕者和學生的圈子日益擴大，他成
了知名的演講者、哲學家和作家。到1901年，他的演講是如此成功，

❹　Gambhirananda, 1957年（《羅摩克里希那修道會和傳教會的歷史》），
　　頁95、97、98、126。

❹　Swami Saradananda, *Sri Sri Ramakrishna Lilaprasanga*, Panchama
　　Khanda (Thakurer Divyabhava O Narendranath), Udbodhana。後來翻
　　譯成英文*Sri Ramakrishna, the Great Master*。

每次的聽眾一般達到六百人之多。從1902年開始他有時也訪問英國
和歐洲大陸。他還舉辦兒童教育班,寫了多種關於印度哲學和宗教
的書籍。1906年5月,他回印度作短暫的訪問,受到的歡迎幾乎像
辨喜9年前所受到的歡迎一樣熱烈。11月10日,他帶著帕拉馬南達
(Paramananda,約1885–1940)作為助手,從孟買乘船回紐約。**⑲**
他就吸引力與工作量而言,是僅次於辨喜的成功的吠檀多宣講者,
但是他與紐約吠檀多研究會的關係卻破裂了。1907年3月2日,他貸
款為吠檀多研究會買下了紐約西80街105號作為活動場所,不久又
在康乃狄克州的波克夏買了一座農莊,作為靜修的地方。但是由於
他長期在英國活動,紐約吠檀多研究會的成員和收入都減少了,無
法償還貸款,阿貝達南達遂用自己的稿費買下了波克夏的吠檀多道
院,於1910年5月5日離開紐約,不再住在吠檀多研究會的房子
裏。**⑳** 印度貝盧爾總部的董事會根據他們所掌握的情況,認為阿貝
達南達已經在英屬印度之外永久性定居,從而將他從董事會成員中
除名。**㉑** 阿貝達南達繼續在美國活動、演講和寫作,有時訪問歐洲。
1921年7月27日他離開美國,途經火奴魯魯出席了泛太平洋教育會
議,然後經日本和緬甸回到加爾各答。他受到貝盧爾的師兄弟們和

⑲ 參閱 Sister Shivani (Mary Le Page),*Swami Abhedananda in America*,
(《大德阿貝達南達在美國》),Calcutta:Ramakrishna Vedanta Math,
1947年;Sister Devamata, *Swami Paramananda and his work*(《大德
帕拉馬南達和他的工作》),La Crescenta, California:Ananda Ashrama,
1926–1941年。

⑳ 根據阿貝達南達的學生 Swami Shankarananda 用孟加拉文寫的傳記,
頁400–401,轉引自**⑰**,頁179。

㉑ 1919年5月出版的傳教會第二次總報告,頁66,轉引自**⑰**,頁179–
180。

印度公眾的全心全意的歡迎。但是在西方生活了四分之一世紀的阿
貝達南達已經無法適應貝盧爾修道院擁擠貧困的僧侶生活。他遊歷
了克什米爾和西藏後，於1922年12月11日回到加爾各答。次年5月
1日，他在加爾各答建立了吠檀多研究會(Vedanta Society)，根據他
自己的路線進行工作。❷不過他仍然與貝盧爾修道院的師兄弟們保
持著親密的關係，恢復了董事的身分。這個組織出版了一種孟加拉
文月刊（*Vishwavani*）、8卷本的《大德阿貝達南達全集》和其他一
些材料。阿貝達南達的著作包括許多對印度哲學思想的主要課題的
精心闡釋。他比辨喜有更多的時間埋頭寫作，因此他的著作往往比
辨喜更面面俱到地、更細膩地展現了印度哲學的一些主題，因為辨
喜除了論四瑜伽的著作之外，其他著作大部分都是匆匆應急演講，
由別人記錄下來後整理而成的。阿貝達南達是羅摩克里希那的直接
弟子中最後離開人世的，1937年羅摩克里希那誕辰一百周年之際，
他以七十三歲的高齡擔任在加爾各答召開的國際宗教會議的主席，
他在致詞中說：「我希望這次宗教會議將為所有的教派衝突和鬥爭
敲響喪鐘，它將為促進各種不同信仰之間的友誼創造巨大的機
會。」❸這是他最後一次公開露面。

　　前往西方工作的第四個羅摩克里希那的直接弟子是圖里亞南
達。他是1899年6月20日隨辨喜一起離開加爾各答，經倫敦前往紐
約的。他像薩拉達南達一樣，不大想離開印度到西方去。只是因為
辨喜用手臂圍住他的脖子，像孩子一樣哽咽著懇求他分擔一些重擔，
他才勉強同意的。❹當辨喜在加利福尼亞時，圖里亞南達在紐約的

<hr>

❷　他的孟加拉文的傳記，Jivan-katha，頁474，轉引自❹，頁261。

❸　Gambhirananda, *The disciples of Ramakrishna*（《羅摩克里希那的弟
　　子》），Calcutta: Aadvaita Ashrama, 1955年，頁177。

中心講課，舉辦兒童班，還在其他東部城市演講。12月他到波士頓和坎布里奇作演講，在坎布里奇會議(Cambridge Conference)上宣讀了關於商羯羅的論文，聽眾中包括許多哈佛大學的教授。❺1900年6月初辨喜從加利福尼亞回到紐約，請圖里亞南達到加州去主持新成立的香蒂道院（和平道院），圖里亞南達又遲疑不決，因為他抱著強烈的出世思想，不打算介入任何實際活動，辨喜以聖母的名義才說服他接受這個責任。❺在與圖里亞南達分手時，辨喜說：「到加利福尼亞去建立道院吧。在那裏高舉吠檀多的旗幟。從現在起忘記印度!」❺6月圖里亞南達抵達洛杉磯，成功地作了一些演講，7月26日抵達舊金山，8月2日帶著12個學生抵達香蒂道院。這實際上是一塊海拔2,500英尺的、森林中的荒地，沒有近處的水源可供飲用，只有一座陳舊的木屋，離最近的火車站有50英里。圖里亞南達馬上身體力行，與學生一起在這塊荒地上建立了印度式的隱居靜修的道院。美國學生們遠離喧囂的城市，住在山上的木屋和帳篷裏，吃自己煮的簡單的伙食，在圖里亞南達指導下研究印度教經典，聆聽他的講課，體會到了真正的宗教生活。這種崇高的精神長期影響著加利福尼亞的各個吠檀多中心。❺辨喜在離開舊金山之前曾告訴他的學生：「我只是口頭談談而已，但是我將送一位我的師兄弟到你們這裏來，他將向你們顯示怎樣過我所教導的生活。」❺圖里亞南達很好地

❺　同上，頁216。

❺　Dhar, 1975年（《辨喜全傳》），頁1205。

❺　*The life*（《辨喜回憶錄》），頁672。

❺　同上，頁673。

❺　同❹，頁142–143, 159–160。

❺　同❺，頁218。

完成了這個使命。但是他沒有能夠實現辨喜給他的忠告——忘記印
度。在西方待了不到 3 年，他趕回印度探望病重的辨喜。但是他們
沒有能再見上一面。圖里亞南達抵達仰光時，得到了辨喜去世的噩
耗。他懷著沉痛的心情回到貝盧爾，決定不再重返西方。他的餘生
的20年是在北印度一處荒無人煙的地方隱居度過的。

　　前往西方工作的第五個羅摩克里希那的直接弟子是特里古納
蒂塔。他是派到美國來接替圖里亞南達在加利福尼亞的工作的。但
他的工作方式有所不同，他並不一頭扎進香蒂道院，而是以舊金山
為活動的中心，從那裏出發向加州的各個城鎮傳播吠檀多哲學。他
律己甚嚴，對學生也同樣提出很嚴格的紀律要求。他在舊金山地區
的工作是如此成功，以至於1905年竟然能夠計劃建造西方第一座印
度教神廟，這座神廟於次年1月7日完工。⑩他的學生認為他只墊一
條毯子，蓋一條毯子，睡在辦公室的一塊板上過夜的苦修生活會損
害他的健康，終於說服他搬進神廟的三層樓上去住。他不久就在那
裏組織了西方第一個吠檀多小型僧團，成員曾達到 7 個。他提出所
有的僧侶都得凌晨3點鐘起來準備禮拜，大家覺得太辛苦，同意4點
鐘起來，其實這正是他實際上想確立的紀律。⑪他又在租來的房子
裏組織了西方第一個吠檀多小型修女團，成員有 3 個。他運用自己
在印度編輯過孟加拉文雜誌的經驗，於1909年開始出版《自由之聲》
月刊，以接替 1902 年以來在舊金山出版的《太平洋吠檀多》雜

⑩　*Fortnight*（《雙周刊》），1953年5月11日，頁24描寫了這座建築物的情
　　況。

⑪　E. C. Brown, "Vedanta in America: my reminiscences,"（〈美國的吠
　　檀多：我的回憶〉）, *Vendanta for East and West*，（《東方和西方的吠
　　檀多》），1952年，9–10月號，頁141。

誌。❻❷他是一個使人難忘的刻苦工作者。他大量通信，每星期舉辦
兩次公開演講，教授梵文、靜修和《奧義書》， 與他的許多學生平
均每兩個星期個別談話一次，因此把他的睡眠時間減少到每夜只有
一、二個小時。他甚至擠出時間來與學生的孩子玩耍！從1903年到
1914年，每年11月或7月他都要帶願意去的學生到香蒂道院去，在
靜修與打坐方面對他們進行集中訓練。❻❸1914年，他還制定了在舊
金山地區進行廣泛的慈善工作的計劃。❻❹但是他的不幸去世使這些
計劃付諸東流了。1914年聖誕節後三天，特里古納蒂塔在神廟中主
持星期天的禮拜，一個神志失常的從前的學生向講壇上扔了一顆炸
彈，這個人當場被炸死，特里古納蒂塔重傷，住院13天，於1915年
1月10日去世。❻❺

接替羅摩克里希那的直接弟子前往西方工作的再傳弟子中，比
較突出的是帕拉馬南達。1900年他第一次來到貝盧爾時，僧侶們覺
得他太年輕，不宜出家，但辨喜覺察到了這個年輕人的熱情的靈魂，
讓他留了下來。❻❻他性情愉快，在寺院裏走動的時候經常口不離曲，
婆羅門南達稱他為「春天之鳥」。尼維迪塔覺得他與辨喜有些相像，
稱他為「小斯哇密佶」。 ❻❼1906年他隨阿貝達南達到紐約時只有二

❻❷　《自由之聲》(*The Voice of Freedom*)，《太平洋吠檀多》(*The Pacific
　　 Vedantin*)，見French，1974年（《天鵝之海》），頁121。

❻❸　Dr. Dorothy F. Mercer, *The Vedanta in California* （《加利福尼亞的吠
　　 檀多》），轉引自❹❼，頁181。

❻❹　根據Trabuco僧院的案卷，轉引自French，1974年（《 天鵝之海》），頁
　　 122。

❻❺　同❺❸，頁247–248。

❻❻　*Message of the East* （《東方的啟示》），1940年秋季號，頁142。

❻❼　斯哇密(Swami)意為大德，佶(ji)是尊稱，在羅摩克里希那運動中，出

十一歲。他1908年開始在波士頓地區工作，為了避開紐英格蘭冬天的嚴寒，他在冬天訪問華盛頓，很有成果，於1909年12月在那裏設立了吠檀多研究會，以後經常在波士頓和華盛頓兩地活動。1912年和1913年他訪問了歐洲，在瑞士的日內瓦建立了一個永久性的團體。1912年他開始在波士頓出版一份名為《東方的啟示》的刊物。❸他還出版了一些著作，翻譯了《薄伽梵歌》和《奧義書》。在他的指導下，波士頓地區的工作頗為順利，吠檀多研究會搬進了芬韋地區的產業裏去。❹1916年他在洛杉磯作了5個月的演講和授課，8月份在那裏建立了吠檀多中心。以後數年中他也在中東部諸州做了卓有成效的宣傳工作。他在波士頓及其他地區的工作是如此成功，以至於1923年4月在離洛杉磯16英里的拉克雷斯恩塔(La Crescenta)建立了一個道院，作為波士頓中心的分支，這個道院的重要性甚至超過了洛杉磯城市裏的吠檀多中心。1929年7月他在波士頓南面23英里的科哈塞特(Cohasset)建立了一個附屬波士頓中心的隱居地。他於1940年去世，紐約的尼希拉南達(Nikhilananda)在紀念他的文章〈致我熱愛的兄弟〉中寫道：「我可以毫不誇張地說，在辨喜去世後到這個國家（美國）來的羅摩克里希那傳教會的導師當中，他是在傳播印度哲學的這個古老體系的理想方面最成功的。」❼

　　上述五個人是作為辨喜的繼承者，來到西方繼續傳播吠檀多哲

家人都可以成為斯哇密，但是斯哇密佶(Swamiji)是辨喜的專稱。小斯哇密佶(Baby Swamiji)意即小辨喜。

❸　《東方的啟示》(*The Message of the East*)，轉引自❹，頁178。

❹　芬韋地區(the Fenway district)的1 Queensberry Street。

❼　Swami Nikhilananda, "To my beloved brother", 載*The message of the East*《東方的啟示》，1940年秋季號，頁169。

學的，他們各有鮮明的個性，各有自己不同的工作特點。阿貝達南達在美國工作了25年，他是演說家和學問淵博的哲學家，在著作方面不比辨喜遜色；圖里亞南達只在美國待了不到３年，他是印度傳統的聖人，在他的周圍永遠有一種喜馬拉雅深山中的寧靜，他用自己的生活展現了辨喜用言論教導的信仰；特里古納蒂塔是活動家和崇尚紀律的訓導者，在勤奮工作方面，他幾乎與辨喜一樣捨生忘死，他在美國工作了11年，如果不是炸彈奪去了他的生命，他應該作出更大的貢獻；帕拉馬南達是「春天之鳥」，畢生保持著青春的朝氣，具備充滿詩意的雄辯能力，他在美國工作的時間最長，像他的導師羅摩克里希那南達所說的，他是天生適宜於在國外工作的；薩拉達南達在美國工作的時間比較短，尚未來得及像其他幾位一樣形成自己獨特的風格，但是他以後作為總書記作了大量工作，並寫作了最詳盡的羅摩克里希那傳記，處處都有跡象證明他在美國的經驗對他是大有神益的。在辨喜播下種子的土地上，這五位拓荒者進行了辛勤的耕耘，為以後西方的羅摩克里希那運動的發展奠定了基礎。他們的活動對印度本土的運動不斷吸收西方文明的精華也有很強烈的影響。

在辨喜和他的師兄弟的第一波活動之後，羅摩克里希那運動在國外的發展逐漸穩定下來。在三○年代前後，出現了第二波發展。

一、美國

1.紐約吠檀多研究會

紐約是辨喜首先建立吠檀多研究會 (Vedanta Society) 的地方。這個中心一直延續到今天。

2.紐約羅摩克里希那—辨喜中心

1931年尼希拉南達從印度來到美國，兩年後他在紐約設立了第

二個中心，取名羅摩克里希那一辨喜中心 (Ramakrishna-Viveka-
nanda Center)。尼希拉南達令人留下深刻印象的關於印度哲學的翻
譯和著作使哥倫比亞大學和坦普爾大學 (Temple University) 相繼聘
他擔任教職；在他周圍聚集了相當大一批學生和追隨者。中心的副
主席、複印機的發明者卡爾森(Chester Carlson)說：「印度教極大地
吸引了我，因為它在達到自我實現和探索上帝的過程中所用的經驗
性的和實踐性的方法是任何科學家希望有所發現時所用的方法：試
驗，再試驗。」❼與仰光的羅摩克里希那傳教會有密切聯繫的緬甸外
交家，1962–1971年期間的聯合國秘書長宇潭(U Thant, 1909–1974)
是中心的著名的客座演講者，他認為辨喜到西方來的主要用意是綜
合東方和西方文化，促進人際關係的寬容，傳播入定和靜修的知識。

　　3.麻薩諸塞州的波士頓

　　1940年帕拉馬南達去世後，波士頓的活動一度沉寂。在哈佛大
學教授克拉克 (Walter Houston Clarke) 和波士頓大學校長馬拉特
(Earl Marlatt)的幫助下，阿希拉南達(Akhilananda)1942年4月1日將
研究會搬進了新的產業，這處產業一直使用到今天。❼

　　4.羅德島州的普洛維頓斯(Providence)

　　阿希拉南達在波士頓做了一段時間帕拉馬南達的助手以後，於
1928年9月9日在相鄰的羅德島州的首府普羅維頓斯開辦了吠檀多

---

❼ Chester Carlson, "A convert takes path to Hindu monkhood," (〈一個
改宗者成為印度教修道僧的道路〉)，載*Chicago Sun-Times* (《芝加哥
太陽一時報》)，1967年7月10日。

❼ 今天稱為羅摩克里希那吠檀多研究會教堂(Ramakrishna Vedanta
Society Church)，地址是 58 Deerfield Street, Boston. 筆者曾訪問過這
個研究會。

研究會。這個研究會在財政上頗為寬裕，對印度加爾各答的貝盧爾的總部提供了很大的幫助。帕拉馬南達去世後，阿希拉南達兼顧普洛維頓斯和波士頓兩個中心，直到60年代，他撰寫了一些著作，其中包括《印度教心理學》和《一個印度教徒對基督的看法》。❼❸

5.俄勒岡州的波特蘭

在從印度來的第二代導師中最活躍的人物之一是普拉巴瓦南達(Prabhavananda)，他1922年來到舊金山工作，他在波特蘭（俄勒岡州）的工作是從1926年開始的，1929年隨著他到好萊塢去而一度中斷，1932年隨著他的重新訪問而恢復。波特蘭的研究會於1934年獲得了永久性的總部。

6.加利福尼亞州的好萊塢

洛杉磯是辨喜第二次訪問美國時作過多次演講的地方。普拉巴瓦南達在洛杉磯的西北郊區好萊塢建立了從許多方面來說是西方最有趣的吠檀多研究會。他受30年前招待過辨喜的一位夫人的邀請，來到洛杉磯，起先就以這位夫人的一幢房子為總部。研究會於1934年註冊。1938年在好萊塢建造了寺廟，中心主辦了一份雜誌《吠檀多和西方》(*Vedanta and the West*)，有各種類型的人物在這份雜誌上發表文章。這個中心的一個特點是與好萊塢的文學和電影界的主要人物有密切關係。最為吠檀多哲學吸引的三個人都是英裔文學家：赫德(Gerald Heard)、赫胥黎(Aldous Huxley, 1894–1963)和伊塞伍德(Christopher Isherwood, 1904–1986)。赫德首先在社交場合認識了普拉巴瓦南達，不久成了他的學生，然後使赫胥黎發生了興趣。❼❹吠檀多對他們的影響變得很明顯，特別在赫胥黎的《時間

---

❼❸　《印度教心理學》(*Hindu psychology*)，《一個印度教徒對基督的看法》(*A Hindu view of Christ*)。

必有停止》(*Time must have a stop*) 裏更為明顯，在赫胥黎的《許多夏天之後天鵝死了》(*After many a summer dies the swan*) 裏，通過一個以赫德為原型的角色之口道出了他對吠檀多的一些初步的印象。伊塞伍德是通過赫胥黎認識普拉巴瓦南達的，並在吠檀多中心過了一陣寺院生活。三位作家的許多文章被包括在研究會發行的出版物中，伊塞伍德還與普拉巴瓦南達一起翻譯了一些梵文古典作品，並獨立寫了《羅摩克里希那和他的弟子們》。**㊄** 其他經常訪問吠檀多中心，但未成為學生的著名文學家包括毛姆 (Somerset Maugham, 1874–1965) 和威廉斯 (Tennessee Williams, 1911–1983)。

米勒 (Henry Miller, 1891–1980) 在《空調的惡夢》(*The air-conditioned nightmare*)裏對普拉巴瓦南達的評價是有代表性的：「最有力量的人，我所遇到過的我能真正稱之為『偉大的靈魂』的唯一的人是好萊塢的一個安靜的印度教大德。」**㊅**

7. 米蘇里州的聖路易

普拉巴瓦南達1927年在聖路易的一系列演講開始了那裏的工作。不過那裏的永久性研究會是1938年才成立的。聖路易的研究會的現在的地點是1952年定下來的。世界宗教的著名學者史密斯 (Huston Smith)在華盛頓大學任教時曾擔任研究會理事會的主席。

8. 加利福尼亞州的舊金山

㊃　Robert Joseph 和 James Felton, "Hollywood swami,"（〈好萊塢的大德〉）, *Script Magazine*（《腳本雜誌》）, 1948年2月, 頁19。

㊄　Christopher Isherwood, *Ramakrishna and his disciples*, New York, 1965年。

㊅　Brahmachari Prema Chaitanya (John Yale), "What Vedanta means to me,"（吠檀多對我意味著什麼）, 載（*Vedants and the West*）（《吠檀多和西方》）, 1955年11–12月號, 頁28。

舊金山是辨喜和圖里亞南達和特里古納蒂塔作了許多工作的地方。這裏的工作可以與南加利福尼亞州好萊塢中心的工作媲美。1958年在離開老的寺廟幾條街的地方建造了一座新的給人留下深刻印象的廟宇。

9.加利福尼亞州的伯克來

10.加利福尼亞州的薩克拉曼多

舊金山的工作發展得很快，在附近的伯克來和加利福尼亞州的首府都設立了中心。1969年以後，這兩個中心都趨向更大程度的自治。北加利福尼亞州的工作的一個特點是進行了廣泛的訓練僧侶的工作。

11.華盛頓州的西雅圖

1938年西雅圖開始有永久性的工作。1942年建成了一座寺廟。

12.伊利諾伊州的芝加哥

芝加哥是1893年辨喜參加世界宗教會議的地方。1929年芝加哥的北部開始建立吠檀多中心。1955年買下了一座永久性的建築物作為總部。1966年9月17日在芝加哥南部建成了一座新的寺廟。3天以後舉行了世界宗教會議73周年紀念會，世界各種宗教的代表在會上作了發言。

二、南美洲——阿根廷的布宜諾斯艾利斯

1932年10月在阿根廷的首都布宜諾斯艾利斯建立了一個中心。這裏的工作用英語和西班牙語進行，辨喜的許多著作和運動的其他著作在這個中心用西班牙文出版。

三、歐洲

1.法國的巴黎

1936年一批法國人受到羅曼·羅蘭的著作的影響，在巴黎大學

文理學院集會慶祝羅摩克里希那誕辰一百周年，建立了永久性的中心。第二次世界大戰使工作一度中斷。戰後，1947年買下了巴黎東南的格雷茲(Gretz)的一塊土地，建造了一座道院，供歐洲大陸各地對吠檀多感興趣的人靜修之用。

2. 瑞士的日內瓦

1961年開始有一位印度大德以日內瓦為中心進行工作。到1970年，那裏的工作達到了建立永久性總部的階段。

3. 英國的倫敦

羅摩克里希那運動一直夢想在倫敦建立一個永久性的中心，這個夢想到1934年才實現。但是1948年這個中心的大德捲入了政治活動，遂於1949年6月16日終止了與傳教會的關係。傳教會派了一個新的大德去建立新中心。新中心不久就奠定了穩固的基礎，並於1951年開始出版雙月刊《東方和西方的吠檀多》，雜誌的編輯顧問是在英國大學裏任教的印度哲學家S. 拉達克里希南，中心在1964年購買了一處永久性的房子作為總部。後來大部分工作轉到波恩德(Bourne End)。 **⓱**

四、非洲——毛里求斯（模里西斯）的路易斯港

1939年7月，在人口大部分是印度裔的毛里求斯的首都路易斯港建立了羅摩克里希那傳教會。次年獲得了永久性的總部。

五、亞洲

1. 斯里蘭卡的可倫坡

錫蘭與印度在文化上有很深的聯繫。傳教會從1924年開始在錫蘭建立中心，以可倫坡為總部，到1927年，已經在島上的3個地點建立了9所學校，註冊學生達1,348名。1930年10月22日建立的可倫

⓱　French，1974年《天鵝之海》，頁128–142。

坡道院，乘羅摩克里希那誕辰一百周年的東風，於1935年3月6日奠基興建永久性的建築物，於次年2月24日完工。到1953年，中心已經擁有24所學校，教育8,000名學生，另有3個寄宿舍，招待180人，有3個孤兒院，照料130個孩子。

2. 新加坡

傳教會應新加坡印度僑民之邀，於1928年7月在新加坡建立中心。1932年買下了自己的建築物。在第二次世界大戰期間，新加坡被日本軍隊占領，中心失去了與加爾各答總部的一切聯絡。**⑦⑧** 得到日本軍隊支持的、由被日軍俘虜的駐新加坡英屬印軍組成的印度國民軍的領袖鮑斯深受辨喜思想影響，經常訪問新加坡傳教會，結果戰後英國軍隊重新占領新加坡時，搜查了傳教會，並把大德監禁了16天。50年代，中心擁有兩所泰米爾文學校，教育100名男孩和150名女孩；一所比較小的學校教育25名孩子；一所夜校教育90名成人；一所工藝學校教育50名訓練者；一所男孩之家招待80人。

3. 斐濟的納蒂(Nadi)

應斐濟的印度僑民的邀請，1937年5月傳教會開始派大德去活動。

4. 孟加拉

今天的孟加拉國是獨立前的印度的一個組成部分，那裏保留了10個羅摩克里希那傳教會的中心。

1980年羅摩克里希那傳教會第二次大會是海內外發展狀況的一次總檢閱，印度之外共有30個中心派出了代表。這30個中心是(按字母排列)： 阿根廷（南美）的布宜諾斯艾利斯，孟加拉的達卡等

---

⑦⑧ 根據傳教會1942–1943年的總報告，轉引自Gambhirananda，1957年（《羅摩克里希那修道會和傳教會的歷史》），頁359。

10個中心,英國的波恩德,斐濟的納蒂,法國的格雷茲,毛里求斯的瓦科斯(Vacoas),新加坡,斯里蘭卡的可倫坡,瑞士的日內瓦,美國的貝克來,波士頓,芝加哥,好萊塢,紐約羅摩克里希那—辨喜中心,紐約吠檀多研究會,波蘭特,普羅維頓斯,塞克拉曼多,舊金山,西雅圖和聖路易等12個中心。此外日本,澳大利亞,西德,南非,加拿大和馬來西亞的活動小組也派出了代表。⓻

在1980年的大會上,英國倫敦吠檀多中心的大德巴維亞南達(Bhavyananda)對運動在西方的發展作了比較全面的概觀:

> 當我們轉過來注意運動在西方的歷史時,我們應該記得十八和十九世紀與東方的貿易聯繫多少導致了哲學思想的交流。像叔本華(Schopenhauer, 1788–1860),愛默生(Emerson, 1803–1882)和索洛(Thoreau, 1817–1862)這些思想家受到了中國的倫理學、〔伊斯蘭教〕蘇菲派的詩歌和印度的神秘主義的影響。因此,1893年辨喜登場的時候,西方並不是毫無思想準備的。對於西方為了人類的物質和道德福利運用於政治和社會領域的自由、平等和正義的原則,辨喜從精神上進行了解釋。他的崇高的教導和充滿活力的性格吸引了真誠的追隨者。辨喜與這批朋友與敬慕者一起得以在美國,後來在英國建立了吠檀多研究會。當辨喜第二次訪問西方的時候,這些研究會已經開始發揮作用。他的一些師兄弟——圖

⓻ *Ramakrishna math and Ramakrishna mission convention 1980*(《羅摩克里希那修道會和羅摩克里希那傳教會1980年大會》),頁18–19,以及頁208–209之間的地圖,頁213–234的代表發言,頁216–217之間的12幅圖版。

里亞南達、阿貝達南達和特里古納蒂塔——幫助他鞏固了運動。羅摩克里希那僧團在歐洲和在北美洲和南美洲的中心現在扎下了很深的根。這些中心不僅是禮拜的寺廟，而且是精神再生的中心……

吠檀多有它自身的魅力。在許多西方的大學裏它組成了比較宗教研究課程的一個重要部分。越來越多的學生現在正在從事博士後的學習和研究。有好幾篇博士論文是論述羅摩克里希那和辨喜的生平和教導，以及論述西方的〔羅摩克里希那〕運動的。西方的許多吠檀多中心得到大學師生的幫助和鼓勵。他們當中許多人向教團出版的雜誌投稿，作演講，參加討論班和靜修。教授巴香(Basham)、巴林德(Parrinder)、斯馬特(Smart)和澤赫納(Zaehner)等寫了好幾本關於近代印度思想的各個方面的著作。馬克斯・繆勒和保羅・多伊生通過翻譯印度教的經典著作，使西方世界能閱讀它們，從而作出了最有價值的貢獻。羅曼・羅蘭、赫胥黎、湯因比(Arnold Toynbee, 1889-1975）和伊塞伍德都在深刻理解的基礎上描寫了羅摩克里希那。

……

在這個由於高速度的交通運輸和幾乎可以即刻溝通的電信術而顯得縮小的世界上，我們相互之間密切接觸，但是相互之間缺少和諧。這個世界的未來的各種宗教需要在一個更廣闊的基礎上加以研究。當人們的心靈變得寬廣的時候，精神上的各種思想也日益拓寬。當各種宗教這樣變得心胸開闊時，它們造福人類的力量將會無限增長。與科學和政治的力量聯盟的精神力量將引導我們走上內在和諧與普世自由的道

路。⑧

第三節　印度民族解放運動的先驅

　　儘管羅摩克里希那修道會和傳教會嚴格遵守不涉足政治的宗旨，但辨喜作為一個哲學家對印度政治有相當大的影響。拉奧是這樣概括辨喜對印度的影響的：

> 辨喜雖然不參與政治，但是在現代印度的形成中發揮了巨大作用，如果不是相當於，也至少僅次於他以後的虔誠的愛國者聖雄甘地所起的作用。世俗主義，社會主義，大眾的提高和大眾掌權，婦女解放，取消賤民制度，把社會服務作為宗教崇拜的一個組成部分，印度教和穆斯林的團結，普及識字和通俗教育——所有這一切構成了辨喜對建設現代印度的貢獻。⑧

　　1897年辨喜從西方回到印度，他從可倫坡到阿爾莫拉的旅程成了一次凱旋，從精神上說，一個新印度誕生在望。正在這個時候，具體說，1899年，一個新的副王兼總督來到了印度，他幾乎立刻感受到了這個僧侶的人格力量，並試圖對抗其影響，儘管他從來沒有親自會見過辨喜，也並不真正了解辨喜的思想。這個副王就是柯曾勛爵。⑧他是帶著專橫的意志來到印度的。但是在幾個月內，他就

---

⑧　同上，頁213–216。

⑧　Rao, *Swami Vivekananda*（《辨喜》），頁246–247。

⑧　Lord Curzon，一譯寇松，1859–1925，於1899–1905年任印度總督。在第一次世界大戰期間入閣(1916–1919)。作為外交部長(1919–1924)

發現某種令人緊張的東西，因此他寫信給羅摩克里希那傳記的作者馬克斯・繆勒，在信中說：

> 毫無疑問，印度正在醞釀一種半形而上學性質的文化熱；從一般傾向上來說是強烈的守舊的，甚至是復古的……誰能夠說，隨著歐洲思想像一種外來的催化劑一樣投入這個思想的熔爐，從這種迷信、先驗哲學、精神的異常亢奮和理智的幽暗深邃中會產生出什麼東西來？ [83]

柯曾完全準確地意識到了這種文化熱，但是不理解它的性質；他也不能夠追溯它的根源。事實上，這股文化熱正標誌著印度人民族、民主意識的覺醒。隨著歲月的流逝，柯曾看到這股文化熱有增無減。即使他能夠估量其性質，追溯其根源，他也無法撲滅它，他只是用自己笨拙的政治行動使這股文化熱變得不可抵抗。他認為這只是孟加拉受過教育的中產階級的印度教徒的人工產物，只要摧毀他們的凝聚力，這股文化熱就會冷卻下來。他認為把羅摩克里希那和辨喜的故鄉──孟加拉省一分為二就是一個容易的解決辦法。他以為分省以後，西孟加拉的力量當然比原來整個孟加拉大大削弱，而東孟加拉則由穆斯林占多數，英國人可以更方便地使用分而治之的策略。

但是，柯曾沒有預料到，1904–1905 年日本戰勝俄國使印度人

曾使波斯暫時置於英國的保護之下。

[83] Amales Tripathi, "The extremist challenge"（〈極端主義者的挑戰〉），1961年，轉引自Sen Gupta, *Swami Vivekananda and Indian nationalism*《辨喜與印度民族主義》），頁78。

覺悟到亞洲人照樣可以打敗歐洲人，而1905年的孟加拉分省案就像火上加油，使文化熱演變成了一場帶有革命性質的政治運動。國大黨一改過去只知請願的做法，黨內極端派力量發展，開始用抵制外國貨的運動抗議分治。同時，秘密革命團體在印度，特別是孟加拉地區到處蜂起，搜集武器，製造炸彈，暗殺官吏，組織武裝起義。❽❹

　　極端派領袖提拉克（1852-1920）受到過辨喜的一定影響。提拉克出身婆羅門，十歲時隨全家遷居浦那。獲文學和法律學士學位後，在家鄉辦學校，並主辦馬拉塔文報紙《獅》和英文報紙《馬拉塔》。1892年8月辨喜從孟買乘火車去浦那的路上，與提拉克同乘一節車廂，互相結識，並在浦那提拉克家裏住了八、九天。當時辨喜隱姓埋名，並未引起提拉克多大的注意。直到辨喜在美國取得成功，回到印度以後，提拉克才發覺這個名震四海的辨喜很像當年在自己家裏住過的無名出家人，於是寫信給辨喜，請他予以證實，並邀請他重訪浦那。辨喜證實確有其事，但一時無暇重訪浦那。直到四年以後，提拉克到加爾各答參加國大黨年會時，兩人才重新見面，並多次暢談。有人認為，提拉克在他的政治事業的早期只為馬哈拉施特拉的婆羅門工作。辨喜使他了解到，如果一個國家要崛起，只提高它的一部分是不夠的。除非窮人、苦人、地位低下的人都能得到提高，一個國家是不會興起的。提拉克在會見辨喜以後，用各種各樣的方式為提高大眾而努力。❽❺1905年的孟加拉分省案使提拉克站到了鬥爭的最前列。在1907年的國大黨年會上，極端派與溫和派分裂，會議陷入一片混亂，極端派退出國大黨。不久提拉克就以鼓動

❽❹　Majumadar, *An advanced history of India*（《高級印度史》），頁914。

❽❺　根據Swami Nischayananda (Surag Rao)，轉引自Dhar, 1975年（《辨喜全傳》），頁345。

謀殺英國官吏的罪名被捕，判刑六年。出獄後，他繼續不屈不撓地
領導國大黨激進派的鬥爭。

　　受到辨喜思想影響的另一個革命領袖是奧羅賓多・高士
（Aurobindo Ghose，1872–1950）。他的父親是一個受英國教育的
加爾各答的醫生，決定讓他接受完全歐化的教育，他在五歲時就被
送進一所只用英語的教會學校,七歲時就被送到英國曼徹斯特留學。
他在與印度完全絕緣的情況下，在英國讀書直到二十歲，連孟加拉
語也不會說了。他在劍橋大學學業優良，精通希臘文、拉丁文、古
典文明、英、法文學和歐洲歷史，但無意於投身純學術事業，也不
想參加英國殖民政府之下的印度文官的行列,於 1893 年回到印度，
在印度西部比較進步的土邦巴羅達先後擔任文職和巴羅達學院副院
長。他意識到自己已經被外國教育所異化，轉而注意印度的文化和
政治。他受到羅摩克里希那和辨喜的著作以及班基姆・金德拉・查
泰吉（Bankim Chandra Chatterjee，1838–1894）的小說的鼓舞，
在學習梵文以後，已經能夠讚賞奧義書和《薄伽梵歌》的原創性。**⑧⑥**
他對印度傳統文化的熱愛和愛國主義自然使他很同情極端派政治
家，參加了一些非公開的政治活動。在巴羅達時，他曾會見辨喜的
愛爾蘭裔弟子、對爭取自由的政治鬥爭深感興趣的尼維迪塔。尼維
迪塔曾把辨喜的《王瑜伽》送給他。1895–1902 年間，他有時到德
奧古爾去訪問外祖父、印度民族主義的鼻祖R. 鮑斯。**⑧⑦** 1905年的孟

---

⑧⑥　*Sources of Indian tradition*（《印度傳統資料集》），New York：
　　Columbia University Press，1958年，頁725。

⑧⑦　Sen Gupta，*Swami Vivekananda and Indian nationalism*）（《辨喜與印
　　度民族主義》），頁88。1890年6月中，辨喜曾訪問R. 鮑斯。見Dhar，
　　1975年（《辨喜全傳》），頁287–291。

加拉分省案使他公開投入了政治運動。1906年他辭去巴羅達學院副
院長之職，回到故鄉出任新成立的孟加拉國民學院院長。他同時出
任英語報刊《敬禮祖國》的編輯，從1906年8月6日到1908年10月29
日在日報上，從1907年6月到1908年9月在週刊上發表文章。❸奧羅
賓多幫助建立起來的許多革命小組主要通過辨喜的著作把革命的信
息從一個村莊傳到另一個村莊，一個城鎮傳到另一個城鎮。國大黨
溫和派領袖戈卡爾說過，孟加拉今天的思想會影響明天印度的其餘
部分，這個看法已經變得不言自明了。奧羅賓多在熱情讚美辨喜的
大無畏精神的同時，意識到辨喜的理想還遠遠沒有實現，有待於新
的一代繼續奮鬥。他寫道：

> 如果曾經有過強大的靈魂的話，辨喜就是一個，他是人中之
> 獅，但是他身後留下來的有形的工作還配不上我們對他的創
> 造性力量和精力所留下的印象。我們感覺到，他的影響仍然
> 在發揮巨大的作用，但是我們不太知道怎樣，我們不太知道
> 在哪兒，在某種還沒有成形的事物裏，在某種真實的、高貴
> 的、可以靠直覺得知正在興起的事物中發揮作用，這種事物
> 已經滲透到印度的靈魂中去了，因此我們說「看！辨喜仍然
> 活在他的祖國母親的靈魂裏，仍然活在祖國母親的孩子們的
> 靈魂裏。」❸

奧羅賓多以自己的方式繼續辨喜未竟的事業，他1907年率領一

---

❸ 《敬禮祖國》的原名是Bande Mataram。

❸ Ghose, Aurobindo (1872-1950), *Sri Aurobindo*（《奧羅賓多全集》），
Pondicherry，1970-，卷17，頁332。

個龐大的孟加拉代表團出席國大黨在蘇拉特召開的年會，在激進派
和溫和派分裂的艱難時刻，擔當激進派領袖提拉克的左右手。次年，
他因為與一個炸彈爆炸案有牽連的扇動叛亂的罪名被捕入獄。據說
他在獄中時，曾在幻覺中聽到辨喜的聲音，教他實踐瑜伽，這說明
了辨喜對奧羅賓多的潛意識的影響。❾奧羅賓多在獄中關了一年，
被釋放以後，逐漸退出政治活動，轉向哲學與宗教研究。1910年他
離開孟加拉，移居印度的法國殖民地本地治理，在那裏生活了四十
年，創辦奧羅賓多書院，從事著述，不再涉足政治。

　　1907年國大黨內兩派公開分裂，極端派退出國大黨，為英國人
提供了鎮壓極端派的機會。但是奧羅賓多被捕和隨後退出政治舞臺，
以及提拉克的囚禁六年並沒有使革命終止。歷史事實證明，提拉克
只是從精神上鼓舞了恐怖主義者，並不是他們的秘密領袖。恐怖活
動在提拉克逮捕以後反而越演越烈，1909年恐怖分子在倫敦暗殺了
柯曾・偉利勛爵，1912年副王哈丁勛爵 (Lord Hardinge) 在遷都德
里，舉行入城式時，被炸彈嚴重炸傷。❾

　　英國殖民當局意識到辨喜的思想是印度民族主義運動的精神
源泉，遂於1914年命令情報局警察特別總監查理・特加特(Charles
Tegart)調查羅摩克里希那傳教會捲入革命活動的情況。特加特在他
的報告中寫道，在傳教會裏發現許多革命者，有些革命者是傳教會
的從前的成員，而有些革命者在離開政治舞臺以後，出家為僧。可

---

❾　*Sources of Indian tradition*（《印度傳統資料集》），頁726；Sen Gupta,
　Swami Vivekananda and Indian Nationalism（《辨喜與印度民族主
　義》），頁93，註；Jesse Roarke, *Sri Aurobindo*（《室利・奧羅賓多》），
　頁8。

❾　Spear, *India: a modern history*（《印度：近代史》），頁321–323。

以預料，以讚美的態度來閱讀辨喜著作的人很容易同情革命，即使他們不一定投身革命運動。原因是很簡單的：辨喜的著作孕育了對印度的熱愛，而這在特加特看來就是十足的扇動叛亂。特加特報告說，在孟加拉製造麻煩的革命黨正在向旁遮普和各個土邦擴散。當然不可能指望特加特探索吠檀多哲學的深邃哲理，但是他提醒上司們注意辨喜堅持印度的統一，努力在人民心中灌輸對印度文化遺產的熱愛，使他們從恐懼和缺乏自信的昏睡狀態中覺醒。特加特提出，比十一個正式的傳教會的總部和分支更重要的是以羅摩克里希那和辨喜的名字命名的非正式的組織，它們像雨後春筍一樣地在無計其數的村莊裏冒出來，這些是真正抱有革命目標的政治團體。有的團體通過體育鍛鍊和有關辨喜的教導的課程來吸收新成員。這些俱樂部或協會也慶祝羅摩克里希那和辨喜的誕辰，不能公開集會的著名革命者就在這種場合討論他們的計劃和行動日程。特加特說，通過調查揭露，正是羅摩克里希那傳教會及其分支既為革命領袖提供見面場所，也成了革命工作吸收新成員的中心。❾有的革命者以他們自己的親身經歷證明，當時的情況確實如此，愛國主義的第一課就是從辨喜著作的孟加拉文版裏摘出來的。1915年組織武裝起義失敗而被捕死去的革命領袖J. 穆克吉（Jyotin Mukherji, 1879–1915）在1898–1902年間曾訪問貝盧爾修道院，並被警察的暗探記錄在案，他非常可能見過辨喜。他也曾對社會服務工作很有興趣，據說他曾在尼維迪塔指導下參加過饑荒、洪水和傳染病的救濟工作。

---

❾　S. C. Sen Gupta 1983 年從 Ladlimohan Roy Chowdhury 那裏得到了特加特的秘密報告的孟加拉文本，特加特報告的內容轉引自 Sen Gupta, *Swami Vivekananda and Indian nationalism*,（《辨喜與印度民族主義》），頁103, 106–107。

特加特於1914年4月22日遞交了他的報告，正是因為這個報告和革命者的日益增長的活動使英國殖民政府任命了羅拉特委員會，來調查扇動叛亂活動的增長。而在羅拉特報告的基礎上，殖民政府在1919年通過了所謂羅拉特法，授權法官可以在沒有陪審團的情況下審判政治案件，授權地方政府可以不經審判就拘留嫌疑犯，企圖使政府合法地繼續行使第一次世界大戰期間的特別鎮壓權力，壓制戰後印度人民新覺醒所帶來的政治活動。在這場政治危機中，另一個領袖崛起，取代了提拉克的地位。此人就是從南非回來不久，領導過幾次地方性鬥爭而在群眾中樹立了崇高的道德威望的甘地。他在1901年從南非回國列席加爾各答的國大黨年會時，也像提拉克一樣去拜訪過辨喜，但是不巧沒有遇見。他回到南非以後，閱讀過辨喜的《王瑜伽》。甘地接受、發展並實踐了辨喜關於Daridrananrayan，即為窮人服務就是為神服務的思想。他說，人類的理解能力無法知道神的真名，無法對神進行測度，Daridranaraya是人類用來稱呼神的成百萬個名字之一，它意味著窮人的神，出現在窮人心裏的神。甘地在1919年組織了第一次全印度規模的堅持真理運動，抵制羅拉特法。緊接著與穆斯林的哈里發運動相結合，發展成不合作運動。國大黨1920年的那格浦爾年會一致確認了甘地的領導。甘地在會後不久，1921年2月4日出席了加爾各答的國民學院的成立典禮，兩天以後，他在貝盧爾修道院參加了辨喜誕辰紀念會，發表了演講，說到自己全面地研讀了辨喜的著作，加深了自己的愛國主義。甘地1927年在斯里蘭卡對辨喜協會講話時曾說，如果辨喜是你們的協會的名字，那麼你們就不敢忽視印度忍饑挨餓的百萬民眾。甘地把非暴力作為自己的哲學的最高準則，而辨喜並不特別強調非暴力，這是這兩個巨人的很大的不同。印度主張暴力革命的激進派往往以辨

喜思想作為他們的精神源泉，因此甘地在自己的文章與講話中較少提到辨喜是可以理解的。但是從許多方面來說，比如，對於祖國的至死不渝的熱愛，對於自己的傳統文化的自豪，對印度教的虔誠信仰，對人民大眾的關懷，提倡解放賤民，提高婦女的地位，印度教徒和穆斯林的團結，普及教育，吸收西方文明的先進因素等等方面，他們兩人的思想是相當一致的。[93]

甘地對印度政治的影響達到鼎盛之際，一股新的、帶有社會主義傾向的力量開始進入政治舞臺，其代表人物是蘇巴斯・鮑斯（Subhas Chandra Bose, 1897-1945）和賈瓦哈拉爾・尼赫魯（Jawaharlal Nehru, 1889-1964），他們兩人也受到辨喜思想的影響。

蘇巴斯・鮑斯是在奧里薩工作的一個孟加拉律師的兒子，在一所浸信教會學校裏接受了初等教育，但他的父母堅持讓他同時學習梵文。在十五歲時，他就在辨喜著作中接受了自我淨化和社會服務的思想。[94]他後來成了辨喜的忠實信徒，他公開聲稱，如果辨喜還活著的話，他將接受辨喜為自己的導師。[95]當他在加爾各答大學管區學院讀書時，成了奧羅賓多・高士的神秘民族主義的讚美者。鮑斯1919年獲得學士學位以後，到英國劍橋準備印度文官考試。他順利地通過了考試，但是幾個月以後就放棄了文職回到印度參加甘地領導的不合作運動。他是這樣評價辨喜的影響的：

[93] 參閱馬小鶴，《甘地》（《世界哲學家叢書》），東大圖書公司，1993年。特別是第四章，第一節。

[94] *Sources of Indian tradition*（《印度傳統資料集》），頁888。

[95] Sen Gupta, *Swami Vivekananda and Indian nationalism*（《辨喜與印度民族主義》），頁137。

〔辨喜〕大德雖然沒有作過任何政治方面的教導，但是每一
個與他本人或他的著作有過接觸的人都會發展一種愛國主義
精神和政治智慧。至少就孟加拉而言，辨喜可以被認為是現
代民族運動的精神之父。**⑨**

　　鮑斯以孟加拉為中心召開活動，與J.尼赫魯一起在國大黨內提
出以完全獨立，而不是自治領地位為目標，宣傳社會主義思想，把
更多的年輕人引向民族解放運動。他於1938年當選為國大黨主席以
後，對甘地的領導逐漸變得不耐煩，1939年他擊敗甘地提名的國大
黨主席候選人，再次當選國大黨主席，但是由於甘地及其追隨者不
予合作，他只得辭職，另組前進集團。不久他在加爾各答被捕，獲
釋後處於警察管制之下。1941年他戲劇性地逃脫管制，經阿富汗和
俄國前往德國。他很久以前就受到德國國家社會主義（納粹）的吸
引，1943年乘一條德國的潛艇，潛回日本占領下的印度尼西亞，並
從那裏乘飛機前往日本。在日本的支持下，他回到新加坡，把那裏
數千被日本軍隊俘虜的印度軍人組成印度國民軍，向印度東部邊境
進軍。1945年日本戰敗，鮑斯據說在臺灣上空的飛機失事中喪生。
　　J.尼赫魯是克什米爾的一個婆羅門家族的後裔，父親是律師和
國大黨領導人。他十五歲到英國就讀於著名的哈羅公學，兩年後進
劍橋大學，二十歲獲得法學學位。1912年他回印度從事律師業務，
但阿姆利則慘案改變了他的態度，他開始追隨甘地，投身政治。

⑨　*World Thinkers on Ramakrishna and Vivekananda*（《世界思想家論
羅摩克里希那和辨喜》），Swami Lokeswarananda 編，Calcutta：Sri
Ramakrishna Mission Institute of Culture，1983年，頁39-40。

1926–1927年旅歐期間他受到社會主義思想的影響，1929年當選國大黨主席，成為甘地的繼承人。從1921年到1945年他因參加獨立鬥爭，曾九次入獄。他在1944年4月到9月監禁期間寫成了《印度的發現》一書，其中對辨喜作了介紹和評價，他寫道：

> 辨喜與他的師兄弟建立了不屬於任何宗派的為人服務的羅摩克里希那傳教會。辨喜植根於過去，對印度的遺產充滿了自豪，但在處理現實人生問題的方法上是很現代化的，他是印度的過去與現代之間的一座橋梁。他是使用孟加拉語和英語的雄辯家，寫作孟加拉文散文和詩歌的優秀作家。他是一個風度翩翩的男子，儀表不凡，泰然自若，舉止尊嚴，對自己和自己的使命滿懷信心，同時具有充沛、旺盛的精力和推動印度前進的熱情。他對抑鬱和沮喪的印度人的心靈來說，是一種鼓舞，賦予印度人的心靈以自恃和過去的根基。❼

在第二次世界大戰以後尼赫魯是印度與英國談判、爭取獨立的關鍵性人物之一。印度獨立後，他出任第一任總理（1947–1964）。

印度爭取民族獨立的鬥爭是一場波瀾壯闊的鬥爭，產生了眾多傑出的領袖人物，他們各有自己的特點：提拉克曾被英國記者華倫泰・凱勒爾(Valentine Chirol)稱為印度動盪之父；奧羅賓多・高士從公開的鬥士轉變成了隱居的哲學家；甘地被稱為聖雄，無疑是貢獻最大的；蘇巴斯・鮑斯具有國家社會主義傾向；而J. 尼赫魯則有社會民主主義傾向。他們各自的思想特點有不同的淵源，他們各自在歷史關鍵時刻的決斷當然完全由他們自己負責。但是他們作為印

---

❼　Nehru, *The discovery of India*（《印度的發現》），頁252–253。

度民族解放運動的一代英雄，有許多共同之處：除了視死如歸的愛
國心，對傳統文化的熱愛和尊崇，對西方思想的吸收之外，他們在
這樣那樣的程度上都受到過辨喜思想的影響。

第六章　研究狀況和啟示

第一節　研究狀況

　　《辨喜全集》❶是關於辨喜生平與學說不可或缺的主要資料。隨著新材料不斷發現，每一版新的全集也有所擴大，到第14版時擴大為8卷。當研究工作發現新的材料時，還會出版新的版本。全集提供了多種多樣的原始資料，包括辨喜寫的所有的書、文章，他發表的演講；他的學生在聽他講課時作的筆記；報紙關於他演講的報導；他接受採訪、和別人談話的記錄；以及大量的書信。單獨出版的《辨喜書信集》❷是便於攜帶和閱讀的一卷本。尼希拉南達選編並寫了導言介紹辨喜生平和思想的《辨喜：瑜伽及其他著作》❸是最方便的了解辨喜哲學的入門書，其中包括了辨喜在芝加哥世界宗教會議上的演講、智瑜伽、信瑜伽、業瑜伽、王瑜伽等四瑜伽。加爾各答不二論書院出版的《辨喜全集選》❹篇幅更小一些，包括從

---

❶　Vivekananda, Swami, *C. W.*

❷　Vivekananda, Swami, *Letters of Swami Vivekananda.*

❸　Vivekananda, Swami, *Vivekananda: the yogas and other works.*

❹　Vivekananda, Swami, *Selections from the complete works of Swami*

四瑜伽等著作中選出來的章節,而沒有完整地收錄辨喜的重要著作,便於普及而非供研究之用。由著名美國作家伊塞伍德寫前言的《吠檀多:自由之聲》❺是以吠檀多為中心,分十二個專題收錄的辨喜語錄。《辨喜的教導》❻是篇幅更小、但涉及面比較廣的語錄。從這些選集和語錄的編輯出版情況可以看到羅摩克里希那運動在大眾中普及的情況。

　　關於辨喜的生平,資料是比較豐富的。《辨喜的往事》❼裏收錄了印度著名政治家提拉克、辨喜的西方追隨者尼維迪塔、麥克勞德、斯特迪、格倫等人的回憶。其中大部分文章曾在羅摩克里希那運動的期刊上發表過。羅摩克里希那運動出版過幾本關於辨喜的傳記,比較權威的是他的東西方門徒著的《辨喜回憶錄》❽,初版是1907年出版的。1989年的第6版分上下兩卷,共700餘頁,詳細描述了辨喜的生平,書後附有參考書目,但一般不注明資料出處,這是它不同於正規學術著作之處。尼希拉南達的《辨喜:傳記》❾篇幅不到前者的一半,較為緊湊,分析比較深入。認真的研究者或許要看一下馬宗達編的《辨喜誕辰百年紀念集》❿。紀念集中特賈薩南達的長文〈辨喜和他的教導〉(頁33-161)曾作為單行本出版⓫。特賈薩南達還著有百餘頁的《辨喜小傳》, 使沒有時間或機會閱讀

　　　　Vivekananda.

❺　Vivekananda, Swami, *Vedanta: Voice of Freedom.*

❻　Vivekananda, Swami, *Teachings of Swami Vivekananda.*

❼　*Reminiscences of Swami Vivekananda.*

❽　*The Life.*

❾　Nihilananda, Swami, 1982, *Vivekananda: a biography.*

❿　Majumda, R. C., *Swami Vivekananda centenary memorial volume.*

⓫　Tejasananda, Swami, 1972, *Swami Vivekananda and his message.*

關於辨喜的大部頭著作的讀者可以了解辨喜的主要事跡⑫。

　　西方作家中法國的羅曼・羅蘭是最早描繪辨喜生平和思想的人，他著有《新印度的預言者》和《辨喜的生平及其普世福音》⑬。這兩本寫於三〇年代的著作至今還有重要意義，主要不在於它們為我們提供了新的知識，而在於其作者的崇高地位⑭，能反映辨喜對西方的影響。英國作家伊塞伍德1939年移居美國後，寫了《羅摩克里希那和他的弟子》⑮，其中當然談到辨喜。伊塞伍德曾有多年是南加州吠檀多學會的普拉巴瓦南達的弟子，作為運動的一分子，較少批判精神，但擁有翔實的知識，可讀性也很強。

　　辨喜作為現代印度的締造者和印度教的代表人物之一，自然引起當代印度歷史學家的注意。達爾兩卷本的《辨喜全傳》⑯是這類著作中最雄心勃勃的一本。這本書長達1,500餘頁，主要以刊布的資料為基礎，對辨喜的生平作了異常詳細的敘述，但很少深入分析辨喜的思想。西方學者威廉姆斯在《對辨喜的意義的探索：對宗教思想變化的研究》⑰一書中，對辨喜的智力與宗教思想的發展提出了一些新的見解。貝爾德編的論文集《近代印度的宗教》中收錄的威廉姆斯的論文〈辨喜：典型的英雄還是心存懷疑的聖人?〉⑱詳細地

⑫　Tejasananda, Swami, 1940, *A short life of Swami Vivekananda.*

⑬　Rolland, Romain, 1930, *Prophets of the new India*; 1931, *The life of Vivekananda and the universal gospel.*

⑭　羅曼・羅蘭（1866–1944）獲1915年諾貝爾文學獎，主要作品有小說《約翰・克利斯朵夫》、《母與子》，劇本《群狼》，傳記《貝多芬傳》。

⑮　Isherwood, Christopher, *Ramakrishna and his disciples.*

⑯　Dhar, S. N., *A comprehensive biography of Swami Vivekananda.*

⑰　Williams, G. M., *The quest for meaning of Swami Vivekananda: A study of religious change.*

概述了他著作中的觀點。

　　關於辨喜在歐美的活動，最重要的參考資料是柏克的多卷本著作。柏克1958年出版了《辨喜在美國：新發現》❶，全文重印了當年美國報紙對辨喜1893年到1895年中在美國的活動的報導。到1987年出版齊了柏克的6卷本《辨喜在西方：新發現》❷。柏克比任何研究者做了更多的工作發掘當年報紙上關於辨喜的報導。受到柏克的榜樣的鼓舞，巴蘇出版了《印度報紙所記載的辨喜，1893–1902》❸，收錄了從世界宗教會議到辨喜去世期間印度報紙關於辨喜的報導。柏克和巴蘇的工作主要是收集資料性質的，關於辨喜在西方的活動的研究可以參考卡波增補和修訂的博士論文〈文化接觸與融合：辨喜在西方，1893–1896〉❹。

　　辨喜早年曾加入梵社，關於梵社的研究，可以看科普夫的《梵社和近代印度民族魂的形成》❺。辨喜思想的形成深受羅摩克里希那的影響，他們兩人在印度近代哲學史上就像一座「雙子星座」。關於羅摩克里希那的生平和教導的主要資料是"M"（Mahendranath Gupta〔摩亨陀羅納思・笈多〕）的《羅摩克里希那的福音》，原文

⑱　Williams, G. M., "Swami Vivekananda: archetypal hero or doubting saint?", in Robert D. Baird(ed.), *Religion in modern India*, New Delhi: Manohar Publications, 1981, pp. 197–226.

⑲　Burk, M. L., *Swami Vivekananda in America: new discoveries.*

⑳　Burk, M. L., *Swami Vivekananda in West: new discoveries.*

㉑　Basu, S., *Vivekananda in Indian newspapers, 1893–1902.*

㉒　Kapoor, S. K., *Cultural contact and fusion: Swami Vivekananda in the West, 1893–1896.*

㉓　Kopf, David, *The Brahmo Samaj and the shaping of the modern Indian mind*, Princeton: Princeton University Press, 1979.

是用孟加拉文寫成的，由尼希拉南達翻譯成英文㉔。這是關於羅摩克里希那最後四年 (1882–1886) 的生活和言行的詳細記載。在信徒的眼中，薩拉達南達的《羅摩克里希那：偉大的導師》㉕是僅次於《福音》的有關權威著作。以這兩本書為基礎，參考其他有關材料，希克森1992年出版了《偉大的天鵝：與羅摩克里希那神交》㉖，重建了當年羅摩克里希那生活和傳道的情景。西方學者對於羅摩克里希那的研究可以追溯到19世紀末，馬克斯・繆勒寫的《羅摩克里希那：他的生平和言論》㉗主要以辨喜向他提供的情況為基礎。由於這位德國學者崇高的學術地位，這本著作仍然受到重視。此後有上文提到過的羅曼・羅蘭和伊塞伍德的著作。較新的著作有1989年出版的希夫曼的《羅摩克里希那：新時代的先知》㉘和1991年出版的西爾的《羅摩克里希那：心理學角度的傳略》㉙。

關於羅摩克里希那運動，威廉姆斯的論文〈羅摩克里希那運動：宗教變化的研究〉㉚做了出色精煉的概括。他認為運動有9個特點：

㉔ *The gospel of Sri Ramakrishna*, by M., translated by Swami Nikhilananda, Ramakrishna-Vivekananda Centre, New York, 1942.

㉕ Sarakananda, Swami, *Sri Ramakrishna: the great master*, translated by Swami Jagadananda, Sri Ramakrishna Math, Mylapore, Madras, 1952.

㉖ Hixon, L., *Great swan: meeting with Ramakrishna*.

㉗ Max Muller, F., *Ramakrishna: his life and sayings*, New York: Charles Scribners, 1899.

㉘ Schifman, R., *Sri Ramakrishna: a prophet for the new age*, New York: Paragon House,1989.

㉙ Sil, N. P., *Ramakrishna Paramahamsa: a psychological profile*, Leiden: E. J. Brill, 1991.

㉚ Williams, G. M., "The Ramakrishna movement: a study in religious change," in Robert D. Baird (ed.), *Religion in modern India*, pp. 55–79.

一元論、無私精神、普世性、寬厚性、非教派性、自由主義、人道
主義、進步性、科學性。運動歷史至今為止的標準著作是甘比拉南
達的《羅摩克里希那修道會和傳教會的歷史》 ❸，1983年出版了第
3版，基本是描述性的，分析不多。此書主要研究修道會在印度的
工作，但也包括對修道會在西方的發展的概述。

　　關於羅摩克里希那運動在印度之外的影響，基本著作是法蘭西
的《天鵝之海：羅摩克里希那和西方文化》 ❸。法蘭西從一個宗教
研究學者的角度對運動作了深入的分析，全面概述了運動在美國的
發展，分析了運動的教義及其在印度教傳統中的地位。傑克遜1964
年的博士論文〈辨喜在美國：羅摩克里希那運動在美國，1893–1960〉
是到那時為止最全面的有關研究。在此基礎上，傑克遜1994年出版
了《給西方的吠檀多：羅摩克里希那運動在美國》 ❸，書後附有研
究情況介紹，很有參考價值。甘比拉南達的《羅摩克里希那的使徒
們》 ❸ 是包括辨喜在內的16個羅摩克里希那弟子的傳記，對於研究
運動歷史的學者來說，也值得參考。關於辨喜對印度民族解放運動
的影響可以參閱森・笈多的《辨喜與印度民族主義》 ❸，也可以參
閱尼赫魯的《羅摩克里希那和辨喜》 ❸，那本小冊子收錄了他1949

❸　Gambhirananda, Swami, *History of the Ramakrishna Math and Mission*, 1957.

❸　French, H. W., *The swan's wide waters: Ramakrishna and Western culture*.

❸　Jackson, C. T., *Vedanta for the West: the Ramakrishna movement in the United States*.

❸　Gambhirananda, Swami, *The apostles of Ramakrishna*, 1966.

❸　Sen Gupta, S. C., *Swami Vivekananda and Indian nationalism*.

❸　Nehru, J., *Sri Ramakrishna and Swami Vivekananda*.

年在羅摩克里希那誕辰114周年紀念會上的演講、1963年在辨喜誕辰百年紀念會上的兩次講話。

1993年，辨喜出席芝加哥世界宗教會議100周年之際，孟加拉的羅摩克里希那修道會出版了紀念文集❸，長達955頁的論文集收錄了各方面對辨喜的反思，有助於我們理解辨喜對現代的啟示。

辨喜的著述和關於辨喜的著述為數不少，研究者和一般讀者都需要專門的書目，但完整的書目尚未見出版。加爾各答的羅摩克里希那傳教會文化學院圖書館作了初步的工作，於1989年出版了《關於辨喜的著作：書目》❸，著錄了140餘種英文著述、190餘種孟加拉文著述、30餘種印地文、梵文、奧里雅文、泰盧固文、古吉拉特文、卡納達文、烏爾都文、泰米爾文、馬拉地文、馬拉雅拉姆文等其他印度語文的著述。但沒有收錄中文、日文、俄文、法文等其他文字的著作，當然也不可能收錄1989年以來出版的著作。本書的參考書目中有些是上述書目中未收錄的，中國學者在研究辨喜時，可以同時參考兩者。

中文的研究方面，我們只舉黃心川著的《印度近代哲學家辨喜研究》❸。這本書是我注意辨喜並開始著手研究的第一本入門書。

第二節 辨喜對當代中國的啟示

1994年出版的紀念辨喜出席芝加哥宗教大會100周年的論文集

❸ Swami Vivekananda, *A hundred years since Chicago: a commemorative volume.*

❸ *Books on Vivekananda: a bibliography.*

❸ Huang, Hsin-ch'uan, 黃心川，《印度近代哲學家辨喜研究》。

中，俄國科學院東方研究所副所長R. B. 魯巴科夫在〈辨喜對後共產主義俄國的意義〉一文中寫道：

> 宗教大會在幾天以後結束，確立了在歷史上的地位。它的組織者和參加者都早已故世。從那時以來，多少政權興衰存亡，整個世界的狀況發生了巨變。但是，引人注目的是，辨喜年輕、有力而熱情的聲音仍然響徹寰宇，像一百年前吸引了芝加哥聽眾一樣吸引著我們。確實，我們覺得，隨著時間的流逝和宗教大會離我們越來越遠，辨喜的聲音反倒變得越來越有現代感，越來越貼近我們。

魯巴科夫向讀者提出了他這篇文章討論的主題：「對於今天災難深重的俄羅斯，對這個在烈火中再生的國家，這個對人類未來至關重要的國家來說，辨喜的教導能在多大範圍內發揮關鍵作用呢?」他簡要地回顧了本世紀初以來，羅摩克里希那和辨喜的思想曾在俄國知識分子中引起一定的興趣，最著名的傳播者是托爾斯泰，但從來沒有在普通讀者中有過廣泛的傳播。原因之一是

> 俄國為自己選擇了一條血腥的道路，暴力與殘殺成了社會交際方式。無所不在的暴力不僅針對政治和意識形態上的敵人，也針對那些偶然或無意識之中出言違背共產主義教條的「朋友」。也就是說，不管人們的真實感覺如何，一切事物都得根據共產主義觀點來加以解釋，暴力的鼓吹者把整個社會囚禁在鐵籠之中。
> 在三○年代，羅摩克里希那和辨喜教導的第一批讀者幾乎消

失了，並非自然年老死亡所致。許多人在自相殘殺的內戰中
喪生。有些人被捕處決。其他人以莫須有的罪名被投入難以
生還的集中營。有些人流亡異國他鄉以求生。但是，對於絕
大多數留在國內的絕望的人們來說，俄羅斯成了十足的地獄，
對全體公民進行徹底洗腦的暴徒緊緊把守著這座地獄。總而
言之，這個國家處於反常的狀態下。一方面，人民持續地處
於恐懼之中，另一方面，他們不斷地得到最大言不慚的保證，
他們將有一個輝煌的未來。在關於階級鬥爭的官方意識形態
中，任何類似宗教的東西都不值得稍加考慮。年輕一代特別
熱衷於努力為自己發展某種集體哲學，在這種哲學中，正統
基督教或非正統的教派，甚至托爾斯泰的思想，都沒有立足
之地。……馬克思主義是唯一的哲學，整個社會機制被設計
得只宣傳這種哲學。世界上的其他思想被認為只是批判的對
象，被草率地拋在一邊。知識分子被迫不尊重自己的智慧，
遵從「永遠偉大的」斯大林在任何問題上的「英明」思想。
……那裏的生活，實際上就像在一個奇特的、不真實的世界
裏。這是一個價值體系顛倒的社會。對過去全盤否定，對當
前狂熱迷亂，對未來抱著一種烏托邦的信念。……俄羅斯的
勞苦大眾常常處於非人的社會、經濟狀況下，他們當中很少
人能夠注意到羅摩克里希那——他的生平和教導。❹

　　魯巴科夫描寫的這種狀況，對經歷過文化大革命的中國大陸讀
者來說，當然是感同身受的。魯巴科夫指出，「當我們討論辨喜對

---

❹ Swami Vivekananda, *A hundred years since Chicago: a commemorative volume*（《辨喜，芝加哥以來的一百年：紀念文集》），頁744–748。

後共產主義俄國的重要性或意義時，我們驚奇地發現今天俄國精神貧乏的程度和深度與辨喜所看到的印度非常類似。教條主義、目光短淺、迷信、對過去一無所知或全盤否定是常見的問題。」❹中國今日遇到的精神危機與此也相當類似。

針對俄國的精神危機，魯巴科夫認為不能簡單地把印度教模式移植到基督教輝煌傳統已經存在了上千年的俄國來。「在羅摩克里希那和辨喜的教導裏，特殊形式和深邃的內在精神並存。這兩位導師的精神遺產的精隨並非這些外部形式，而在他們指出的途徑。儘管在完全不同的歷史和文化背景下引進和遵循這種途徑，它仍然能把我們引向普遍真理。在辨喜輝煌和浩瀚的著作中，我們需要吸收的只是這種途徑，並根據俄國的形勢加以採用。」❹遵循羅摩克里希那和辨喜改革印度教的途徑，魯巴科夫很自然地把他的目光轉向基督教。

我們在此不可能詳細討論俄國基督教對精神復興可能作出的貢獻（我們下文還要回到俄國與中國、印度、西方的比較上來）。我們引用魯巴科夫的文章，是因為他的想法正好與我們研究辨喜的出發點不謀而合。他的想法是遵循辨喜的途徑，復興東正教。我們的出發點是：與印度教在近代歷史上的作用相比較，在中國走向現代化的歷程中，新儒家過去沒有能夠成為主流，原因何在？今天與未來新儒家可能企望發揮怎樣的作用？

首先，我們把新儒家與羅摩克里希那運動作一個基本的比較。

韋政通曾經對新儒家的特徵作了七點概括，可以與羅摩克里希那運動比較的特徵是：以儒家為中國文化的正統和主幹，在儒家傳

❹　同上，頁754。

❹　同上，頁753-754。

統裏又特重其心性之學；強調對歷史文化的了解應有敬意和同情；有很深的文化危機意識，但認為危機的造成主要在國人喪失自信；富宗教情緒，對復興中國文化有使命感。**❹** 只要把「儒家」換成「吠檀多」，「中國」換成「印度」，這些特徵基本上都可以用來描述羅摩克里希那運動。

辨喜高舉復興傳統文化的大旗，但他並沒有放鬆對印度教糟粕的批判。他把最古老神聖的吠陀經典一分為二，繼承其哲理性的部分，而批判其祭祀儀式的部分，進而對古往今來的祭司階層採取嚴厲的批判態度，發揚從《奧義書》經過《薄伽梵歌》、《梵經》到商羯羅的「學統」。 新儒家也並不盲目肯定傳統。其代表人物之一的徐復觀說「傳統文化中之醜惡者，抉而去之，唯恐不盡；傳統文化中之美善者，表而出之，也懼有所誇飾。」 杜維明在〈儒學第三期發展的前景問題〉一文中對「儒教中國」與「儒家傳統」作了分疏，「儒教中國」是以政治化的儒家倫理為主導思想的中國傳統封建社會的意識形態，及其在現代文化中各種曲折的表現，即封建遺毒。要消除封建遺毒，「解鈴還須繫鈴人」，還要靠儒家傳統來解決。從孔子、孟子，經過朱熹、王陽明到王夫之、黃宗羲、顧炎武，都是批判地創造人文價值的優秀知識分子，是儒家傳統的塑造者。只有發揚這種儒家傳統，才能真正消除封建遺毒。 **❹**

新儒家的代表人物在吸收西方思想上各有不同。梁漱溟、熊十力都是由佛入儒，方東美、唐君毅、牟宗三都是治西方哲學出身。但他們都承認欲求儒家思想的新開展，在於融會吸收西洋文化的精

---

❹ 韋政通，〈當代新儒家的心態〉，見羅義俊編，《評新儒家》，上海：上海人民出版社，1991年，頁165。

❹ 同上，頁115–122。

華與長處。羅摩克里希那運動的代表人物受西方文化熏陶的程度也有很大區別，但總的取向也並不排斥西方文化。對中、印知識分子來說，西方文化的中心是科學和民主。辨喜當年決定前往美國，就是為了把印度古老的智慧傳播給美國人民，作為交換，把科學技術知識帶回印度。他認為東方人要學習機器製造，就應該坐在西方人腳跟前向他們學習。辨喜初到美國和歐洲時，對西方民主比較讚賞，認為民主將由未來的美國來體現。新儒家對科學和民主本身也不否認。比如，梁漱溟在《東西文化及其哲學》一書中，首先提出科學和民主是西方文化的兩大異彩。他舉出西方科學發達、民主健全的事實，是以肯定、羨慕的態度去舉例的。他認為民主和科學「這兩樣東西是西方的特別所在，也即西方文化的長處所在。」❹

但是，新儒家認為科學、民主只是一個方法、制度，不是安身立命之處。中國人的生命要有自己的精神天地，有儒家的思想，精神才有歸屬。不僅如此，由於西方文化過於追求物質進步，病痛百出，轉而追求內心的滿足，就會把視線轉向東方。梁漱溟就提出「世界未來文化就是中國文化的復興。」《梁漱溟傳》的作者艾愷指出了梁漱溟的這種思想與辨喜的類似：「此前20多年，印度的辨喜也以同樣的熱情和語調號召過他的同胞：『起來吧，印度！以你的精神征服世界。世界需要你的精神，沒有它，世界將會毀滅！』」❹

新儒家與羅摩克里希那運動的類似並不令人驚奇。艾愷在《文

---

❹ 梁漱溟：《東西文化及其哲學》，商務印書館，1923年，頁42。

❹ Guy S. Alitto, *The last Confucian: Liang Shu-ming and the Chinese dilemma of modernity*, Berkeley: University of California Press, 1979, p. 116.〔美〕艾愷著，鄭大華等譯，《梁漱溟傳》，長沙：湖南出版社，1992年，頁119。

化守成主義論──世界反現代化思潮的剖析》一書中指出，梁漱溟的文化保守主義並不是孤立的現象，是落後地區所存在的集體認同危機的反應，諸如德國的浪漫主義，俄國的大斯拉夫主義，中東的穆斯林教團的文化復興運動，印度甘地的民族主義，日本的泛亞細亞主義，以及中國的國粹主義等。❹值得深思的是，為什麼印度包括辨喜與甘地在內的文化守成主義能成為主流，而中國新儒家卻命運坎坷？

　　印度總理尼赫魯1949年在羅摩克里希那誕辰114周年紀念大會上的發言中充分表達了一個世俗政治家、國家領袖對精神導師、宗教領袖的高度敬意：

> 我不知道我是不是特別合適談論羅摩克里希那的生平和教導，因為他是聖賢，而我是一個俗務纏身的凡人，世俗活動耗盡了我所有的精力。但是即使一個俗人也能夠讚美聖人，可能接受聖人的影響，……雖然我不能完全理解他們的教導，我仍然非常讚美這些聖人，並通過閱讀他們的弟子所寫的有關他們的著作而接受影響。……我不知道年輕一代中有多少人閱讀辨喜的演講和著作。但是我可以告訴你們，我這一代有許多人受到他的強烈影響，我想，如果年輕一代也通讀辨喜的著作和演講，一定所獲良多，大有益處。

　　尼赫魯始終對羅摩克里希那、辨喜和甘地抱著這種敬意。十幾年以後，在辨喜誕辰百年紀念大會上，他讚美辨喜為現代印度的締造者，認為他或甘地的言論代表了印度的聲音，把政治與超凡脫俗

---

❹　〔美〕艾愷著，鄭大華等譯，《梁漱溟傳》，頁2。

的崇高精神結合在一起，把印度古老的文化傳統與當今世界的現實
結合在一起：

> 我相信，他〔辨喜〕是那些屬於我們古老文化的少數人之一，
> 他像甘地一樣，把整個國家熔鑄成一體，為民族注入新的生
> 命，把人民從昏睡中喚醒。儘管他的聲音很合乎他的時代，
> 但並不是轉眼即逝的，是從印度人的心底裏發出來的。他不
> 到四十歲就去世了，離開今天已經相當遙遠。令人驚奇的是
> 他在短短的有生之年不僅贏得了印度，也贏得了全世界人民
> 的心。**❹**

　　如果說尼赫魯用最懷敬意的態度紀念辨喜等文化守成主義者
的話，那麼中國共產黨的最高領導人毛澤東在1953年使用了最激烈
的詞句痛罵留在大陸的新儒家梁漱溟：「你雖沒有以刀殺人，卻是
以筆殺人。」「人家說你是好人，我說你是偽君子。」「對你的此屆政
協委員不撤銷，而且下屆（指1954年）政協還要推你參加，因為你
能欺騙人，有些人還受你欺騙。」「假如明言反對總路線，主張注重
農業，雖見解糊塗卻是善意，可原諒；而你不明言反對，實則反對，
是惡意的。」**❹** 此後，直到1977年，梁漱溟一直是批判的對象。
　　尼赫魯對辨喜的讚美和毛澤東對梁漱溟的怒罵，當然不是個人
之間的好惡，而是典型地反映了文化守成主義者在中國與印度的不
同遭遇。這種不同遭遇的原因有一部分可以到新儒家，乃至儒家本

❹　Nehru, *Sri Ramakrishna and Swami Vivekananda*（尼赫魯，《羅摩克
　　里希那和辨喜》），頁1、3–4、14。

❹　馬玉東，《梁漱溟傳》，北京：東方出版社，1993年，頁215。

身的弱點中去尋找。

如果從辨喜闡明的印度教四瑜伽的四個方面來說，儒家本來在智瑜伽（智慧之道）方面不算太強。當佛教傳入中國以後，那套精緻複雜的唯心主義哲學吸引了大批知識分子的心靈。因此杜維明把魏晉南北朝到唐朝這段時期算是玄學和佛學的時代。儒學接受佛教的挑戰，把佛教的修養功夫消化成儒學自己的身心性命的精神。當代新儒家大師梁漱溟和熊十力都是先治佛學而後歸宗儒家的。儒家近代受到了佛學挑戰之後最嚴峻的挑戰，即西方哲學的挑戰。方東美、唐君毅、牟宗三都是治西方哲學出身，代表了中國傳統面對西潮東漸之後最強有力的文化回應。新儒家第一、第二代在建樹理論體系方面的成就並不亞於羅摩克里希那和辨喜。辨喜繼承者的工作則不在重建新的理論體系，而在對印度教文獻作系統的翻譯和詮釋工作。霍韜晦在〈第三代新儒家能做些什麼〉一文中就提出，第三代新儒家無須人人建立體系，把儒學的基本典籍進行現代詮釋是必須的，只有這樣才能恢復儒學的生機。他們在這方面可以參照羅摩克里希那運動第三代以後的學術工作方式。

霍韜晦又提出，第三代新儒家似乎全躲於學院，只適合做學究工作，即文獻整理。然而他們真要突破前人，就要走向社會、走向生活。首先從事教育文化工作，然後探索新時代的禮樂，向政府建議，建立健康的文化生活的內容。❺在這方面，羅摩克里希那運動的經驗可資借鑒。那就是辨喜力主的社會工作，救濟災荒、辦孤兒院、養老院等慈善事業、辦醫院、辦學校。這些活動本來也不是印度教注重的活動，而是從基督教那兒學來的，因此曾引起他師兄弟

---

❺　羅義俊編，《評新儒家》，上海：上海人民出版社，1991年，頁651–654。

的疑惑。但因這些活動本質上與業瑜珈（工作之道）吻合，終於成為運動的一個重要組成部分。臺灣現代佛教在這方面也取得了相當成功。歷史上信奉儒學的紳士也常進行救災濟貧、修路建橋、興辦學校、施粥施藥等活動。新儒家要找回儒家失落的角色，工作之道是不可或缺的一環。

從「信瑜伽」的角度看，辨喜把最高的不二論與較低階段的宗教儀式、偶像崇拜結合在一起，因為他承認對廣大群眾來說，不二論是太抽象、太遙遠了，必須允許他們維持自己熟悉的宗教活動，作為通向更高覺悟的過渡階段。儒家由於宗教性比較淡薄，這方面無法與印度教或佛教壯麗的寺院、宏偉的偶像、精緻的壁畫、隆重的儀式相比，不可能也不必要東施效顰。但是儒家自有自家的「信瑜珈」， 那就是祖先崇拜、祖宗祀堂、族譜等為表現的宗族組織。目前大陸宗族正有復興之勢，宗族只有以新儒學為靈魂，才有健康的發展，才能擺脫械鬥等陋習，新儒家只有以宗族為實體，才有力量，才能恢復在中國文化中的深厚根底。

霍韜晦也提到了「敬老祀祖」， 作為社會性的教化工作，但是完全沒有提到類似「王瑜伽」的活動。目前大陸的氣功熱多半與佛教或道教有關，其實有人認為氣功與易經、與儒家的元氣學說也有淵源關係。新儒家是否有可能發展出一套面向大眾的修身養性之道，尚屬未知數。不過從辨喜在印度和西方成功的經驗來看，王瑜伽起了相當重要的作用。

辨喜在世界宗教會議上引起轟動的主要原因是，其他代表都弘揚自己的宗教，他獨高舉宗教和睦的大旗。從這個角度來看，新儒家也有不足之處。韋政通就指出，新儒家對「五四」的啟蒙精神缺乏體認，引起了長期的意氣之爭，雙方皆不免偏狹武斷，缺乏開放

的心靈，視野和胸襟也不夠開闊；不能寬容異見。❺其實在歷史上
儒家一直與其他思想體系並存。杜維明指出：儒家傳統在先秦百家
爭鳴的諸子時代，只和道、墨、法等家並列。就是在漢代，陰陽五
行、養生方伎和黃老治術都有極大的影響力。魏唐佛學大盛。元代
道教、喇嘛教大行其道。明清兩代不能忽視淨土佛教、禪宗、白蓮
教等廣為流傳的情況。❺今天儒家甚為衰微，在中國必須與佛教、
道教、基督教、回教並存，與非宗教的各種民主思想、社會主義思
想並存。杜維明說：「今天我們生活在各大思想傳承、各大宗教傳
統同時並存的偉大時代。我基本上是嚮往所謂殊途同歸，百川匯海
的大同世界。」❺辨喜「百川匯海」的思想顯然可以為新儒家所借鑒。

　　新儒家本身的不足之處只是它在中國不得志的原因之一，而且
不是主要原因。傳統守成主義者在中國和印度的不同遭遇還有思想
以外的複雜因素。從歷史上來看，印度和中國有很不相同的傳統。
尼赫魯在紀念羅摩克里希那和辨喜時就指出，「他〔羅摩克里希那〕
屬於印度偉大的聖者傳統，他們一再出現，把我們的注意引向生活
和精神方面更高尚的事物。在印度漫長的歷史過程中，儘管有其他
種種塵世的活動，它從來沒有忽視過生活的精神價值，它總是側重
探尋真理，總是歡迎真理的探尋者，不管他們以什麼名目出現。」❺
辨喜在〈印度的聖賢〉一文中例舉了釋迦牟尼、商羯羅、羅摩努闍、
闍多尼亞、羅摩克里希那，說明這個傳統是多麼強大。當印度淪為

---

❺　羅義俊編，《評新儒家》，上海：上海人民出版社，1991年，頁167。

❺　同上，頁120。

❺　同上，頁252。

❺　Nehru, *Sri Ramakrishna and Swami Vivekananda*（尼赫魯，《羅摩克
　　里希那和辨喜》），頁2。

英國的殖民地、政治上喪失獨立、人民更為珍視印度文化傳統的情況下，產生了辨喜和甘地這樣新時代的佛陀和商羯羅，並不出乎意料之外。

中國歷史上固然也有道統，但從孔子開始，就不像釋迦牟尼那樣具有神性。中國的一個不同於印度的強大傳統是削平群雄的秦始皇式的專制君主和揭竿而起的陳勝、吳廣式的草莽英雄。中國近代面臨列強的侵凌，統一王朝滅亡，陷入軍閥混戰局面時，在新式農民戰爭的大潮中崛起類似劉邦、朱元璋而常常以秦始皇自居的毛澤東，也在情理之中。

不過，畢竟不能完全用歷史傳統來解釋辨喜、尼赫魯和梁漱溟、毛澤東的活動，他們有意無意之間是在西歐和俄國兩種不同現代化模式影響下活動的。

眾所周知，西歐的近代化可以說是從文化上開始的（當然，文化上的轉折本身有其經濟基礎）。先是文藝復興、宗教改革，然後是啟蒙運動和政治革命，最後是工業革命。黃克劍、周勤在《寂寞中的復興》一書中說：「像是新生兒的出世，倘作為精神的藏所的頭腦先探出母體，自然是順產；倘頭腳倒置過來，便可能發生危及母體及產兒生命的難產。顯然，西方近代的問世——如前文所說，先是近代精神獲得心靈認可，然後才是它取理性方式的對象化——屬於前者；中國近代的問世——由『技』的覺悟到『政』的覺悟，再到『教』（意義、價值取向）的覺悟——屬於後者。」[55]

其實，在中國近代化難產之前，俄國就經歷了近代化的難產。俄國的傳統文化沒有經過西歐式的現代轉化。歐洲文藝復興對俄國

---

[55]　黃克劍、周勤，《寂寞中的復興：論當代新儒家》，南昌：江西人民出版社，1993年，頁6。

的影響比較微弱，主要在美術方面，而不在哲學、史學、文學方面。
18世紀，俄國的貴族和官員以接受西歐式的教育為主，對東正教會
並無真正的尊重。東正教會失去了大部分上層階級的支持。第一次
世界大戰之前，否認東正教會教條和儀式的新教思想得到了傳播，
在民眾中表現為浸禮會運動等，知識分子中則表現為托爾斯泰主
義。❺❻托爾斯泰企圖恢復基督教真義，從基督教的角度批判現代文
明，他在俄國東正教文明中的角色，類似馬丁・路德在天主教文明
中，或辨喜、甘地在印度教文明中的角色。無怪乎托爾斯泰是羅摩
克里希那和辨喜在俄國的主要介紹者。不同之處在於，托爾斯泰被
東正教開除教籍，他的思想沒有像辨喜、甘地那樣成為主流思潮。
俄國東正教沒有發生可以與西歐宗教改革相提並論的運動。

　　俄國的主流思想沿著另一條道路發展。俄國比中國接近西歐，
早得多就有了「技」的覺悟。彼得大帝（1682–1725）就高度尊重
西歐的科學和技術，建立了一流的陸軍、海軍和出色的科學院。但
是他的繼承者在長達近兩個世紀的時間裏還是停留在這種認識水平
上。俄國1905年被君主立憲不到40年的日本打敗，沙皇才公開同意
立憲，但仍然堅持經濟上可以在一定程度上滿足人民的要求，政治
上則必須鎮壓一切自由運動與革命運動。俄國的部分貴族和知識分
子較早就已經有了「政」的覺悟，1825年12月黨人的要求之一就是
君主立憲。19世紀60、70年代民粹黨人（後來組成社會革命黨）的
信條是法國「烏托邦」社會主義和某些俄國激進思想家的觀念的混
合物。稍後則出現了馬克思主義組織。1917年沙皇政府崩潰，社會
革命黨、自由主義者和溫和保守派組成的臨時政府無法對付內患外

❺❻　George Vernadsky, *A history of Russia*（維納德斯基，《俄國史》），
　　New Haven：Yale University Press，1961年，頁110–112、179、259。

禍，以職業革命家為核心、組織嚴密、意志堅強的共產黨得以奪取
政權。**⑰**

中國現代社會「難產」的歷程與俄國相當類似。洋務派身上可
以看到彼得大帝以後沙俄君臣的面影，戊戌變法志士愛國的熱誠比
12月黨人不遑多讓。歷史給國民黨的嘗試時間比給俄國社會革命
黨、立憲民主黨的時間長得多，但是國民黨一樣沒有能對付得了內
憂外患。

蘇俄和中國大陸的道路，採取的是高度集權的政治手段，在土
地改革、工業化、發展國防、科技、維護國家統一、提高國際地位
等方面都取得了令人注目的成就。但是，這種難產的現代化可謂「四
肢發達、腦顱變形」， 在思想自由、政治民主、提高人民生活水平
方面，有許多缺陷。俄國和中國的歷史證明，沒有完成傳統文化的
現代轉化，只引進西歐的科學、技術、政治思想和制度，現代化是
很艱難的。

如何補上這一課，完成傳統文化的現代轉化，正是今天俄國和
中國可以從辨喜思想發展歷程中借鑒的東西。

印度近代化的過程則比較接近西歐的模式。當然，由於各種差
異，印度並沒有階段比較分明的文藝復興、宗教改革、啟蒙運動。
我們可以把印度各種語言——孟加拉語、印地語、烏爾都語等文學
的發展（其中最著名的代表是泰戈爾）、「孟加拉復興派」繪畫藝術
的興起等稱為印度的文藝復興。印度西化知識分子接受啟蒙運動，
特別是英國思想的影響是顯然的，泰戈爾說，他們特別集中討論十
九世紀英國政治的胸襟廣闊的自由主義為中心的命題。他們從伯克
（1729–1797）和穆勒（1808–1873）那兒學到了自由的含義；他

---

⑰ 同上，頁151–152、231、209、228–230、284–295。

們與英國人一樣同情義大利馬志尼（1805-1872）和加富爾（1810-1861）的鬥爭；他們閱讀有關法國革命的書籍。國大黨早期主要由這些人組成。但是，如果沒有印度教改革運動植根於大眾之中的強大力量的支持，國大黨的命運不會比俄國立憲民主黨或中國國民黨的命運強到哪裏去。近現代印度的主流思潮不是全盤西化，而是從拉姆莫漢・羅易的梵社，達亞南達的雅利安社，羅摩克里希那和辨喜，神智社，到甘地的印度教改革運動。兩者之間沒有像中國全盤西化派與新儒家式的對立，而是相輔相成。先有文化上的覺悟，高屋建瓴，實行政治民主就比較順當。

印度近代化雖然接近西歐的順產，但一方面它畢竟是西歐衝擊下的產物，外因占了很大比重，另一方面印度人口多，國家大，宗教、語言、種族複雜，現代化仍有許多問題。民主政體在尋求國家的富強方面可能不像蘇俄或中國大陸的集權政體那樣有效。印度教改革運動把西化知識分子與大眾聯合在一起，但也回避了社會革命問題，把它留給了獨立印度。印度沒有取得像日本或四小龍那樣的經濟成就是中國人對其不予重視的主要原因。

由於中國近代以來主流思潮的基本價值取向是求強求富，看到日本明治維新成功，則學日本變法。看到歐美富強，則學歐美建立共和國。及至看到蘇俄崛起，則「以俄為師」。新儒家被撇在一邊，自然更不會對印度給予起碼的注意。中國大陸「文化大革命」結束，實行「改革開放」以來，迅速出現了新的全盤西化思潮，1989年以來，又有「新保守主義」、民族主義思潮抬頭，似乎重新陷入了「五四」以來的思想「怪圈」。　如果只把富強作為唯一的價值取向，不承認民主有獨立於經濟發展的價值、並不僅僅是致富致強的手段，更不承認高於經濟、政治之上的精神價值，中國能不能建成一個比

較健全的現代社會呢？中國人是否到了重新反省自己的基本價值取
向的時候了？

年 表

1863年

　　1月12日　挪倫特拉那特・達泰（Narendranath Datta，簡稱挪倫特拉 [Narendra]，或挪倫 [Naren]，法號維韋卡南達 [Vive-kananda]，中文意譯為辨喜）生於加爾各答，屬卡亞斯塔 (Kayastha)種姓。

1879年

　　考入加爾各答管區學院。

1880年

　　轉入總會學院。

1881年

　　升入加爾各答大學。

1882年

　　1月15日（?）　挪倫在達其內斯瓦爾初次正式會見羅摩克里希那。

1884年

　　1月30日　《加爾各答公報》上公布加爾各答大學文學士學位考試的結果，挪倫通過了考試。
　　2月25日　挪倫的父親去世。

9月16日（?） 挪倫開始信仰時母女神。

1885年

12月11日 羅摩克里希那移居加爾各答郊區的科西波爾路90號的花園住宅。12個未婚弟子也住進來照顧導師，形成寺院的雛形。

1886年

3月（最後一個星期） 挪倫達到nirvikalpa samadhi（入定的最高境界）。

4月（第一個星期） 挪倫訪問菩提伽耶。

8月16日 羅摩克里希那mahasamadhi（圓寂）。

9月1日 科西波爾路的住宅停止租用，寺院的雛形夭折，未婚弟子暫時散去。

9-10月 未婚弟子重新匯集，巴拉納戈爾寺院建立。

12月24日 在安特普爾，挪倫號召師兄弟們做羅摩克里希那的福音的使徒。

1887年

1月（第三個星期） 舉行viraja homa（出家儀式），挪倫和師兄弟們取法號。（以下稱挪倫為斯哇密，意為「大德」，是印度教吠檀多派僧侶的一種稱號）

1888-9年

出發朝聖——到瓦拉納西等地。會見梵文學者P. 米特拉。在哈特拉斯接受火車站長S. 笈多為第一個弟子。

1890年

1月21日 斯哇密來到加濟普爾。

2月4日 斯哇密會見波婆訶利·巴巴。

4月15日（?）　斯哇密離開加濟普爾。

6月（中）　斯哇密開始做遊方僧。

8月　在瓦拉納西與P.米特拉討論了一些經典方面的問題。

1891年

1月（末）　斯哇密開始單獨雲遊。

3月5–28日（?）　斯哇密在阿爾瓦爾。

4月30日　斯哇密在阿布山。

6月7日　斯哇密在阿布山會見凱特里土邦的大君阿吉特·辛格。

8月7日　斯哇密由阿吉特·辛格陪同抵達凱特里。

10月27日　斯哇密離開凱特里，雲遊西印度。

11月（第一個星期?）　斯哇密在林布迪等地。

1892年

4月26日　斯哇密在巴羅達，前往孟買。

6月　斯哇密在馬哈巴萊斯瓦爾。

6月15日　斯哇密在浦那。

7月（?）　斯哇密在中印度。在坎德瓦，他第一次說到自己準備前往芝加哥。

7月（最後一個星期）　斯哇密在孟買。

8月22日　斯哇密在孟買。

9月（初）　斯哇密與B.G.提拉克一起在浦那。

10月（初）（?）　斯哇密在科爾哈普爾。

10月8–17日　斯哇密住在貝爾高姆的H.米特拉的家裏，收米特拉夫婦為弟子。

10月18日（?）　斯哇密在果阿研究拉丁文的基督教文獻。

10月末（？）　斯哇密在班加羅爾，會見邁索爾土邦大君。

11月　斯哇密在特里丘爾、柯欽。

12月13-22日　斯哇密在特里範德龍，與一些教授討論學問。

12月（末）　斯哇密在印度最南端的坎亞庫馬里（科摩林角）。

1893年

1月　斯哇密在馬德拉斯。

2月10日　斯哇密在海德拉巴。

2月13日　斯哇密在梅赫布學院演講。

2月17日　斯哇密回馬德拉斯。

4月21日　斯哇密第二次訪問凱特里。

5月31日　斯哇密・維韋卡南達（辨喜）乘船前往美國。

7月28日　辨喜抵達伊利諾州的芝加哥。

8月　辨喜在麻薩諸塞州的首府波士頓附近的梅特卡爾夫村的梅多斯莊園。

8月19日　辨喜訪問波士頓附近的舍本的婦女感化院。

8月21日　辨喜在波士頓向鼓吹改善印度少年寡婦狀況的拉馬拜社團演講，因辨喜的描述不同於基督教傳教士醜化印度的描述，演講未被記錄下來。

8月25-28日　辨喜與萊特教授一起在波士頓東北的安尼士匡村。

8月28日-9月3日　辨喜在波士頓東北的賽倫，至少作了兩次演講。

9月5，6日　辨喜在紐約州的塞拉拖格斯溫泉，作了演講。

9月10日（？）　辨喜回芝加哥。

9月11-27日　辨喜出席世界宗教會議。

9月19日　辨喜在會議上讀自己關於印度教的論文。

10月（第一個星期?）　辨喜在芝加哥附近的斯特里拖演講。

10月31日–11月3日　辨喜在芝加哥附近的艾凡斯頓演講。

11月20–27日　辨喜在威斯康辛州的首府馬迪孫、明尼蘇達州的明尼納亞波利斯和愛阿華州的首府第孟巡迴演講。

12月28日　辨喜在芝加哥（?）。

1894年

1月13–22日　辨喜在田納西州的孟斐斯，演講六次。

2月12–23日　辨喜在密西根州的底特律作演講。

2月23日　辨喜在俄亥俄州的愛達演講。

2月（?）　辨喜回芝加哥休息。

3月9–19日　辨喜第二次訪問底特律並作演講。

3月20日　辨喜在底特律附近的港市作演講。

3月22日　辨喜在底特律附近的薩吉諾作演講。

3月23–29日（?）　辨喜回底特律作演講。

4月14日　辨喜在麻薩諸塞州的諾坦普頓作了兩次演講。

4月17–18日　辨喜在波士頓附近的林城作了兩次演講。

4月24日（?）–5月6日　辨喜在紐約市作了兩次演講。

4月28日　馬德拉斯舉行盛大的公眾集會祝賀辨喜的成功。

5月7–16日　辨喜在波士頓和附近的坎布里奇（哈佛大學所在地）作了六次演講。

6月　辨喜住在芝加哥的赫爾家裏。

7月26日　辨喜在波士頓東北的斯萬普斯科特。

7月30日–8月12日　辨喜出席緬因州的格林納克里的宗教會議，並舉辦非正式的講習班。

8月12日　辨喜在波士頓東南的普里茅斯作一次演講。

8月（?）　辨喜在紐約州的菲希基爾蘭丁。

9月1–19日（?）　辨喜第二次訪問阿尼斯匡和波士頓，並作演講。

9月5日　加爾各答市政廳舉行盛大公眾集會祝賀辨喜的成功。

10月2–13日　辨喜在波士頓附近的梅爾羅斯作兩次演講，在坎布里奇和紐約。

10月14–21日　辨喜在馬里蘭州的巴的摩爾作兩次演講。

10月22（23?）日　辨喜在美國首都華盛頓，後來作了兩次演講。

11月2–5日　辨喜第二次訪問巴的摩爾，作兩次演講。

11月7日　辨喜在賓夕法尼亞州的費城。

11月（?）　辨喜回紐約市。組織吠檀多研究會（?）。

12月5–28日　辨喜在坎布里奇舉辦非正式的講習班。

12月28日　辨喜在紐約市和附近的布魯克林。

12月30日　辨喜在布魯克林第一次演講。

1895年

1月20日–2月25日　辨喜在布魯克林的保奇美術館舉辦講座。

1月28（29?）日　開始在紐約市舉辦吠檀多講習班。

6月7日　辨喜在紐罕布什州的栢西休息十天；達到nirvikalpa samadhi（入定的最高境界）。

6月18日–8月7日　辨喜在紐約州的千島公園舉辦暑期講習班，一個學生的聽課筆記後來整理出版，書名《啟示談話錄》。

8月17日　辨喜乘船前往歐洲。

10月22日　辨喜在倫敦的皮克迪利發表演講。

11月（星期天）（?）　諾布爾小姐初次會見辨喜。

12月6日　辨喜回紐約。

12月　在紐約吠檀多研究會內成立執行委員會。

12月9−24日　辨喜再次舉辦吠檀多講習班。《信瑜伽》在雜誌上連載。

12月24日　辨喜前往離紐約150英里、哈得孫河畔的一個朋友的里吉利莊園度聖誕節。

1896年

1−2月　繼續吠檀多講習班，內容涉及四瑜伽（信瑜伽、業瑜伽、王瑜伽、智瑜伽）。

2月　《業瑜伽》出版。

3月15日　辨喜在底特律。

3月25日　辨喜在哈佛大學發表所謂哈佛講演。

4月5日　辨喜第二次出訪歐洲。

5月28日　辨喜會見英國傑出東方學家馬克斯・繆勒。

6月　《信瑜伽》一書在印度的馬德拉斯出版。

7月　《王瑜伽》在英國出版。

7月19日到9月（中）　辨喜在歐洲大陸旅遊。

9月　辨喜在基爾會見德國著名吠檀多哲學家多伊生。

10−11月　辨喜在倫敦舉辦吠檀多講習班，部分演講收入後來出版的《智瑜伽》。

12月16日　辨喜離開英國回印度。

1897年

1月15日　辨喜抵達錫蘭的首都可倫坡，受到熱烈歡迎，發表演講。

1月27日　辨喜在南印度的拉梅斯瓦蘭，朝拜神廟。

1月29日　辨喜在拉姆納德，受到大君的歡迎。

2月1日　辨喜在帕拉馬庫迪受到歡迎，致答詞。在馬納馬杜賴受到歡迎，致答詞。

2月2日　辨喜在馬杜賴受到歡迎，致答詞。

2月3-5日　辨喜在孔巴科南休息三天，發表演講〈吠檀多的使命〉。

2月6日　辨喜抵達馬德拉斯。休息和接待來訪者兩天後，陸續發表演講〈我們面臨的任務〉、〈我的行動計劃〉、〈印度的聖賢〉、〈吠檀多在印度實際生活中的應用〉、〈印度的將來〉。

2月14日　辨喜離開馬德拉斯，前往加爾各答。

2月19日　辨喜抵達加爾各答，受到盛大歡迎。

3月4日　辨喜發表演講〈吠檀多面面觀〉。

3月8日　辨喜前往大吉嶺休養。

3月21日　辨喜和阿吉特・辛格大君訪問達其內斯瓦爾的時母神廟。

5月1日　建立羅摩克里希那傳教會。

5月6日　辨喜出發巡遊北印度。

7月27，28日　辨喜在阿爾莫拉演講，主題是〈理論上和實踐中的吠陀教導〉。

9月10日　辨喜在斯利那加（克什米爾），曾會見總司令。

10月21日　辨喜在查謨，會見退位的大君。

11月5-15日　辨喜在拉合爾，作演講〈印度教的共同基礎〉、〈巴克提〉、〈吠檀多〉。

12月6日　辨喜第二次訪問阿爾瓦爾。

12月（中）　辨喜第二次訪問凱特里，收到3,000盧比捐款。

1898年

1月21日　辨喜回到加爾各答。

1月28日　諾布爾小姐抵達加爾各答。

2月6日　霍拉赫地區的羅摩克里希那普爾的B. N. 戈什(Ghosh)新造的房子裏懸掛羅摩克里希那像，辨喜參加了儀式。

2月13日　修道會從阿蘭巴紮遷往貝盧爾的N. 穆克吉的花園房子。

2月16日　麥克勞德小姐和布爾夫人抵達加爾各答。

2月27日　在達其內斯瓦爾之外第一次公開慶祝羅摩克里希那的生日，辨喜的西方弟子參加了慶祝。

3月25日　辨喜承認諾布爾小姐為brahmacharini（梵淨女），並為她取名Nivedita（尼維迪塔，意為虔誠，獻身）。

3月30日　辨喜前往大吉嶺休養，但並未見效。

5月3日　辨喜回到加爾各答，組織救治工作，防止瘟疫蔓延。

5月7日　芝加哥世界宗教會議的錫蘭代表、辨喜的重要支持者A.達摩波羅到貝盧爾的修道會來訪問辨喜。

5月11日　離開加爾各答，出發巡遊北印度。

5月13日　在奈尼塔爾會見凱特里大君阿吉特・辛格。

5月16日（?）–6月11日　辨喜及其同伴作為塞維爾夫婦的客人住在阿爾莫拉，辨喜對西方弟子進行訓練。

6月2日　辨喜的速記員、秘書古德文在馬德拉斯管區的奧塔卡蒙德去世。

6月22日　辨喜抵達克什米爾的斯利那加。

8月2日　辨喜在尼維迪塔陪同下前往克什米爾的阿馬爾納思

洞窟朝聖。

9月30日　辨喜在克什米爾的克希爾巴瓦尼時母神廟靜修一星期。

10月18日　辨喜回到加爾各答。

11月13日　辨喜出席尼維迪塔女子學校的開學典禮。

12月9日　在貝盧爾修道會張掛羅摩克里希那的像。

1899年

1月2日　僧侶開始住進貝盧爾的修道會。

1月19日　貝盧爾修道會第一次慶祝羅摩克里希那的生日。

　　　　　喜馬拉雅山麓的瑪亞瓦蒂的不二論道院正式建立。

3月24日　斯哇密·約加南達去世。

3月25日　辨喜承認尼維迪塔為naishthiki brahmacharini（終生梵淨女）。

3月31日　以尼維迪塔為首，羅摩克里希那傳教會開始救治瘟疫工作。

5月21日　辨喜訪問卡利加特時母神廟。

6月20日　辨喜第二次前往西方傳教，從加爾各答出發。

7月31日　辨喜抵達倫敦。

8月16日　辨喜前往紐約。

8月?日　辨喜抵達紐約州的里吉利莊園，在那裏休養了兩個半月。

9月2日　尼維迪塔抵達里吉利莊園。

11月7日　辨喜抵達紐約。

11月23日　辨喜抵達芝加哥。

12月3日　辨喜抵達洛杉磯。

12月8日　辨喜在洛杉磯作第一次演講,以後又作了多次演講。

1900年

1月15日　辨喜在洛杉磯附近的帕沙第納作第一次演講,以後又作了多次演講。

2月22日　辨喜抵達舊金山。

2月23日　辨喜在舊金山作第一次演講,以後他在舊金山作了約19次演講。

2月25日　辨喜在舊金山附近的奧克蘭作第一次演講,他在奧克蘭一共作了8次演講。

4月13日（?）　辨喜抵達舊金山附近的阿拉梅達,他在阿拉梅達一共作了3次演講。

5月2日　辨喜應邀到舊金山附近的坎普泰勒去休養。

5月29日（?）　辨喜離開舊金山,他在北加利福尼亞州舊金山、奧克蘭、阿拉梅達等地一共作了30多次演講。

6月2日（?）　辨喜從洛杉磯回紐約途中,在芝加哥與赫爾姐妹最後一次會見。

6月7日　辨喜在紐約。

7月26日　辨喜出發前往巴黎。

8月2日　斯哇密・圖里亞南達首次訪問加利福尼亞的香蒂道院。

8月3日　辨喜抵達巴黎。

9月7日　辨喜出席巴黎宗教史會議的分組會議。

9月17日　辨喜首次應布爾夫人的邀請,訪問巴黎西面300多英里的小漁港珀羅斯—居伊勒的她的別墅,在那裡住了近2個星期。

9月28日 辨喜從珀羅斯—居伊勒回巴黎的路上，順道訪聖米迦勒山的古寺院。

10月15日 辨喜第二次訪問珀羅斯—居伊勒。

10月24日 辨喜由卡弗夫人等陪同，離開巴黎，前往埃及。

10月25日 辨喜一行抵達維也納。

10月28日 塞維爾上尉在瑪亞瓦蒂道院去世。

10月30日 辨喜一行抵達君士坦丁堡。

11月2日 辨喜在君士坦丁堡的塞塔里區的美國女子學院作了關於印度教的演講。

11月10日（?） 辨喜一行前往雅典。

11月? 日 辨喜一行抵達開羅。辨喜突然宣布他打算回印度。

11月26日 辨喜在回印度途中抵達圖菲克港。

12月9日 辨喜抵達加爾各答附近的貝盧爾修道會。

12月27日 辨喜出發前往喜馬拉雅山麓的瑪亞瓦蒂道院。

1901年

1月3日 辨喜抵達瑪亞瓦蒂道院，探視最近喪夫的塞維爾夫人。

1月18日 辨喜離開瑪亞瓦蒂。

　　　　　阿吉特·辛格大君去世。

1月24日 辨喜抵達加爾各答。

3月18日 辨喜離開加爾各答。

3月19日 辨喜抵東孟加拉的首府達卡。

3月27日 辨喜陪母親前往達卡附近的蘭加爾班達朝聖。

3月30，31日 辨喜在達卡作演講。

4月7日 辨喜陪母親前往達卡東南的錢德拉納思朝聖。

4月12日（?）　辨喜陪母親出發前往阿薩姆的卡馬開朝聖。

5月12日　辨喜從阿薩姆的首府希龍回到貝盧爾。

10月18–21日　辨喜在貝盧爾修道會主持Durga Puja（難近母祭祀）。

11月? 日　兩位日本佛教徒邀請辨喜參加將在日本舉行的宗教會議。

12月28–31日　印度國大黨在加爾各答舉行第十七次年會——B. G. 提拉克和其他人會見辨喜。

1902年

1月6日（?）　辨喜在菩提伽耶。

1月12日（?）　辨喜在瓦拉納西。

2月（末）–3月（初）　辨喜回到加爾各答附近的貝盧爾寺院。

7月4日　Mahasamadhi（圓寂）。

參考書目

Aleaz, K. P. (Kalarikkal Poulose) 阿利茲

Harmony of religions: the relevance of Swami Vivekananda (《宗教的和諧：辨喜思想的實際意義》), Calcutta: Punthi-Pustak, 1993.

Ananda, 1933– 阿南達

Myth symbol and language: 〔*a Vivekananda perspective*〕 (《神話的符號和語言：〔辨喜的觀點〕》), Belur, Howrah, W. Bengal: Sri Ramakrishna Math, 1980.

Ashokananda, Swami 阿輸迦南達

Swami Vivekananda in San Francisco (《辨喜在舊金山》), San Francisco: Vedanta Society of Northern California, 1969.

Athalye, D. V. 阿薩利

Swami Vivekananda: a study (《辨喜研究》), New Delhi: Ashish, 1979.

Avinashilingam, T. S., 1903– 阿維納希林甘

Make me a man, message of Swami Vivekananda (《讓我做一個大丈夫，辨喜的啟示》), Coimbatore: Sri Ramakrishna Mission Vidyalaya, 1989.

Basu, Sankariprasada, 1928–comp. 巴蘇編

Vivekananda in Indian newspapers, 1893–1902（《印度報紙所記載的辨喜，1893–1902》）,〔Calcutta, Basu Bhattacharyya〕; distributors: Bookland〔1969〕

Bhagavadgita. English（《薄伽梵歌》。英文）

Bhagavad-gita: The Song of God（《薄伽梵歌：上帝之歌》），Swami Prabhavananda（普拉巴瓦南達）、Christopher Isherwood（伊塞伍德）譯，Hollywood, Calf: Vedanta Press, 1951.

Biswas, Arun Kumar, 1934– 比斯瓦斯

Swami Vivekananda and the Indian quest for socialism（《辨喜和印度對社會主義的探索》），Calcutta: Firma KLM, 1986.

Books on Vivekananda: a bibliography（《關於辨喜的著作：書目》）

Prasanga, Swami Bibekananda（《關於辨喜的著作：書目》）/samkalaka, Ramakrshna Misana Inastitiuta aba Kalacara Laibreri. Kalaka ta: Ramakrshna Misana Inastitiuta aba Kalacara, 1989.

Bose, Narayan 鮑斯

Social thinking of Vivekananda（《辨喜的社會思想》）,[Lucknow, Bina Bose; distributors: Balkrishna Book Depot, 1963].

Burke, Marie Louise, 1916– 柏克

1958年

Swami Vivekananda in America: new discoveries（《辨喜在美國：新發現》），Revised second edition. Calcutta: Advaita Ashrama, 1966, c1958.

1983–1987年

Swami Vivekananda in the West: new discoveries（《辨喜在西方：新發現》），6v. 3rd ed., Calcutta: Advaita Ashrama, 1985–〈c1987〉.

Chakrabarti, Mohit, 1941– 查克拉巴蒂

Swami Vivekananda, a study on aesthetics（《辨喜，美學研究》），New Delhi: Atlantic Pub. & Distributors, 1993.

Chatterjee, S. and D. Datta. S. 卡迪吉與達塔

An Introduction to Indian philosophy（《印度哲學導論》），7th ed. Calcutta, 1968.

Chatterjee, S. C., D. M. Datta 原著，李志夫譯

《印度哲學導論》，臺北：幼獅文化事業公司，民國63年 (1974)。

Chelysheva, I. P. (Irina Pavlovna) 切莉舍娃

1986

Eticheskie idei v mirovozzrenii Vivekanandy, B. G. Tilaka i Aurobindo Gkhosha（《辨喜、提拉克和奧羅賓多・高士世界觀中的倫理思想》），Moskva: Izd-vo "Nauka," Glav. red. vostochnoi lit-ry,1986.

1989

Ethical ideas in the world outlook of Swami Vivekananda, Lokamanya B.G. Tilak, and Aurobindo Ghose（《辨喜、提拉克和奧羅賓多・高士世界觀中的倫理思想》），translated from Russian by M. I. Perper. Calcutta: Vostok, 1989.

Chou, Hsiang-kuang 周祥光編著

《印度哲學史》，陽明山，國防研究院，民國51年 (1962)。

Cooper, Carebanu 庫珀

Swami Vivekananda: literary biography（《辨喜：文學性傳記》）, Bombay: Bharatiya Vid ya Bhavan, 1984.

C. W.（《辨喜全集》）, 見 Vivekananda: C. W.

Dasgupta, Santwana 達斯笈多

Vivekananda, the prophet of human emancipation: a study on the social philosophy of Swami Vivekananda（《辨喜，人類解放的先知:辨喜社會哲學研究》), Calcutta: Bijaya Dasgupta, 1991.

Datta, Bhupendranath 達泰

Swami Vivekananda —patriot-prophet（《辨喜——愛國的預言者》）, Calcutta, 1954.

Devdas, Nalini 德夫戴斯

Swami Vivekananda（《辨喜》）, Bangalore, Christian Institute for the Study of Religion and Society, 1968.

Dhar, Sailendra Nath, 1897– 達爾

A comprehensive biography of Swami Vivekananda（《辨喜全傳》）, Madras: Vivekananda Prakashan Kendra, 1975–1976.

Dutta, Tapash Sankar 杜塔

A study of the philosophy of Vivekananda: with reference to Advaita Vedanta and great universal heart of Buddha（《辨喜哲學研究：關於不二論吠檀多和佛陀偉大的普世胸懷》）, Calcutta: Sribhumi, 1982.

The encyclopedia of religion（《宗教百科全書》）

The encyclopedia of religion（《宗教百科全書》）, 16v. New York: Macmillan Publishing Co., 1987.

Facets of Vivekananda（《辨喜的各個方面》）

　　Facets of Vivekananda（《辨喜的各個方面》），Madras: Sri
　　Ramakrishna Math, 1987.

Fo kuang ta tz'u tien（《佛光大辭典》）

　　（《佛光大辭典》），　監修星雲大師，北京：書目文獻出版社，
　　1989–1993年，8v。

French, Harold W. 法蘭西

　　The swan's wide waters: Ramakrishna and Western Culture
　　（《天鵝之海：羅摩克里希那和西方文化》），Port Washington,
　　N. Y.: Kennikat Press, 1974.

Fu, Wei-hsün 傅偉勳

　　《西洋哲學史》，臺北：三民書局，民國57 (1968)。

Gambhirananda, Swami 甘比拉南達

　　1957

　　History of the Ramakrishna Math and Mission（《羅摩克里希
　　那修道會和傳教會的歷史》），Calcutta: Advaita Ashrama,
　　1957.

　　1966

　　The apostles of Ramakrishna（《羅摩克里希那的使徒們》），
　　Calcutta: Advaita Ashrama, 1982, c1966.

Hixon, Lex. 希克森

　　Greart swan: meetings with Ramakrishna（《偉大的天鵝：與羅
　　摩克里希那神交》），Boston & London: Shambhala, 1992.

Hsü, Fan-ch'eng 徐梵成譯

　　《五十奧義書》，北京：中國社會科學出版社，1984年。

Huang, Ch'an-hua 黃懺華

《印度哲學史綱》，臺北：真善美出版社，民國55年 (1966)。

Huang, Hsin-ch'uan 黃心川

《印度近代哲學家辨喜研究》， 北京：中國社會科學出版社，
1979年。

India's contribution to world thought and culture（《印度對世
界思想和文化的貢獻》）

India's contribution to world thought and culture（《印度對世
界思想和文化的貢獻》）, Lokesh Chandra, ed., Madras,
Vivekananda Rock Memorial Committee〔1970〕.

Indo shisō（インド思想）（《印度思想》）

インド思想，服部正明等著，東京，1988–1989年，3v。

Isherwood, Christopher, 1940– 伊塞伍德

Ramakrishna and his disciples（《羅摩克里希那和他的弟子》），
Calcutta: Advaita Ashrama, 1986.

Jagtiani, G. M. 賈格蒂阿尼

*The Hinduness of Ramakrishna and Vivekananda and other
essays*（《羅摩克里希那和辨喜的印度信仰及其他論文》），
Bombay: G. M. Jagtiani, 1987.

Jackson, Carl T., 1934– 傑克遜

*Vedanta for the West: the Ramakrishna movement in the United
States*（《給西方的吠檀多：羅摩克里希那運動在美國》），
Bloomington: Indiana University Press, 1994.

Kapoor, Satish K. 卡波

Cultural contact and fusion: Swami Vivekananda in the West,

1893–1896（《文化接觸與融合：辨喜在西方，1893–1896》），
Jalandhar: ABS Publications, 1987.

Karandikara, Vinayaka Ramacandra, 1919– 卡蘭迪卡拉

Ramakrishna and Vivekananda（《羅摩克里希那和辨喜》），
original in Marathi by V. R. Karandikar; translation by M. D.
Hatkananangalekar. Pune, India: Bharatiya Vidya Bhavan,
Bombay, Poona Kendra, 1991.

Liang, Shu-ming, 1893– 梁漱溟

《印度哲學概論》，上海：商務印書館，民國13年 (1924)。

The Life 《辨喜回憶錄》

The Life of Swami Vivekananda（《辨喜回憶錄》），by his
eastern and western disciples（他的東西方門徒著）. 6th ed.,
Calcutta: Advaita Ashrama, 1993, c1989.

Lin, Ch'eng-chieh 林承節

《印度民族獨立運動的興起》，北京：北京大學出版社，1984
年。

Ma, Xiaohe 馬小鶴

《甘地》，臺北：東大圖書公司，1993年.

Majumdar, R. C. 馬宗達

Swami Vivekananda centenary memorial volume（《辨喜誕辰
百年紀念集》），Calcutta: Swami Vivekananda Centenary,
1963.

Majumdar, R. C., H. C. Raychaudhuri, Kalikindar Datta 馬宗達
等著

1978

An advanced history of India（《高級印度史》）, MacMillan Co. of India, 1978.

1986

馬宗達、萊喬杜里、卡利金卡爾・達塔等合著，張澍霖等合譯《高級印度史》，北京：商務印書館，1986年.

Mannumel, Thomas 曼紐梅爾

The Advaita of Vivekananda: a philosophical appraisal（《辨喜的不二論：哲學的評價》）, Madras: Published by T. R. Publications for Satya Nilayam Publications, 1991.

The McGrav-Hill encyclopedia of world biography（《馬克格拉夫—希爾世界傳記百科全書》）

The McGrav-Hill encyclopedia of world biography（《馬克格拉夫 —希爾世界傳記百科全書》）, 12 v. New York: McGrav-Hill Book Co., 1973.

Mi, Wen-K'ai 糜文開

《印度三大聖典》, 臺北：中華文化出版事業委員會，民國47 (1958)。

Mital, S. S., 1928– 米泰爾

The social and political ideas of Swami Vivekananda（《辨喜的社會和政治思想》）, New Delhi Metropolitan, 1979.

Mookerjee, Nanda 慕克吉

Vivekananda's influence on Subhas（《辨喜對薩巴斯・錢德拉・鮑斯的影響》）, Calcutta: Jayasree Prakashan, 1977.

Narayana Pillai, P. K. 納拉揚納・皮萊

Visvabhanuh=The universal light: a poem on Swami Vive-

kananda with an English translation（《普世之光：歌詠辨喜的詩，附英文翻譯》）, Trivandrum: Narayana Pillai, 1980.

Nehru, Jawaharlal, 1889–1964 尼赫魯

1942

An autobiography（《自傳》）, London: John Lane, 1942.

1956a

尼赫魯著，張寶芳譯

《尼赫魯自傳》，世界知識出版社，1956。

1956b

尼赫魯著，齊文譯

《印度的發現》，世界知識出版社，1956年。

1959

The discover of India（《印度的發現》）, Garden City, New York: Doubleday, 1959.

1981

Sri Ramakrishna and Swami Vivekananda（《羅摩克里希那和辨喜》）, Calcutta: Advaita Ashrama, 1981.

The new encyclopedia Britannica（《新不列顛百科全書》）

The new encyclopedia Britannica（《新不列顛百科全書》）, 15ed, 29v. Chicago: Encyclopedia Britannica, Inc., 1992.

Nikhilananda, Swami 尼希拉南達

1977

The Upanishads（《 奧義書》） , Swami Nikhilananda 譯. New York: Ramakrishna-Vivekananda Center, 1977. Vols. Ⅰ—Ⅳ.

1982

Vivekananda: a biography(《辨喜：傳記》), 4th Indian ed. Calcutta: Advaita Ashrama, 1982.

Nivedita, Sister, 1867–1911 尼維迪塔

1913

Notes of some wanderings with the Swami Vivekananda(《有關與辨喜一起漫遊的筆記》), Calcutta, 1913.

1918

The master as I saw him(《我所知道的老師》), Calcutta, 1918.

Parameswaran, P., 1927– 帕拉梅斯瓦蘭

Marx and Vivekananda: a comparative study(《馬克思和辨喜：比較研究》), New Delhi: Sterling Publishers, c1987.

Patel, Indira 帕特爾

Vivekananda's approach to social work(《辨喜對社會工作的態度》), Madras: Sri Ramakrishna Math, 1987.

Perspectives on Ramakrishna-Vivekananda Vedanta tradition (《羅摩克里希那和辨喜的吠檀多傳統的透視》)

Perspectives on Ramakrishna-Vivekananda Vedanta tradition(《羅摩克里希那和辨喜的吠檀多傳統的透視》), M. Sivaramakrishna, Sumita Roy 編, New Delhi: Sterling Publishers, 1991.

Prabhavananda, Swami 普拉巴瓦南達

1951

Bhagavad-gita: The Song of God(《薄伽梵歌：上帝之歌》), Swami Prabhavananda(普拉巴瓦南達)、Christopher Isherwood(伊塞伍德)譯, Hollywood, Calif: Vedanta Press, 1951.

1975

The Upanishads: Breath of the Eternal（《奧義書：永恆的精神》），Swami Prabhavananda 和 Frederick Manchester 譯. Hollywood, Calif: Vedanta Press, 1975.

Radhakrishnan, S. 拉達克里希南

1929.

Indian Philosophy（《印度哲學》），New York: The MacMillan Co., 1929.

1957

Radhakrishnan, S. and C. A. Moore 拉達克里希南和摩爾

A source book in Indian philosophy（《印度哲學資料集》），Princeton, New Jersey: Princeton University Press, 1957.

Raju, P. T., 1904–拉朱

The Philosophical tradition of India（《印度的哲學傳統》），London, Allen & Unwin, 1971.

Ramakrishna, 1836–1886. 羅摩克里希那

The gospel of Sri Ramakrishna（《羅摩克里希那的福音》），Swami Nikhilananda（尼希拉南達）英譯並寫導言, New York, Ramakrishna-Vivekananda Center, 1942.

Ramakrishna Math and Ramakrishna Mission convention 1980, 23–29 December, 1980, reprot（《羅摩克里希那修道會和傳教會1980大會，1980年12月23–29日，報告》）

Ramakrishna Math and Ramakrishna Mission convention 1980, 23–29 December, 1980, report（《羅摩克里希那修道會和傳教會1980大會，1980年12月23–29日，報告》），Howrah, West

Bengal, India: Belur Math, 1981（?）.

Rambachan, Anantanand, 1951- 蘭巴錢

The limits of scripture: Vivekananda's reinterpretation of the Vedas（《經典的限度：辨喜對吠陀的解釋》），Honolulu: University of Hawaii Press, c1994.

Ranganathananda, Swami 蘭加納塔南達

Religion in India today（《今天印度的宗教》），West Haven, Conn. Pronoting Enduring Peace, 1958.

Ranjit Sharma, G. (Gurumayum), 1947- 蘭吉特・沙爾瑪

The idealistic philosophy of Swami Vivekananda（《辨喜的唯心主義哲學》），New Delhi: Atlantic Publishers & Distributors, c1987.

Rao, V. K. R. V. (Vijendra Kasturi Ranga Varadaraja), 1908- 拉奧

Swami Vivekananda, the prophet of Vedantic socialism（《辨喜，吠檀多社會主義的預言者》），New Delhi: Publications Division, Ministry of Information and Broadcasting, Govt. of India, 1979.

Rathna Reddy, A. V. 拉思納・雷迪

The political philosophy of Swami Vivekananda（《辨喜的政治哲學》），New Delhi: Sterling, c1984.

Ray, Irene R. 雷

The story of Vivekananda: (illustrated)（《辨喜的故事》：〔有插圖〕）/〔Irene R. Ray和Mallika Clare Gupta撰稿；Ramananda Banerjee插圖〕. Calcutta: Advait a Ashrama, 1981.

Raychaudhuri, Tapan 賴喬杜里

Europe reconsidered: perceptions of the West in nineteenth century Bengal（《對歐洲的反思：十九世紀孟加拉對西方的了解》）, Delhi; New York: Oxford University Press, 1988.

Religion in modern India（《近代印度宗教》）

Religion in modern India（《近代印度宗教》）, Robert D. Baird（貝爾德）編, New Delhi: Manohar, 1981.

Reminiscences of Swami Vivekananda（《辨喜的往事》）

Reminiscences of Swami Vivekananda（《辨喜的往事》）, His Eastern and Western Admirers（他的東方和西方的讚美者）撰寫, 3rd ed. Calcutta: Advaita Ashrama, 1983.

Rolland, Romain, 1866–1944 羅曼・羅蘭

1930a

Prophets of the new India（《新印度的預言者》）, New York, A & C. Boni, 1930.

1930b

La vie de Vivekananda et l'evangile universel（《辨喜的生平及其普世福音》）, Paris, 1930.

1931

The life of Vivekananda and the universal gospel（《辨喜的生平及其普世福音》）, Translated from the original French by E. F. Malcolm-Smith, Calcutta: Advaita ashrama, 1988, c1931.

Roy, Binoy K. 羅易

Socio-political views of Vivekananda（《辨喜的社會－政治觀點》）, New Delhi, People's Pub. House〔1970〕.

Sarkar, S. 薩爾卡爾

Modern India, 1885–1947（《近代印度，1885–1947年》），New York: St. Marin's Press, 1989.

Sarkar, Sumit, 1939– 薩爾卡爾

An exploration of the Ramakrishna Vivekananda tradition（《羅摩克里希那、辨喜傳統探索》），Shimla: Indian Institute of Advanced Study, 1993.

Satprakashananda, Swami 薩特普拉卡香南達

Swami Vivekananda's contribution to the present age（《辨喜對當代的貢獻》），St. Louis: Vedanta Society of St. Louis, c1978.

Sen Gupta, S. C. (Subodh Chandra), 1903– 森·笈多

Swami Vivekananda and Indian nationalism（《辨喜與印度民族主義》），Calcutta: Sahitya Samsad, 1984.

Sharma, Arvind 夏爾瑪

Ramakrishna and Vivekananda: new perspectives（《羅摩克里希那和辨喜：新的透視》），New Delhi: Sterling Publishers, c1989.

Singh, Shail Kumari 辛格

Religious and moral philosophy of Swami Vivekananda（《辨喜的宗教和道德哲學》），Patna: Janaki Prakshan, 1983.

Spear, P. 斯皮厄

1966

The Oxford history of modern India, 1740–1947（《牛津近代印度史，1740–1947 年》），London: Oxford University Press,

1965.

1972

India: a modern history（《印度：近代史》），Ann Arbor: The University of Michigan Press, 1972.

Stark, Claude Alan. C. A. 斯塔克

Vivekananda (1863–1902): a modern Bhakta（《辨喜(1863–1902)：一位現代巴克塔》），Cambridge: Harvard Divinity School, 1969.

Stark, Eleanor. E. 斯塔克

The gift unopened: a new American revolution（《沒有打開的禮物：一次新的美國革命》），Portsmouth, NH: P. E. Pandall: Boston, MA: Additional copies from Ramakrishna Vedanta Society of Boston, 1988.

Sukumaran Nair, V. 蘇庫瑪蘭

Swami Vivekananda, the educator（《辨喜，教育家》），New Delhi: Sterling Publishers, c1987.

Swahananda, Swami 斯瓦漢南達

Service and spirituality（《服務和超凡脫俗》），Mylapore, Madras: Sri Ramakrishna Math; Hollywood, Calif.: distributed by Vedanta Press, 1979.

Swami Vivekananda, a hundred years since Chicago: a commemorative volume（《辨喜，芝加哥以來的一百年：紀念文集》）

Swami Vivekananda, a hundred years since Chicago: a commemo-rative volume（《辨喜，芝加哥以來的一百年：紀念

文集》）, Belur, West Bengal: Ramakrishna Math and Ramakrishna Mission, 1994.

Swami Vivekananda and his guru: with letters from prominent Americans on the alleged progress of Vendantism in the United States（《辨喜和他的導師：附著名美國人關於吠檀多主義在美國所謂發展的書信》）

Swami Vivekananda and his guru: with letters from prominent Americans on the alleged progress of Vendantism in the United States（《辨喜和他的導師：附著名美國人關於吠檀多主義在美國所謂發展的書信》）, London: Christian Literature Society for India, 1897.

Tamaki, Koshiro, 1915– 玉城康四郎

Kindai Indo shiso no keisei（《近代印度思想的形成》）, Tokyo, Tokyo Daigaku Shuppankai, 1965.

T'ang, Yung-t'ung 湯用彤

1988

《印度哲學史略》, 北京：中華書局, 1988年。

1994

《漢文佛經中的印度哲學史料》, 湯用彤選編, 北京：商務印書館, 1994年。

Tejasananda, Swami 特賈薩南達

1940

A short life of Swami Vivekananda（《辨喜小傳》）, Calcutta: Advaita Ashrama, 1989, c1940.

1972

Swami Vivekananda and his message (《辨喜和他的教導》),
Belur Math, Howrah: Ramakrishna Mission Saradapitha, 1972.

Tendulkar, D. G. 鄧多卡爾

　　Mahatma: Life of Mohandas Karamchand Gandhi (《聖雄：莫
　　漢達斯・卡蘭昌德・甘地的生平》), Bombay: Jhaveri and
　　Tendulkar, 1952; New Dehli, Publications Division of the
　　Govern-ment of India, 1962.

Vasudeva Rao, T. N. (Tangsal Narayana), 1925– 婆蘇提婆　・
拉奧

　　*Swami Vivekananda's ideas on history: with special reference
　　to Indian history and culture* (《 辨喜關於歷史，特別有關印度
　　歷史和文化的思想》), Madras: Ramakrishna Mission Vidya-
　　pith, Institute of Vivekananda Studies, 1990.

Vivekananda and Indian renaissance (《辨喜和印度文藝復
興》)

　　Vivekananda and Indian renaissance (《辨喜和印度文藝復
　　興》), 〔edited by〕B. K. Ahluwalia, Shashi Ahluwalia. New
　　Delhi: Associated Pub. Co., 1983.

Vivekananda: his gospel of man-making with a garland of
tributes and a chronicle of his life and times (《辨喜：他造就新
人的福音，附頌詞及其生平與時代的年表》)

　　*Vivekananda: his gospel of man-making with a garland of
　　tributes and a chronicle of his life and times* (《辨喜：他造就新
　　人的福音，附頌詞及其生平與時代的年表》), compiled and
　　edited by Swami Jyotirmayananda; foreword by Swami

Tapasyananda. Madras, India: Swami Jyotirmayananda, 1986.

Vivekananda, Swami, 1863–1902 辨喜

C.W.

The complete works of Swami Vivekananda（《辨喜全集》），8 v., 1st subsidized ed., Calcutta: Advaita Ashrama, 1992, c1989.

〔*Complete works of Swami Vivekananda. Selections*〕《辨喜全集選》。

Living at the source: Yoga teachings of Vivekananda（《生活得實實在在：辨喜的瑜伽教導》），edited by Ann Myren & Dorothy Madison. Boston: Shambhala;〔New York, N. Y.〕Distributed by Random House, 1993.

Education; compiled from the speeches and writings of Swami Vivekananda（《教育；辨喜演講和著作選編》），compiled and edited by T. S. Avinashilingam. 7th ed. Madras, Sri Ramakrishna Mission Vidyalaya〔1964〕.

Index to The complete works of Swami Vivekananda: vols. I–VIII（《辨喜全集索引，第一至第八卷》），4th ed. Mayavati, Almora, Himalayas: Advaita Ashrama, 1948.

Inspired talks, My master and other writings（《啟示談話錄、我的導師和其他著作》），Rev. ed. New York: Ramakrishna-Vivekananda Center, 1976, c1958.

Jnana-Yoga（《智瑜伽》），2. Rev. ed. New York: Ramakrishna-Vivekananda Center, 1970.

Karma-yoga and Bhakti-yoga（《業瑜伽和信瑜伽》），〔2d〕rev. ed. New York: Ramakrishn a-Vivekananda Center, 1973, c1955.

Letters of Swami Vivekananda (《辨喜書信集》),〔2d new ed.〕: Calcutta, Advaita Ashrama〔1964〕.

Meditation and its methods according to Swami Vivekananda (《辨喜的入定及其方法》), compiled and edited by Swami Chetanananda; foreword by Christopher Isherwood. Hollywood, Calif.: Vedanta Press, 1976.

My master (《我的導師》), by the Swami Vivekananda; with an appended extract from the Theistic quarterly review. New York, The Baker & Taylor co., 1901.

Raja-yoga (《王瑜伽》), Rev. ed. New York, Ramakrishna-Vivekananda Center, 1973.

Selections from the complete works of Swami Vivekananda (《辨喜全集選》), published by Swami Mumukshananda, Calcutta: Advaita Ashrama, 1991, c1944.

Teachings of Swami Vivekananda (《辨喜的教導》), published by Swami Mumukshananda, 5th ed., Calcutta: Advaita Ashrama, 1991, c1971.

Thoughts on the Gita (《關於薄伽梵歌的思考》), Calcutta: Advaita Ashrama, 1974.

The Vedanta philosophy. An address before the Graduate philosophical society of Harvard university, March 25, 1896 (《吠檀多哲學。在哈佛大學研究生哲學學會的演講，1896 年 3 月 25 日》), By the Swami Vivekananda; with an introduction by Charles Carroll Everett. Cambridge, Printed for the Society,

1896.

Vedanta philosophy; lectures by the Swami Vivekananda on jnanaa yoga（《吠檀多哲學；辨喜關於智瑜伽的演講》），New York, The Vedanta society〔1902〕.

Vendanta: voice of freedom（《吠檀多：自由之聲》），edited and with an introduction by Swam Chetanananda, foreword by Christopher Isherwood, New York: St. Louis: Vedanta Society of St. Louis, 1990, c1986.

Vivekananda: the yogas and other works, including the Chicago addresses, Jnana-yoga, Bhakti-yoga, Karma-yoga, Raja-yoga, Inspired talks, and lectures, poems and letters（《辨喜：瑜伽及其他著作，包括芝加哥演講、智瑜伽、信瑜伽、業瑜伽、王瑜伽、啟示談話錄、演講、詩歌和書信》），Chosen and with a biography by Swami Nikhilananda. Rev. ed. New York, Ramakrishna-Vivekananda Center, 1953.

What religion is in the words of Swami Vivekananda（《辨喜著作中的宗教是什麼》），edited by John Yale; with a bio-graphical introd. by Christopher Isherwood. New York: Julian Press, 1962.

Yoga philosophy: lectures delivered in New York, winter of 1895–1896（《瑜伽哲學：1895–1896年冬天在紐約的演講》），by the Swami Vivekananda on raja yoga or conquering the internal nature; also Patanjali's yoga aphorisms, with commentaries. London; New York: Longmans, Green, 1896.

Willams, George M. (George Mason), 1940– 威廉姆斯

The quest for meaning of Swami Vivekananda; a study of religious change（《 對辨喜的意義的探索；對宗教思想變化的研究》）, Chico, Calif: New Horizons Press, 1974.

Wu, Chün-ts'ai 吳俊才

1966

《甘地與現代印度》，臺北：正中書局，民國55年 (1966)。

1990

《印度史》，臺北：三民書局，民國79年 (1990)。

索　引

五　劃

七　劃

十一劃

十二劃

十三劃

十五劃

十六劃

二十劃

二十一劃

世界哲學家叢書（一）

書　　　　　　名	作　　　者	出　版　狀　況
孔　　　　　　子	韋　政　通	已　　出　　版
孟　　　　　　子	黃　俊　傑	已　　出　　版
老　　　　　　子	劉　笑　敢	已　　出　　版
莊　　　　　　子	吳　光　明	已　　出　　版
墨　　　　　　子	王　讚　源	已　　出　　版
淮　　南　　子	李　　　增	已　　出　　版
董　　仲　　舒	韋　政　通	已　　出　　版
揚　　　　　　雄	陳　福　濱	已　　出　　版
王　　　　　　充	林　麗　雪	已　　出　　版
王　　　　　　弼	林　麗　真	已　　出　　版
阮　　　　　　籍	辛　　　旗	已　　出　　版
劉　　　　　　勰	劉　綱　紀	已　　出　　版
周　　敦　　頤	陳　郁　夫	已　　出　　版
張　　　　　　載	黃　秀　璣	已　　出　　版
李　　　　　　覯	謝　善　元	已　　出　　版
楊　　　　　　簡	鄭　曉　江　貴承	已　　出　　版
王　　安　　石	王　明　蓀	已　　出　　版
程　顥　、　程　頤	李　日　章	已　　出　　版
胡　　　　　　宏	王　立　新	已　　出　　版
朱　　　　　　熹	陳　榮　捷	已　　出　　版
陸　　象　　山	曾　春　海	已　　出　　版
王　　廷　　相	葛　榮　晉	已　　出　　版
王　　陽　　明	秦　家　懿	已　　出　　版
方　　以　　智	劉　君　燦	已　　出　　版
朱　　舜　　水	李　甦　平	已　　出　　版

世界哲學家叢書（二）

書　　　　　名	作　　者	出　版　狀　況
戴　　　　　震	張　立　文	已　　出　　版
竺　道　　生	陳　沛　然	已　　出　　版
慧　　　　　遠	區　結　成	已　　出　　版
僧　　　　　肇	李　潤　生	已　　出　　版
吉　　　　　藏	楊　惠　南	已　　出　　版
法　　　　　藏	方　立　天	已　　出　　版
惠　　　　　能	楊　惠　南	已　　出　　版
宗　　　　　密	冉　雲　華	已　　出　　版
湛　　　　　然	賴　永　海	已　　出　　版
知　　　　　禮	釋　慧　岳	已　　出　　版
嚴　　　　　復	王　中　江	已　　出　　版
康　有　　為	汪　榮　祖	排　　印　　中
章　太　　炎	姜　義　華	已　　出　　版
熊　十　　力	景　海　峰	已　　出　　版
梁　漱　　溟	王　宗　昱	已　　出　　版
殷　海　　光	章　　　清	已　　出　　版
金　岳　　霖	胡　　　軍	已　　出　　版
張　東　　蓀	張　耀　南	排　　印　　中
馮　友　　蘭	殷　　　鼎	已　　出　　版
湯　用　　彤	孫　尚　揚	已　　出　　版
賀　　　　　麟	張　學　智	已　　出　　版
商　羯　　羅	江　亦　麗	已　　出　　版
辨　　　　　喜	馬　小　鶴	已　　出　　版
泰　戈　　爾	宮　　　靜	已　　出　　版
奧羅賓多・高士	朱　明　忠	已　　出　　版

世界哲學家叢書（三）

書　　　　　　名	作　　者	出　版　狀　況
甘　　　　　　地	馬　小　鶴	已　　出　　版
拉達克里希南	宮　　靜	已　　出　　版
李　　栗　　谷	宋　錫　球	已　　出　　版
道　　　　　元	傅　偉　勳	已　　出　　版
山　鹿　素　行	劉　梅　琴	已　　出　　版
山　崎　闇　齋	岡田武彥	已　　出　　版
三　宅　尚　齋	海老田輝巳	已　　出　　版
貝　原　益　軒	岡　田武彥	已　　出　　版
石　田　梅　岩	李　甦　平	已　　出　　版
楠　本　端　山	岡田武彥	已　　出　　版
吉　田　松　陰	山口宗之	已　　出　　版
亞　里　斯　多　德	曾　仰　如	已　　出　　版
伊　壁　鳩　魯	楊　　適	已　　出　　版
柏　　羅　　丁	趙　敦　華	排　　印　　中
伊　本・赫　勒　敦	馬　小　鶴	已　　出　　版
尼古拉・庫薩	李　秋　零	已　　出　　版
笛　　卡　　兒	孫　振　青	已　　出　　版
斯　賓　諾　莎	洪　漢　鼎	已　　出　　版
萊　布　尼　茨	陳　修　齋	已　　出　　版
托馬斯・霍布斯	余　麗　嫦	已　　出　　版
洛　　　　　克	謝　啓　武	已　　出　　版
巴　克　　萊	蔡　信　安	已　　出　　版
休　　　　　謨	李　瑞　全	已　　出　　版
托馬斯・銳德	倪　培　民	已　　出　　版
伏　爾　　泰	李　鳳　鳴	已　　出　　版

世界哲學家叢書（四）

書　　　　　名	作　　者	出　版　狀　況
孟　德　斯　鳩	侯　鴻　勳	已　出　版
費　　希　　特	洪　漢　鼎	已　出　版
謝　　　　　林	鄧　安　慶	已　出　版
叔　　本　　華	鄧　安　慶	已　出　版
祁　　克　　果	陳　俊　輝	已　出　版
彭　　加　　勒	李　醒　民	已　出　版
馬　　　　　赫	李　醒　民	已　出　版
迪　　　　　昂	李　醒　民	已　出　版
恩　　格　　斯	李　步　樓	已　出　版
馬　　克　　思	洪　鐮　德	已　出　版
約　翰　彌　爾	張　明　貴	已　出　版
狄　　爾　　泰	張　旺　山	已　出　版
弗　洛　伊　德	陳　小　文	已　出　版
史　賓　格　勒	商　戈　令	已　出　版
雅　　斯　　培	黃　　藿	已　出　版
胡　　塞　　爾	蔡　美　麗	已　出　版
馬克斯・謝勒	江　日　新	已　出　版
海　　德　　格	項　退　結	已　出　版
高　　達　　美	嚴　　平	已　出　版
哈　伯　馬　斯	李　英　明	已　出　版
榮　　　　　格	劉　耀　中	已　出　版
皮　　亞　　傑	杜　麗　燕	已　出　版
索　洛　維　約　夫	徐　鳳　林	已　出　版
費　奧　多　洛　夫	徐　鳳　林	排　印　中
馬　　賽　　爾	陸　達　誠	已　出　版

世界哲學家叢書 (五)

書　　　　　名	作　　者	出　版　狀　況
布　拉　德　雷	張　家　龍	已　　出　　版
懷　　特　　海	陳　奎　德	已　　出　　版
愛　因　斯　坦	李　醒　民	排　　印　　中
玻　　　　　爾	戈　　革	已　　出　　版
弗　　雷　　格	王　　路	已　　出　　版
石　　里　　克	韓　林　合	已　　出　　版
維　根　斯　坦	范　光　棣	已　　出　　版
艾　　耶　　爾	張　家　龍	已　　出　　版
奧　　斯　　丁	劉　福　增	已　　出　　版
馮　·　賴　特	陳　　波	已　　出　　版
魯　　一　　士	黃　秀　璣	已　　出　　版
蒯　　　　　因	陳　　波	已　　出　　版
庫　　　　　恩	吳　以　義	已　　出　　版
史　蒂　文　森	孫　偉　平	排　　印　　中
洛　　爾　　斯	石　元　康	已　　出　　版
喬　姆　斯　基	韓　林　合	已　　出　　版
馬　克　弗　森	許　國　賢	已　　出　　版
尼　　布　　爾	卓　新　平	已　　出　　版